# LES 20 ANS

LES ÉCHAPPÉS

# CHARLIE HEBDO

Préface Bernard Maris
Textes Charb


26, rue Serpollet 75020 Paris
editions.lesechappes@charliehebdo.fr
Dépôt légal : octobre 2012
Imprimé en France par Clerc (18)
ISBN : 978-2-35766-055-7
Numéro d'éditeur : 044

# Attention : CHARLIE change de ligne politique !

En 1968 s'est produit un événement mémorable : Cavanna a fait un édito qui disait en gros que son journal était un journal politique et que seuls les couillons ne s'en étaient pas aperçus. J'en faisais partie, avec d'autres couillons de 4e A2B3 du lycée Pierre-de-Fermat, à Toulouse. Après *Hara-Kiri*, *Charlie* est arrivé, puis *Charlie* nouvelle formule, qui sont devenus de plus en plus ouvertement "politiques". Ça veut dire quoi, politique, pour un journal satirique qui n'aime pas vraiment les politiciens ? Sarko caca, Hollande cucul (allusion, vous l'aurez noté, au caractère finement sexuel et scatologique de *Charlie Hebdo*) ? Pas du tout. Ça veut dire "donneur de leçons" ? Non plus. C'est le ricanement cynique ? Non, ce n'est pas le ricanement cynique. Le cri du partisan, alors ? Là, vous approchez. *Charlie* est plutôt de gauche, même si certains qui se disent sinistres (fine et cuistre allusion à l'étymologie de sinistre) sont d'affreux réactionnaires ; moi, par exemple, qui, contrairement à Cavanna, reste un ennemi radical du progrès et rêve de revenir à la bougie pour éclairer ma femelle décorant la grotte Chauvet avant de me ruer, ébloui, sur elle. *Charlie*, de gauche, oui, mais se donnant la possibilité de réagir sur tout événement social, international, qui hérisse les poils de l'intelligence, laquelle est poilue un peu plus que la poésie.

# CHARLIE HEBDO

Ainsi, *Charlie* a proposé l'interdiction du Front national. Plus tard, *Charlie* a soutenu les altermondialistes, ATTAC et tous ceux qui disaient : "*Un autre monde est possible.*" Tout le monde était à peu près d'accord. Puis, *Charlie,* dans ses éditos, a soutenu les bombardements de l'OTAN sur la Serbie. Une partie de l'équipe était contre. Ensuite, *Charlie,* toujours dans ses éditos, a dit vive l'Europe et oui au traité constitutionnel. Une partie de l'équipe était contre. De même sur le conflit israélo-palestinien : certains étaient pro-Israéliens, d'autres pro-Palestiniens. De même sur le 11 septembre. Aucun de ces débats ne fit "café du commerce". Les éditos étaient longs et argumentés. Les dessins étaient frappants et pleins de sens (l'avantage d'un dessin, c'est qu'il n'a pas à être long et argumenté). Ensuite, *Charlie* est devenu farouchement anti-Sarko, ce qui a posé un problème : la négation tint un temps lieu de pensée. C'est très difficile de ne pas céder à l'invective, à l'insulte ou au ricanement cynique. Sauf que *Charlie* ne discute pas avec certains. Les électeurs du FN (contrairement à beaucoup d'hommes politiques) et les chasseurs, par exemple. "Chasseurs, gros cons" achève avant de débuter toute discussion. Même traitement pour les aficionados et l'ignoble corrida. Autres exemples : les islamistes, les homophobes, etc. *Charlie* a osé publier les caricatures de Mahomet, et si ce n'est pas un acte de grand courage politique, ça y ressemble.

Tout au long de ces dessins, vous verrez évoluer les lignes politiques de *Charlie*. Vous découvrirez – rarement – ses faiblesses, quand l'invective masque le manque de pensée. Ses faiblesses qui sont autant d'interrogations sur ce qui fait le sel de la vie.

Car la politique selon *Charlie* ne consiste pas à déclamer, mais à interroger : pourquoi la vie n'est-elle pas celle que nous rêvons, poétique, pacifiée, intelligente, argumentée et argumenteuse, spéculative, contradictoire, mais telle qu'aucune contradiction, aucune chamaillerie ne puisse au terme d'une belle discussion se dissoudre dans un verre de rouge et jamais dans une flaque de sang. La politique de *Charlie* est non violente et non haineuse. Elle est gaie. Elle se veut ainsi. Aucun problème politique ne doit résister à un bon rire. Riez, amis, riez. Il paraît qu'au moment d'être fusillé Cavanna rigolait.

Bernard Maris

ICI
Bientôt installation d'un
CHAMP de BATAILLE
Superficie 2000 ha
Nombre de morts 12 836
Destructions totales
Crimes de guerre au choix
Le projet peut être consulté
dans les chancelleries.
HONORE

# 1992

## CHARLIE HEBDO

Il y a un truc qui cloche avec la une du *Time* de ce mois d'août 1992. On comprend bien qu'il s'agit d'une photo d'un camp de concentration. Ces jeunes mecs décharnés, parqués derrière des barbelés, ne portent pas de pyjama rayé. Il doit faire trop chaud, ils sont torse nu. Le type au premier plan, on peut lui compter toutes les côtes. On a déjà vu cette photo. Ou une autre qui lui ressemble. Ce qui nous trouble, c'est peut-être le fait que la photo est en couleurs. Il n'a pas dû y en avoir beaucoup, des photos couleur de la libération des camps en 1945. Mais, bon, la photo couleur existait. Attends… Non, ce n'est pas la quadrichromie qui nous gêne : le personnage principal, celui dont la poitrine ressemble à un xylophone, porte un jean ! Pourquoi avoir collé un jean sur la photo de ce déporté ? Pour nous faire comprendre que l'horreur pouvait de nouveau avoir lieu ? Pédagogie obscène. Et puis, au moment où l'on va s'emporter contre le con qui a trafiqué une photo de la Shoah, on lit le commentaire : *"Muslims Prisoners in a Serbian Detention Camp"*. Le jean n'était pas un anachronisme. Ce jean nous disait que, quelque part en Europe, on était en train de tourner un remake de ce que l'humanité avait vécu de pire. En tout cas, c'est ce que le journal qui a publié la photo voulait que l'on comprenne. Au fil des événements, on a compris que c'était un peu plus compliqué que ça, et que, pour nous faire peur, il n'était pas utile de faire passer les nationalistes serbes pour des nazis allemands. Le fait qu'ils soient des nationalistes serbes était assez effrayant comme ça. Milosevic n'était pas Hitler, il était… Milosevic.

N°7
10F
PAS D'ORCHESTRE DANS LES CAMPS EN BOSNIE
ALORS, PEUT-ON PARLER DE CAMPS DE CONCENTRATION ?
CHARLIE HEBDO
KICETI LO GLOUGLOU DÉPORTÉ ?
C'EST LE YOUGO RIKIKI
UN SOMALIEN, UNE AMPOULE : UNE SUPERBE LAMPE DE CHEVET

Bref, cette année-là, on a bien rigolé.

L'INCESTE EN PROGRESSION DANS LA CELLULE FAMILIALE
EST-CE QUE LA PETITE DEMOISELLE PEUT TIRER SUR SA ROBE ? LE SEXE DU PAPA, ÇA N'EST PAS JOLI EN PHOTO.
Gébé

J.O : LA SÉCURITÉ RENFORCÉE.
CARL LEWIS FAIT SON FOOTING...
À L'INTÉRIEUR
CHARB.

L'ESPRIT DU BARON DE COUBERTIN...
...JUSQUE DANS LES DOUCHES.
cabu

US NAVY
UN HOMOSEXUEL OBTIENT SA RÉINTÉGRATION
HONORÉ
NAVY

MAURICE PAPON
EN L'AN 2000
624ème inculpation

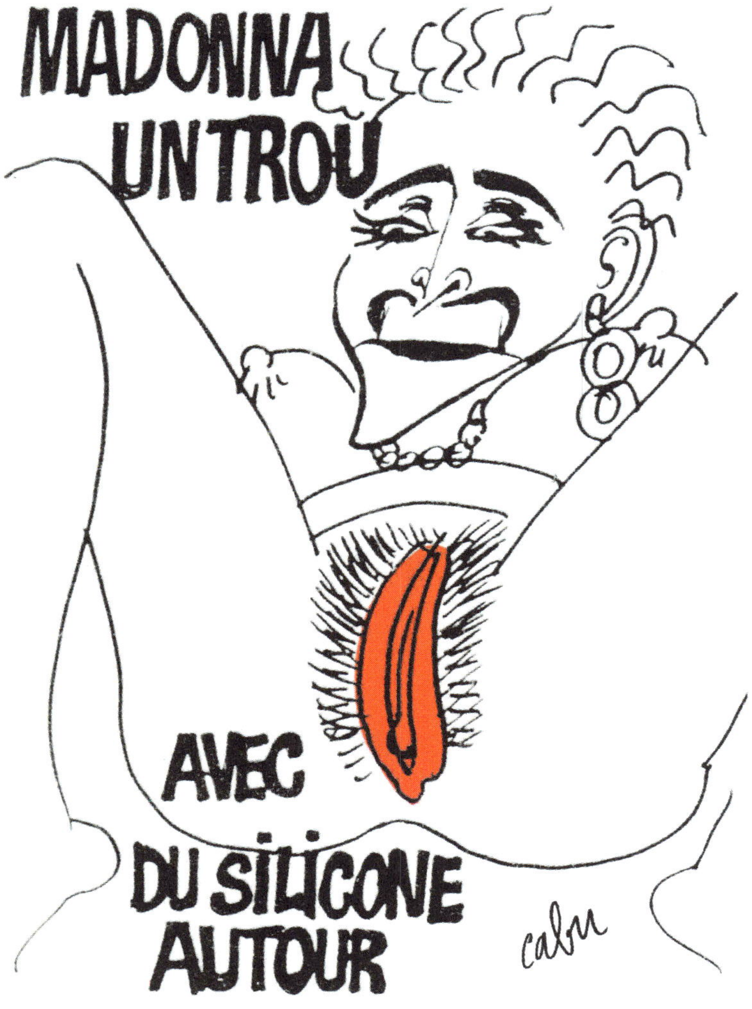
MADONNA
UN TROU
AVEC
DU SILICONE
AUTOUR
cabu

JE VOUDRAIS UNE CRÈME AMAIGRISSANTE, UNE LOTION RAFFERMISSANTE, UN ROULEAU MASSEUR "SILHOUETTE", UNE EAU DE TOILETTE "SÉDUCTION" ET UNE CAPOTE À UN FRANC.
EN PHARMACIE

> N° 16 - 14.10.1992 - Gébé - Papon > N° 16 - 14.10.1992 - Cabu - Madonna > N° 6 - 05.08.1992 - Gébé - Capote à 1 franc

LE F.N. VOUDRAIT FAIRE PASSER UN DIPLÔME DE JOURNALISME
JE SUIS REÇU! JE SUIS REÇU!
-RISS-

MA MÈRE, ELLE VEUT QUE JE RÉUSSISSE MES ÉTUDES...
ELLE M'A PAYÉ LE COMPAS! "JEAN-CLAUDE VAN DAMME"!
SNIF
NITENDO
CHARB

HITLER EN FRANCE
Vous vous êtes remis à la peinture, Mein Führer.
BIEN! BIEN!
Hélas! Je suis un peintre maudit, Herman. Jamais vendu une toile
Pourquoi ne pas essayer la caricature? en prenant un sujet facile, pour commencer.
Adolf
AH! AH!
L'AUTRE! Il va faire un procès à Hitler.

> N° 21 - 18.11.1992 - Riss - Front national > N° 11 - 09.09.1992 - Charb - Ecole > N° 22 - 25.11.1992 - Gébé - Hitler

Jeu de Noël
LE PETIT JÉSUS VA MOURIR. SAURAS-TU LUI INDIQUER LE CHEMIN EXACT ?
DÉPART
1
2
3
10 000 volts
RISS.

LE "OUI" REMONTE
GRÂCE À
MITTERRAND

MITTERRAND
IRA TOUT DE
MÊME VOTER
OUI
TIGNOUS

JUILLET. AOÛT
CAMPAGNE POUR LE RÉFÉRENDUM.
DE MAASTRICHT
TIGNOUS

N° 11 - 09.09.1992 - Gébé - Le Oui > N° 12 - 16.09.1992 - Tignous - Mitterrand > N° 2 - 08.07.1992 - Tignous - Maastricht

IL Y A 50 ANS...
L'ÉTOILE JAUNE
M'EMMERDEZ PAS MOI J'ESSAYE MON STRING !
CABU

IL EST MINUIT, ON S'EMBRASSE?
LUZ

MONSIEUR. VIVE LES MOLDO_VALAQUES, LES MOLDAVES RUSSOPHONES, LES MONARCHO_ROUMAINS, LES GERMANO_CROATES ET LES TURCO_BOSNIAQUES!
MA SOEUR VIENT DE QUITTER SON MARI ET SES DEUX ENFANTS POUR UN YOUGOSLAVE.
LE NATIONALISME ET LE CHAUVINISME SONT LES DEUX MAMELLES DU PATRIOTISME. IL VAUT MIEUX RECONSTRUIRE SUR DES RUINES QUE RÉNOVER DES RÉGIMES POURRIS. LES GUERRES CIVILES SONT PURIFICATRICES ET SALUTAIRES.
JE NE SAIS PAS S'IL EST SERBE OU CROATE, MAIS IL A VINGT ANS DE MOINS QU'ELLE.
NOTRE DÉMOCRATIE MOLLE, CONSENSUELLE, CARITATIVE, HYPOCRITE ET SANS COUILLES CRÈVE D'ENNUI. ON FERAIT MIEUX DE FAIRE UNE BONNE GUERRE QU'UNE MAUVAISE EUROPE.
ELLE VEUT PARTIR AVEC LUI À SARAJEVO. COMME MITTERRAND!
IL NE FAUT JAMAIS SE MÊLER DES QUERELLES DE FAMILLE, SI ON NE VEUT PAS QU'ELLES S'ENVENIMENT. LAISSONS LES MAJORITÉS EXTERMINER TRANQUILLEMENT LES MINORITÉS. AINSI SONT NÉES TOUTES LES NATIONS.
J'AI ESSAYÉ DE LA RAISONNER. MAIS ELLE DIT QU'IL LA BAISE BIEN!
MONSIEUR. C'EST PLUS FACILE DE GRIMPER DANS L'AVION DE SARAJEVO QUE DANS LES SONDAGES!
ENFIN. SI ÇA SERT À OUVRIR UN COULOIR HUMANITAIRE, C'EST TOUJOURS ÇA DE GAGNÉ!
WOLINSKI 92

> N° 3 - 15.07.1992 - Cabu - Etoile jaune > N° 27 - 30.12.1992 - Luz - Minuit > N° 1 - 01.07.1992 - Wolinski - Sarajevo

CAFÉ DE FLORE
DEUX MAGOTS
cabu

CESSEZ-LE-FEU ENTRE LES SERBES ET LES CROATES DE St GERMAIN-DES-PRÉS ?

ON M'AVAIT PROMIS UN CAMP DE CONCENTRATION ET JE ME RETROUVE BÊTEMENT EN CAMP D'INTERNEMENT !
C'EST ÇA LES ARNAQUES DE L'ÉTÉ !
cabu

DES CAMPS DE CONCENTRATION EN BOSNIE

LE SIDA NE PASSERA PAS PAR NOUS !

1992

ELIE WIESEL VISITE LE CAMP !
J'AURAIS PRÉFÉRÉ MAURICE CHEVALIER !
cabu

> N° 8 - 19.08.1992 - Cabu - Bosnie

USINE D'ARMEMEMENT
USINE DE PANSEMENTS
ONU
PRIORITÉ !
cabu

SARAJEVO

OH !.. LA MÉTÉO ?
ILS SE TROMPENT
TOUJOURS...
cabu

> N° 8 - 19.08.1992 - Cabu - Armement > N° 12 - 16.09.1992 - Cabu - Sarajevo

EN BOSNIE
L'ÉPICIER MUSULMAN OUVERT JUSQU'À 22 HEURES...
...EH BEN MAINTENANT IL EST OUVERT 24 HEURES SUR 24 !
cabu

ICI
Bientôt installation d'un
CHAMP de BATAILLE
Superficie 2000 ha
Nombre de morts 12 836
Destructions totales
Crimes de guerre au choix
Le projet peut être consulté dans les chancelleries.
HONORE

COMMISSION D'ENQUÊTE SUR LES ATROCITÉS COMMISES EN YOUGOSLAVIE
TIENS ! IL DORT COMME MOI, AVEC LES PIEDS QUI DÉPASSENT DU DRAP.

> N° 13 - 23.09.1992 - Cabu - Bosnie > N° 16 - 14.10.1992 - Honoré - Yougoslavie > N° 16 - 14.10.1992 - Gébé - Yougoslavie

SOMALIE
AIDE-TOI...
À CABU POUR LA VIE VÉRO
...ET LE CIEL T'AIDERA
cabu

> N° 25 - 16.12.1992 - Cabu - Somalie

NON, SADDAM !
ON NE BIZUTE PAS CLINTON !
GRRR
cabu

cabu

LES MOUDJAHIDIN S'INSTALLENT À KABOUL
ON VIENT DE PENDRE LA CRÉMAILLÈRE
RISS

SOLDATS FRANÇAIS EN SOMALIE
N'OUBLIEZ PAS LE PRÉSERVATIF !
cabu

CLINTON INVITÉ À DALLAS
cabu

> N° 19 - 04.11.1992 - Cabu - Saddam > N° 25 - 16.12.1992 - Cabu - Somalie McDonald's > N° 12 - 16.09.1992 - Riss - Kaboul
> N° 24 - 09.12.1992 - Cabu - Somalie > N° 20 - 10.11.1992 - Cabu - Clinton

SI NOUS NE FAISONS
DE BÊTISES, LE ROTA
CLUB EST AU POUVO
POUR TRENTE AN

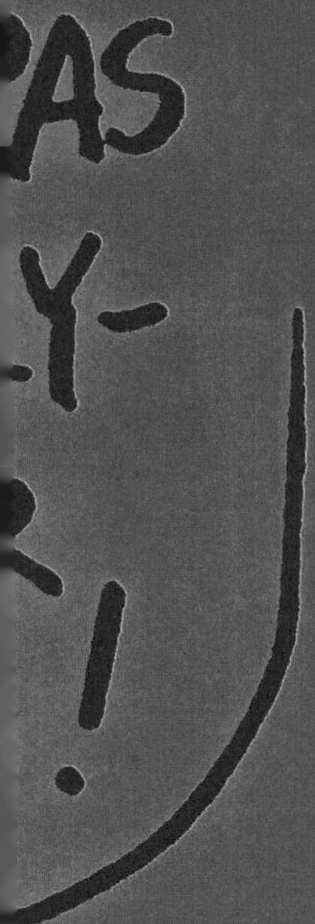
PAS

# 1993

## CHARLIE HEBDO

Le 1er mai 1993, c'est la date qu'a choisie l'ancien ouvrier fraiseur devenu Premier ministre socialiste pour se tirer une balle. On n'a pas trouvé de muguet ce jour-là sur le chemin de halage du canal de la Jonction, près de Nevers, mais un gros coquelicot dans le crâne du bonhomme. En mars de la même année, la gauche avait perdu les élections. Bérégovoy n'était pas flambard. Un mois auparavant, *Le Canard enchaîné* révélait que l'incorruptible Bérégovoy avait obtenu d'un ami de Mitterrand, Roger-Patrice Pelat, un prêt à 0 % qu'il n'a jamais remboursé en totalité. La justice s'en est mêlée. Bérégovoy, déprimé et au bout du rouleau, a fini par se flinguer. C'est l'analyse de l'entourage. Aux obsèques de son Premier ministre, Mitterrand s'insurgera "*qu'on ait pu livrer aux chiens l'honneur d'un homme et finalement sa vie*". C'est Mitterrand qui a commis une faute en recrutant un homme embarrassé d'un honneur. Comment pouvait-il ignorer qu'il n'y a que les hommes souffrant de ce handicap qui se suicident ? S'il avait un honneur, Bérégovoy était une erreur de casting…

CHARLIE HEBDO
Béré plus grand mort que socialiste
«Moi, Charles P., drogué et prostitué.»
Un son est un son
Le 1er Mai rougé par la vérole fasciste
Mantes-la-Jolie : dernière station avant charter
Sous le képi, la zone
IL ÉTAIT TROP CON POUR CE MONDE DE SALAUDS !

Le cadavre du Premier ministre n'était pas encore froid que l'on apprenait qu'il avait été tué de deux balles, qu'un commando d'hommes-grenouilles avait surgi des eaux troubles du canal pour l'exécuter, que la balle ne correspondait pas au calibre du revolver ou qu'il était déguisé en danseuse du Crazy Horse… Il n'y avait pas encore eu l'attentat du 11 septembre 2001, mais la théorie du complot avait déjà de nombreux adeptes. La mort de Bérégovoy, ç'a été notre petit 11 septembre à nous, Français.

Bref, cette année-là, on a bien rigolé.

SI TU ES CAPABLE D'ÉLIMINER...
LA St BARTHELÉMY
...LES PROTESTANTS
PENDANT L'OCCUPATION
POUR PIQUER L'APPARTEMENT D'UN ISRAÉLITE
...LES JUIFS
FELLAGA JETÉ DU HAUT
DES HÉLICOS DE
L'ARMÉE FRANÇAISE
cabu
...ET LES ARABES...
TU SERAS UN FRANÇAIS
MON FILS!

HIVER
Pensez aux Skinheads
qui ont froid!

L'ESPACE EST UNE POUBELLE
VOICI LE NOUVEL ÉQUIPAGE DE LA
PROCHAINE NAVETTE SPATIALE
TIGNOUS

> N° 47 - 19.05.1993 - Cabu - Français > N° 28 - 06.01.1993 - Willem - Skinheads > N° 42 - 14.04.1993 - Tignous - Espace

C'EST L'ÉTÉ
LUZ

SALON NAUTIQUE
LES AFFAIRES REPRENNENT

IL N'Y A PAS QUE BOUYGUES QUI CRÈVE...
CE WEEKEND: MASSACRE JUILLETTISTES – AOUTIENS!

Que manger en été?
ET LA MAYONNAISE?
UN INSTANT. JE LA SENS VENIR.

1993

> N° 54 - 07.07.1993 - Luz - Eté > N° 76 - 08.12.1993 - Gébé - Nautisme > N° 57 - 28.07.1993 - Willem - Juillettistes
> N° 57 - 28.07.1993 - Willem - Manger

La rentrée des hooligans
AVEC L'ALLOCATION RENTRÉE DE 1500 F... ON VA PAS LOIN !
PSG
PSG
250F
1.500F
750F
450F
150F
1.900F
310F
220F
cabu

LOI FALLOUX
DES CRÉDITS POUR LES FOURNITURES SCOLAIRES
C.

Bagnole = SS

JEAN-PAUL II PRIX NOBEL DES OBSÉDÉS SEXUELS
LUZ

LES ECOLES PRIVÉES VONT POUVOIR S'OFFRIR DU MATÉRIEL DE SÉCURITÉ !
HONORÉ

> N° 63 - 08.09.1993 - Cabu - Rentrée > N° 78 - 22.12.1993 - Cabu - Loi Falloux > N° 76 - 08.12.1993 - Willem - Bagnole
> N° 69 - 20.10.1993 - Luz - Pape > N° 78 - 22.12.1993 - Honoré - Ecoles privées

J'AI TOUT COMPRIS
ЗА СССР!
Tout en modernisant leur armement, les nouvelles républiques retrouvent leur folklore, et renouent avec leur traditions religieuses, culturelles et ethniques.
Bombe atomique abkhaze
Tank ukrainien.
Mitrailleuse bouriate
Lance-missiles, Nagorno-Karabakh.
Parachutiste ouzbek
Sousmarin nucléaire. TransDniestrie.

Remise en route de la centrale de Tchernobyl
y'avait déjà plus de soviets... maintenant, y a plus d'électricité
HONORÉ

La voiture électrique :
LA VOITURE ÉCOLO.
SUPERPHENIX
220V

LA VOITURE ÉLECTRIQUE GAGNE DU TERRAIN
NI ROUES
NI VOLANT

1993

> N° 67 - 06.10.1993 - Willem - Pays de l'Est > N° 70 - 27.10.1993 - Honoré - Tchernobyl > N° 67 - 06.10.1993 - Charb - Superphénix
> N° 77 - 15.12.1993 - Gébé - Voiture électrique

MONSIEUR
LES ÉCOLES SONT PLEINES DE VANESSA PARADIS ET DE BÉATRICE DALLE. MINAUDANTES, PROVOCANTES, EXHIBANT LE RETROUSSIS DE LEURS MINIS ET DE LEURS LÈVRES.
DÈS QUE J'AI EU DES POILS, J'AI EU UNE MOUSTACHE.
LEUR CULTURE EST AUSSI MINUSCULE QUE LEURS CULOTTES, MAIS ELLES CONNAISSENT SUR LE BOUT DES DOIGTS LES BRAGUETTES DE TOUS LES CHEVAUCHEURS DE HARLEY-DAVIDSON DU QUARTIER.
SANS UNE MOUSTACHE JE ME SENS TOUT NU
DANS LES LYCÉES DU SEXE, OÙ L'ENSEIGNEMENT EST PLUS PARCIMONIEUSEMENT DISPENSÉ QUE LES PRÉSERVATIFS, ELLES S'AMUSENT À FAIRE BANDER LES PÉDAGOGUES EN RÉPÉTANT EN CLASSE LES POSES SUGGESTIVES DE LA PUB POUR LES BAS DIM.
MES ACTEURS PRÉFÉRÉS C'ÉTAIT CLARK GABLE ET ERROL FLYNN
ET ON S'ÉTONNE QUE LES BARBUS ISLAMIQUES BARRICADENT LEURS FILLES DERRIÈRE UN TCHADOR ! CE QUI EST DEVENU INDÉCENT EN FRANCE C'EST LA VERTU, LA PUDEUR, LA VIRGINITÉ, L'AUTORITÉ DU PÈRE, DU MARI, DU FRÈRE, SUR LA FAMILLE RESPECTUEUSE.
C'EST UN SIGNE DE VIRILITÉ. BALLADUR AVEC UNE MOUSTACHE AURAIT MOINS L'AIR D'UNE VIEILLE COCOTTE!
IL Y A DES JOURS, MONSIEUR, OÙ, DANS CE PAYS DÉVASTÉ PAR L'INCONDUITE, L'IMMORALISME, ET L'ATHÉISME, JE ME SENS DEVENIR FOU DE DIEU !
ÇA VOUS VA BIEN, LA BARBE!
WOLINSKI

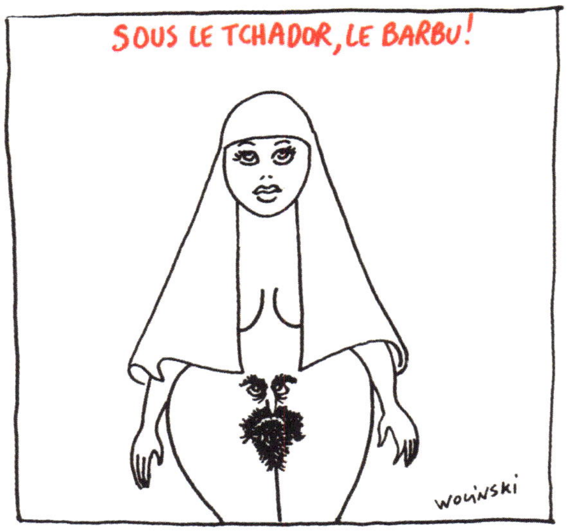
SOUS LE TCHADOR, LE BARBU!
WOLINSKI

La drogue, stade ultime du capitalisme
HÉROÏNE
COCAÏNE
CRACK
L.S.D
COLLE À RUSTINE
cabu

> N° 72 - 10.11.1993 - Wolinski - Fou de Dieu > N° 72 - 10.11.1993 - Wolinski - Tchador > N° 69 - 20.10.1993 - Willem - Faim
> N° 68 - 13.10.1993 - Cabu - Drogue

AFFAIRE VILLEMIN
LA JUSTICE VOIT CLAIR
G.

LES SIDÉENS RECYCLABLES EN SAPINS DE NOËL.
RISS.

NOEL

Barbie VA À LA MANIF
ALLÔ? KEN! POUR MA COIFFURE D'ÉMEUTIÈRE JE N'ARRIVE PAS À ME DÉCIDER: MÈCHES ROSES OU BIEN ÉTOILES APPLIQUÉES AVEC UN SPRAY MAGIQUE SUR MA SOMPTUEUSE COIFFURE? OH! KEN! QUEL CASSE-TÊTE!
VOYONS, CHÉRIE! RESTE CALME. D'ACCORD? IL FAUT REGARDER LES CHOSES EN FACE. DE QUOI S'AGIT-IL? D'EXPOSER DES REVENDICATIONS DANS LA RUE. VOILÀ CE QUI DOIT GUIDER TES CHOIX DE LOOK RÉVOLUTIONNAIRE
TOUTES LES FILLES ONT DROIT À UNE VIE BARBIE
ET TOUS LES ÉTUDIANTS À UNE VIE DE KEN. FÉERIE! MAGIE! ET LUXE ÉDOUARD LECLERC! SINON, LA MORT!
N'EST-CE PAS MERVEILLEUX? CONTESTATION OU RÉPRESSION NOS GOÛTS SEMBLABLES NOUS ONT FAIT CHOISIR LA SIMPLICITÉ
Gébé

> N° 74 - 24.11.1993 - Gébé - Villemin > N° 77 - 15.12.1993 - Riss - Sidéens > N° 78 - 22.12.1993 - Willem - Noël
> N° 73 - 17.11.1993 - Gébé - Barbie

LE FICHIER DES JUIFS AURAIT ÉTÉ DÉTRUIT
ON S'EN FOUT, IL N'ÉTAIT PLUS À JOUR
RISS

HONTEUX!
LA POIGNÉE DE BITES DE MONTOIRE
RISS

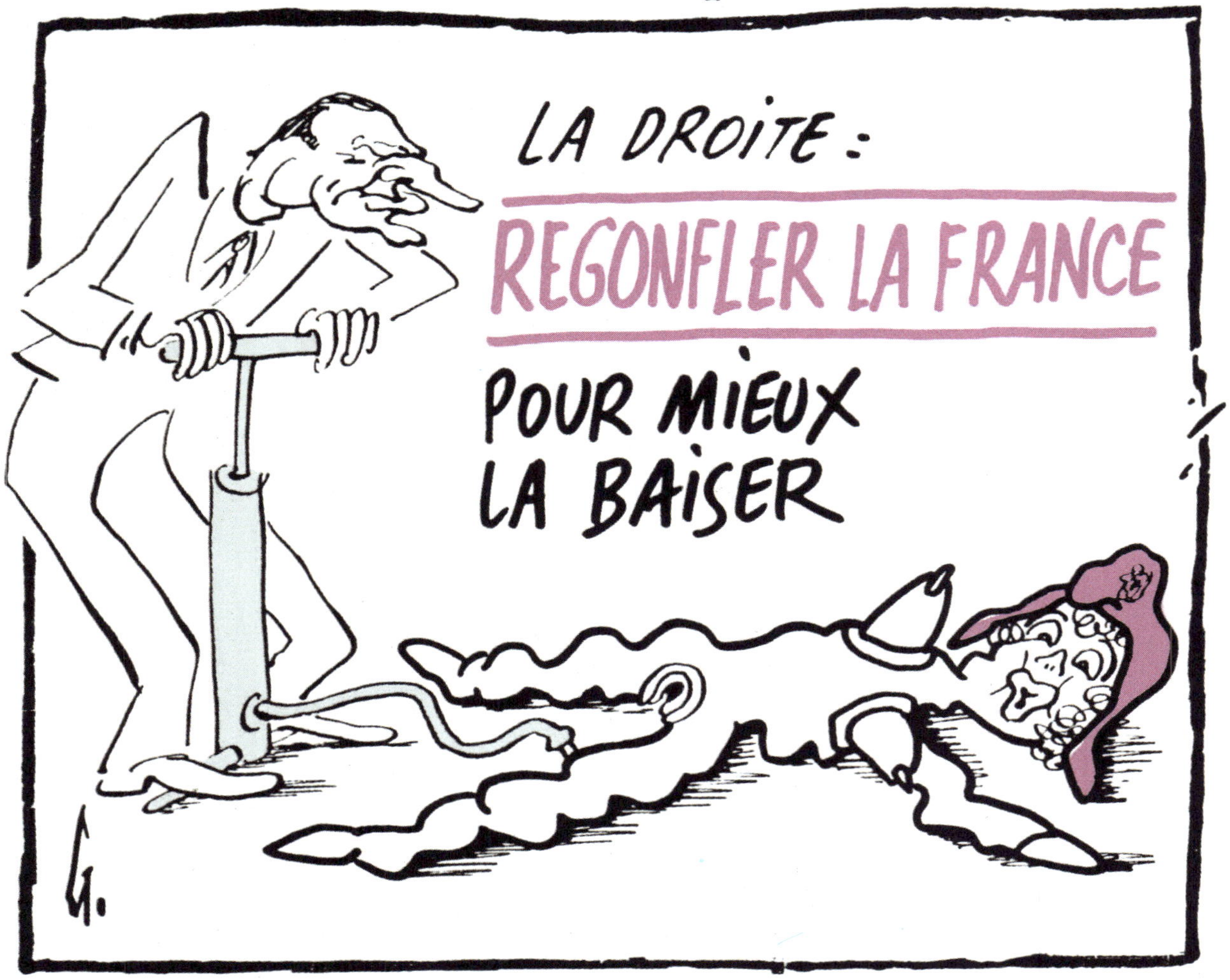
LA DROITE :
REGONFLER LA FRANCE
POUR MIEUX LA BAISER

ILS CONSOMMENT MOINS mais ILS CHIENT PLUS !

SARKOZY MINISTRE DES TÊTES À CLAQUES
cabu

BORGNE ANNÉE BORGNE SANTÉ
cabu

> N° 28 - 06.01.1993 - Riss - Le Pen > N° 28 - 06.01.1993 - Riss - Montoire > N° 38 - 17.03.1993 - Gébé - Chirac
> N° 53 - 30.06.1993 - Cabu - Balladur > N° 37 - 10.03.1993 - Cabu - Sarkozy > N° 38 - 17.03.1993 - Willem - Mitterrand
> N° 79 - 29.12.1993 - Cabu - Le Pen

# Les lettres que Béré a envoyées avant de se suicider

EXCLUSIF
Cher Gaz de France
C'est une honte d'avoir travaillé 30 ans chez vous et de ne pas obtenir de réduction pour un suicide au gaz
Cher Cabu
Vous aurez ma mort sur la conscience
Cher Claude Lelouch
Si vous faites un film sur moi, choisissez Paul Préboist et Jacky Sardou
Cher Antoine Pinay
Il y aura photo à l'arrivée
Cher François
Je t'en ai toujours voulu, tu avais toujours les plus belles femmes et moi les ragotons
Chère Georgina
Je pars en éclaireur
Cher Juge Jean-Pierre,
J'espère que tu meurtres comme chien
Je te pisse au cul
Cher Collaro
J'aurais préféré que vous me ... avec les Collaro-girls plutôt que de le bébête-show
Cher Abbé Pierre
J'ai toujours aimé les femmes à barbe
Cher Edwy Plenel
Comment faites vous pour avoir une si belle moustache noire?
Chère Gilberte
J'en avais marre de tirer un bout. Je préfère me faire sucer par les vers de terre
ton Pierrot
Cher Balladur,
Mais où donc achetez-vous vos chaussettes de cardinal?
J'ai laissé de la viande froide dans le réfrigérateur
La clé est sous le pot de fleurs sur le balcon
cabu

SI NOUS NE FAISONS PAS DE BÊTISES, LE ROTARY-CLUB EST AU POUVOIR POUR TRENTE ANS!

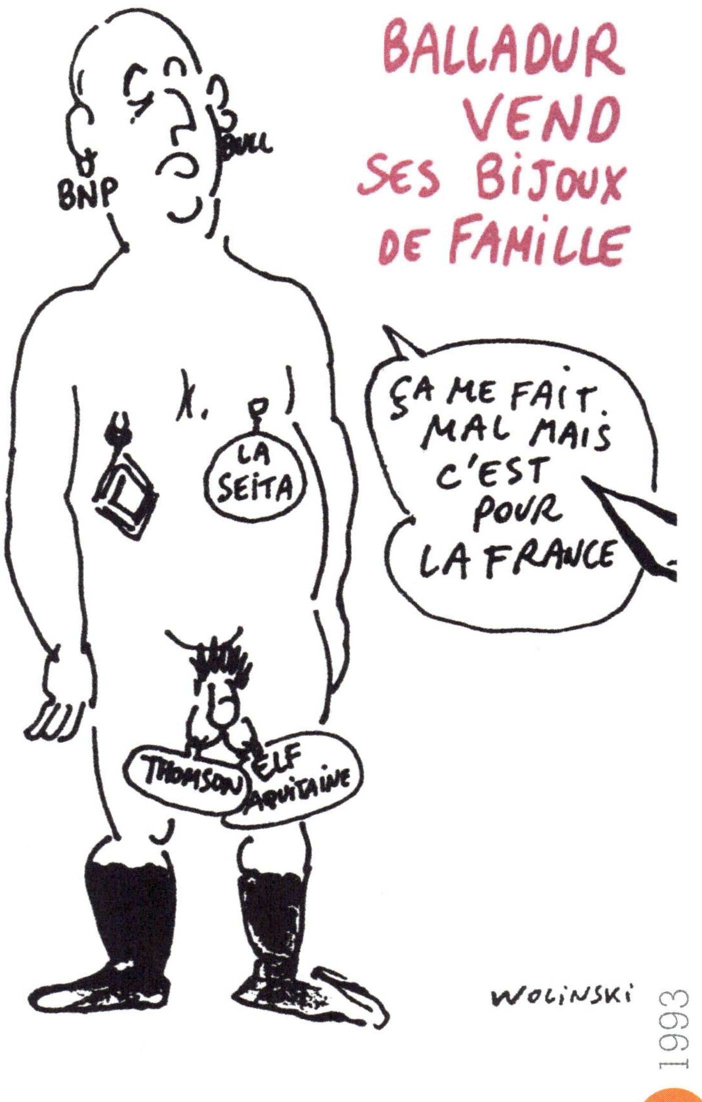
BALLADUR VEND SES BIJOUX DE FAMILLE
BNP
BULL
LA SEITA
THOMSON
ELF AQUITAINE
ÇA ME FAIT MAL MAIS C'EST POUR LA FRANCE
WOLINSKI

1993

# Série noire pour Michael Jackson

NE LÈVE PAS LE RIDEAU, MICHAEL A UN PETIT PROBLÈME TECHNIQUE...
KAMAGURKA

"MÉA CULPA"
JOHNNY COUCHE AVEC SA FILLE !
C'EST PAS MA FILLE, C'EST MA FEMME
RISS

CASIMIR REVIENT POUR DIRE LA VÉRITÉ
JACKSON, C'EST MOI QUI LUI AI APPRIS À BRANLER LES MÔMES...
CHARB

PROMETTEZ-MOI DE NE PAS PASSER MON AGONIE DANS "SACRÉE SOIRÉE"
RHONE POULENC
ADIEU BOUYGUES !
APRÈS LE REALITY-SHOW, LE RÔTI FROID.
CABU

> N° 63 - 08.09.1993 - Kamagurka - Jackson > N° 62 - 01.09.1993 - Charb - Casimir
> N° 51 - 16.06.1993 - Riss - Johnny > N° 51 - 16.06.1993 - Cabu - Bouygues

LES CRAPULES SONT COMME ÇA..
RTL AUSSI!
LES FRANÇAIS SONT DES MONSTRES DE KITSCH. FOUCAULT ET LEPERS AUSSI.
LES FRANÇAIS SONT DE FAUX MYSTIQUES PAR INTÉRÊT.
LES FRANÇAIS SONT LES CHIMPANZÉS DES AMÉRICAINS. LABRO AUSSI.
MEEEUUH
LES FRANÇAIS SONT DES ESCROCS RATÉS. SABATIER AUSSI.
MARILYN DOLL
REAGAN DOLL
KKK
DALLAS
COKE
LES FRANÇAIS SONT LICENCIÉS. SONIA DUBOIS AUSSI.
BIENTÔT EN GALA À TOUSALON
ET SUR MEUBLE
DIDIER DERLICH AUSSI
LES FRANÇAIS SONT DES PASSÉISTES. JEAN PIERRE COFFE AUSSI
LES FRANÇAIS SONT DES LÈCHE-CUL D'HERSANT. PHILIPPE ALEXANDRE AUSSI.
FIG MAG
FRANCE SOIR
LES FRANÇAIS SONT DES ADORATEURS DE SAINT DRUCKER. NAGUI AUSSI
MAISON
SAINT STRASS ET SAINTES PAILLETTES PRIEZ POUR NOUS
TF1
DRUCKER BÉNISSANT JOE DASSIN
F2
F3
LES FRANÇAIS SONT BALLADURIENS TENDANCE LE PEN. ALAIN KRAUS AUSSI
LES AUDITEURS délateurs ONT LA PAROLE
LES FRANÇAIS SONT DES GENS QUI DONNENT ENVIE D'ÊTRE SERIAL KILLER. FABRICE AUSSI.
QUOIKIDYA DANS MA VALISE?
Je lègue mon dentier au musée de l'Homme, mon "Poli-dent" à Jackie Sardou, et mes photos de Jean Yanne nu à Nagui Patrick
LES FRANÇAIS SONT DES TRISOMIQUES HYDROCÉPHALES. LES GROSSES TÊTES AUSSI.
BOUVARD
DE KERSAUSON
ONK
CARLOS
CASTELLI
ZITRONE
SARRAUTE
DOLTO BOY
ADADA DOUDOU DIDON
ONK ONK
GROÏÏK
NE PAS DONNER À MANGER AUX ABRUTIS
ENTRÉE DU PUBLIC
NIQUE TON SIM
LES ROUTIERS SONT DE GROS BOEUFS SYMPAS
TIR
LES FRANÇAIS SONT DES CLONES DE SIM. SIM AUSSI.
RICARD
FN
10 SOUS LA PIPE
LES FRANÇAIS SONT VARIQUEUX. MÉNIE GRÉGOIRE AUSSI.
MOI, D'UN ŒIL JE REGARDE T.F.1, DE L'AUTRE J'ÉCOUTE R.T.L.
..LES FRANÇAIS AUSSI.
ROTARY CLUB
RTL
PARIS DAKAR
LES FRANÇAIS SONT DES BEAUFS À MOUSTACHES. MAX MEYNIER AUSSI.
LUZ

> N° 71 - 03.11.1993 - Luz - RTL

1993

TÉLÉ
BANSOIR ! QUEL BONHEUR D'ACCUEILLIR NOTRE GRAND AMI, LE PROFESSEUR CABROL, DANS
C'EST VOTRE VIE !
QUEL CADEAU VOUS NOUS FAITES, PROFESSEUR !
CHER PROFESSEUR, LE MERVEILLEUX MAX MEYNIER NOUS FAIT PARLER DU DOIGT (sic) UN DE VOS COMBATS, CELUI DU COEUR, LIEU DE L'ÂME ET DES SENTIMENTS ...
HA! HA! TOI ICI ? C'EST PAS VRAI !!....
HA! HA! IT'S NOT TRUE !!
PERDU DE VUE
UN PARI SUR L'AVENIR
CETTE ÉMISSION A BIEN ÉTÉ, GRÂCE À VOUS, UN PARI SUR LA VIE
COUCOU ! C'EST NOUS !
UN CHEVALIER REMET AU Pr CABROL LA CASSETTE DES "VISITEURS"
"MERVEILLEUX MAX MEYNIER" "FORMIDABLE DEVOS"
VOUS ÊTES FORMIDABLE
AVIS DE RECHERCHE
TOUT PETIT, CHRISTIAN AIMAIT DÉJÀ REGARDER LES COCHONS ÉCORCHÉS !
IL AVAIT TOUS LES PRIX, MÊME DE CAMARADERIE !
DÉMIS SULITZER VIENT VENDRE SON BOUQUIN-MINCEUR PRÉFACÉ PAR CABROL (MERVEILLEUX PAUL-LOUP ROUSSOS)
CHRISTIAN CABROL EST UN ÊTRE FORMIDABLE, AU SOURIRE RAYONNANT, QUI IRRADIE...
ON DIT SOUVENT : L'AMITIÉ D'UN GRAND HOMME EST UN BIENFAIT DES DIEUX. J'AI LA CHANCE D'AVOIR L'AMITIÉ DE JACQUES CHIRAC, QU'ON NE CONNAÎT PAS ASSEZ, CAR LUI AUSSI, IL EST TELLEMENT GENTIL !
CE N'EST PAS UNE QUESTION DE CHANCE, PROFESSEUR, MAIS DE QUALITÉ ENTRE LES ÊTRES ...
UNE FOIS DE PLUS, VOUS ÊTES TROP MODESTE, CHER PROFESSEUR
SACRÉE SOIRÉE !
BERNAR
ENCORE UN EFFORT, ET FRANCE 2 RESSEMBLERA À TF1 COMME UNE SOEUR... AVÉ, EL KABBACH, LE SERVICE PUBLIC TE SALUE !

CHANTAL GOYA
LE RETOUR
CHARB.

COCTEAU EST MORT IL Y A 30 ANS
JEAN MARAIS REGRETTE SES STAGES DE POTERIE
CABU

DURAS SE CONFIE
J'ÉCRIS COMME JE CHIE...
C'EST DE PLUS EN PLUS DUR !
LUZ

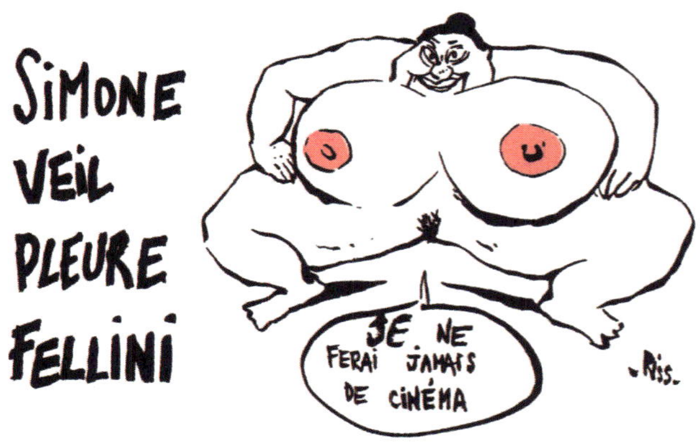
SIMONE VEIL PLEURE FELLINI
JE NE FERAI JAMAIS DE CINÉMA
RISS

> N° 79 - 29.12.1993 - Bernar - Mitterrand > N° 61 - 25.08.1993 - Charb - Chantal Goya > N° 68 - 13.10.1993 - Cabu - Jean Marais > N° 68 - 13.10.1993 - Luz - Duras > N° 71 - 03.11.1993 - Riss - Fellini

L'institutrice de Neuilly : ce que "PARIS-MATCH" n'a pas dit :
LES ENFANTS DONT LES PARENTS GAGNENT PLUS DE 50 000 F. PAR MOIS... LEVEZ LE DOIGT !
... VOUS POUVEZ SORTIR !

L'ARMÉE VOUS APPREND UN MÉTIER
HUMAN BOMB À NEUILLY

Collectionne la famille Villemin !
FIGURINE PANINI

> N° 48 - 26.05.1993 - Cabu - HB > N° 47 - 19.05.1993 - Cabu - HB > N° 72 - 10.11.1993 - Charb - Villemin

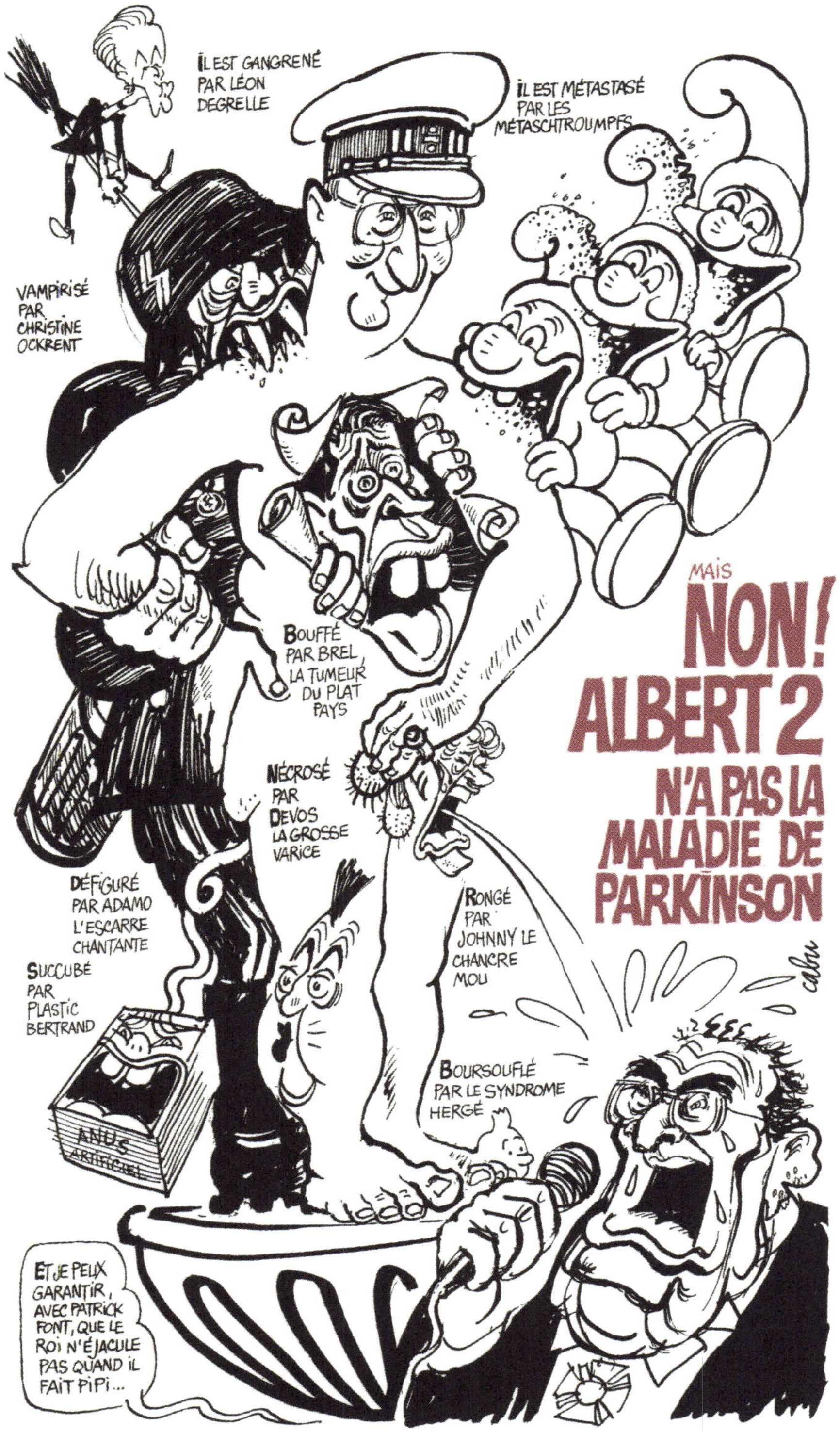
IL EST GANGRENÉ PAR LÉON DEGRELLE
IL EST MÉTASTASÉ PAR LES MÉTASCHTROUMPFS
VAMPIRISÉ PAR CHRISTINE OCKRENT
BOUFFÉ PAR BREL LA TUMEUR DU PLAT PAYS
NÉCROSÉ PAR DEVOS LA GROSSE VARICE
DÉFIGURÉ PAR ADAMO L'ESCARRE CHANTANTE
SUCCUBÉ PAR PLASTIC BERTRAND
RONGÉ PAR JOHNNY LE CHANCRE MOU
BOURSOUFLÉ PAR LE SYNDROME HERGÉ
ANUS ARTIFICIEL
MAIS NON! ALBERT 2 N'A PAS LA MALADIE DE PARKINSON
ET JE PEUX GARANTIR, AVEC PATRICK FONT, QUE LE ROI N'ÉJACULE PAS QUAND IL FAIT PIPI...
Cabu

SI JÉSUS ÉTAIT MORT À WACO, LA MOITIÉ DE LA POPULATION PORTERAIT UNE FERME EN FLAMMES AUTOUR DU COU...

L'IRLANDE TOLÈRE ENFIN L'HOMOSEXUALITÉ
À CONDITION QU'ILS LE FASSENT SANS PRÉSERVATIFS !
KAMAGURKA

SALAUDS DE SERBES!
HORS-D'OEUVRE
PLAT PRINCIPAL
DESSERT
RISS.

DES VIOLS EN BATTERIE CHEZ LES SERBES
ÇA DONNE PAS ENVIE...
ET PUIS ÇA N'A PAS DE GOÛT...
CHARB.

> N° 60 - 18.08.1993 - Cabu - Albert 2 > N° 44 - 28.04.1993 - Kamagurka - Waco > N° 53 - 30.06.1993 - Kamagurka - Homosexualité
> N° 28 - 06.01.1993 - Riss - Serbes > N° 29 - 13.01.1993 - Charb - Viols en Serbie

BIENTÔT EN RÉCLAME
JAMBON AU TORCHON

UN JOUR, MON FILS, TOUT CECI T'APPARTIENDRA...
BIENVENUE DANS LA BANDE DE GAZA
KAMAGURKA

ON A RETROUVÉ ÉDITH PIAF
À LA M.J.C. DE MOGADISCIO

PERQUISITIONS CHEZ LES BARBUS
SIMPLEMENT UNE RÉUNION TUPPERWARE !
CORAN
FIS
FIS
FIS
FIS
FIS
FIS

> N° 64 - 15.09.1993 - Cabu - Arafat > N° 64 - 15.09.1993 - Kamagurka - Gaza > N° 68 - 13.10.1993 - Cabu - Mogadiscio
> N° 73 - 17.11.1993 - Cabu - Barbus

SOEUR EMMANUELLE AU RWANDA
SI TOUS LES GARS
DU
...VOULAIENT SE DONNER LE MOIGNON
C.

ONDE...

# 1994
## CHARLIE HEBDO

Deux événements incroyables se produisent la même année. Le milliardaire vulgaire, libidineux, homophobe, anticommuniste, escroc, corrupteur et de droite Berlusconi est élu président du Conseil italien. Le combattant antiraciste, démocrate, prix Nobel de la paix Mandela est, lui, élu président de l'Afrique du Sud. Un des principaux pays de l'Europe (cette Europe exportatrice de démocratie, de droits de l'Homme et donneuse de leçons) est désormais dirigé par une caricature de roi nègre. Un des principaux pays d'Afrique (cette Afrique que l'Europe colonisatrice a saignée à blanc, qu'elle méprise et à la tête de laquelle elle a placé ses larbins corrompus) est désormais dirigé par un modèle de vertu qu'on cite en exemple à la tribune des Nations unies. Alors qu'on regarde avec émerveillement le chemin parcouru par le peuple sud-africain depuis la fin de l'apartheid, on assiste, incrédules, à l'accession au pouvoir d'un maquereau en talonnettes en Italie. L'inventeur du "bunga-bunga" fera trois mandats en tant que président du Conseil… C'est un peu comme si, au cours d'élections libres, les Noirs avaient élu trois fois de suite un partisan de l'apartheid.

CHARLIE HEBDO
Schwartzenberg : - Je ne suis pas pour la levée de l'embargo ! -
Luz dévoile Berlusconi pour - Paris Match -
Tignous rencontre un dissident chinois
Patrick Font chante le Débarquement
Patrick Sébastien lu par Riss
ROCARD : DERNIER REMPART CONTRE LE FASCISME
ATTENTION, JE CONNAIS B.H.L !
BERLUSCONI

Mandela et Berlusconi ont été élus la même année, c'est à peu près la seule chose qu'ils ont en commun. Tout dans leur parcours diverge. Tiens, par exemple, alors que Mandela a commencé sa carrière politique par vingt-sept ans de prison, Berlusconi finira peut-être la sienne par une peine avec sursis... Des années plus tard, Sarkozy osera lire à haute voix que l'homme africain n'est pas assez entré dans l'Histoire. Nous disons, nous, que le dirigeant européen n'est pas assez entré en prison.

Bref, cette année-là, on a bien rigolé.

# À vous de choisir!

Ecole laïque
BAUDELAIRE
JE TRIQUE
Ecole privée
BIBLE
J'ME FAIS
ENCULER
LUZ

ENGAGE-TOI DANS
L'ÉCOLE PRIVÉE
RISS

L'ISLAM À
L'ÉCOLE
PAPA
MAMAN
A
B
LUZ

LUZ

> N° 81 - 19.01.1994 - Luz - Ecole > N° 81 - 19.01.1994 - Riss - Ecole privée > N° 119 - 05.10.1994 - Luz - Islam école
> N° 116 - 14.09.1994 - Luz - McDo

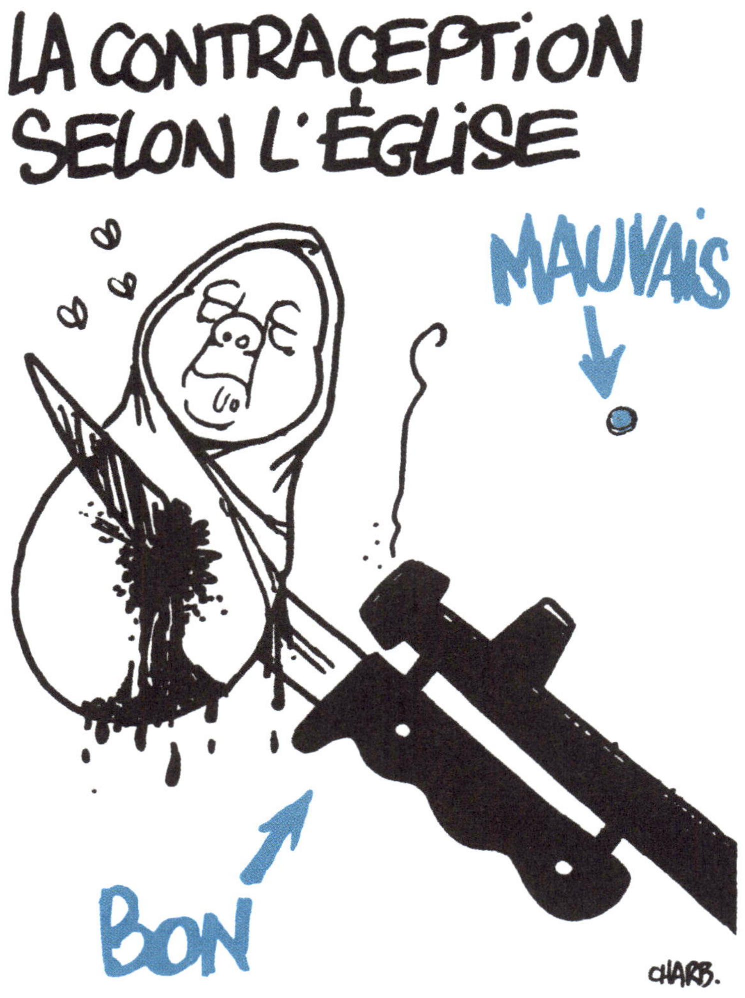
LA CONTRACEPTION SELON L'ÉGLISE
MAUVAIS
BON
CHARB.

MOINS FORT, TU FAIS GRINCER LE SOMMIER !
RISS

CONTRE LE SIDA
LA CAPOTE À CINQ COUPS.
EN PLUS, JE PEUX FAIRE LA VAISSELLE AVEC.
RISS.

50e ANNIVERSAIRE DU DÉBARQUEMENT
L'APOTHÉOSE MISE EN SCÈNE Philippe Decouflé
Coca-Cola
BAL DES VÉTÉRANS CE SOIR 21H
HOLLYWOOD
A13
Marlboro

J'ai tout compris
CARLOS
ONANISME
BREJNEV
DISNEYLAND
KHOMEINI
PALESTINIENS
STASI
VERGÈS
SADDAM HUSSEIN
HEZBOLLAHS
ROTE ARMEE FRAKTION
ACTION DIRECTE
FAST FOOD
PEDERASTIE
KIM IL SUNG
IRLANDAIS DE VINCENNES
HUTUS
TUTSIS
PAUL BARRIL
PLUTONIUM
CHOMAGE
INTEGRISME
SIDA
KHADAFI
HEROÏNE
HUMAN BOMB

1954 10e ANNIVERSAIRE DU DÉBARQUEMENT
CONTRE LA BARBARIE NAZIE !
1964 20e ANNIVERSAIRE
CONTRE LES NAZIS !
1974 30e ANNIVERSAIRE
CONTRE L'OCCUPATION ALLEMANDE !
1984 40e ANNIVERSAIRE
DE LA RÉCONCILIATION FRANCO-ALLEMANDE !
1994 50e ANNIVERSAIRE
NE PARLONS PLUS DE NAZISME, IL NE FAUT FROISSER PERSONNE !
cabu

> N° 114 - 31.08.1994 - Willem - Carlos > N° 102 - 08.06.1994 - Cabu - Débarquement

RÉCONCILIONS LES FRANÇAIS
on a dit les Français!

RECHERCHE:
BONNE NOUVELLE!
LES MONGOLIENS SONT DES
CONS COMME LES AUTRES.
J'AI RÉPONDU AU QUESTIONNAIRE BALLADUR

LAÏQUES ET RELIGIEUX RÉCONCILIÉS
LE VOILE À 1F

AIRE DE REPOS

NOËL
LA COMTESSE DU BARRY
met les bouchées doubles!

> N° 117 - 21.09.1994 - Riss - Réconciliation > N° 123 - 02.11.1994 - Gébé - Voile > N° 124 - 09.11.1994 - Charb - Mongoliens
> N° 114 - 31.08.1994 - Cabu - Autoroute > N° 130 - 21.12.1994 - Cabu - Comtesse Du Barry

200 000 ANS POUR ALLER
DE LA GUERRE DU FEU À LA GUERRE DU FOOT
cabu
C.

VIVE LE FOOT!
PENDANT CE TEMPS-LÀ PAPA NE M'ENCULE PAS !
-RISS-

YAAOOUU !!
HAHAHA!
YOUP LA BOUM!
HOP! HOP! HOP!
YAHAHA ! HOHOHO !
ET TOUT ÇA SANS MARQUER DE BUT!
KAMAGURKA

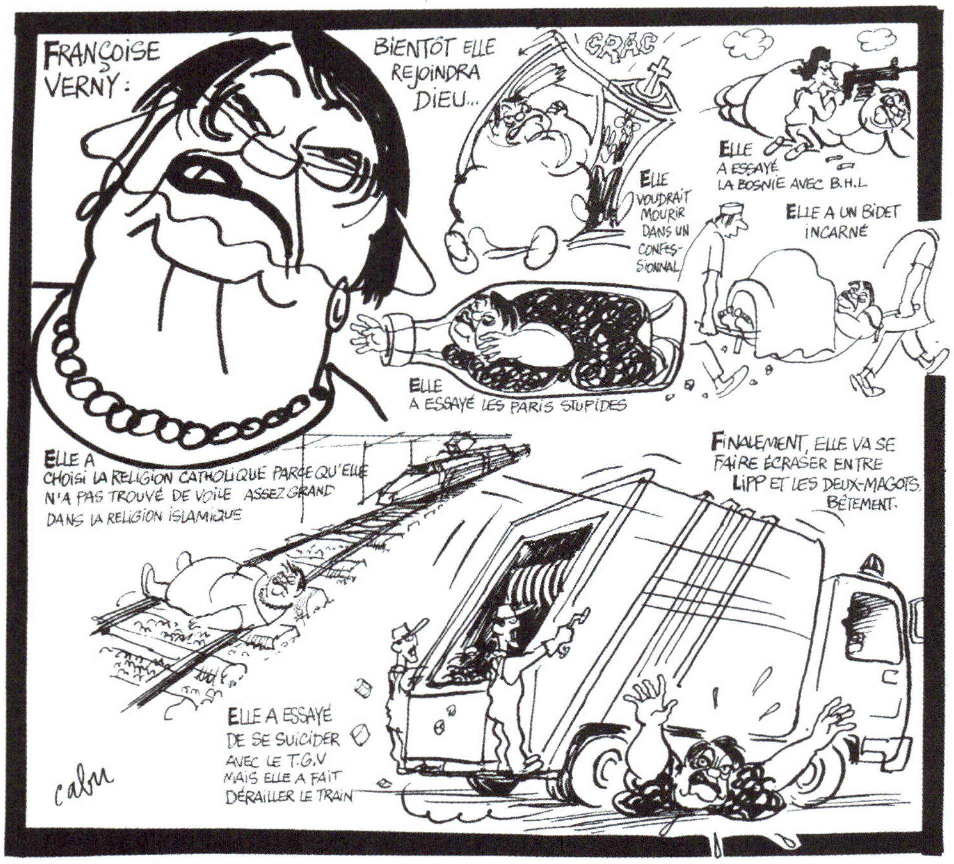
FRANÇOISE VERNY :
BIENTÔT ELLE REJOINDRA DIEU...
CRAC
ELLE VOUDRAIT MOURIR DANS UN CONFESSIONNAL
ELLE A ESSAYÉ LA BOSNIE AVEC B.H.L.
ELLE A UN BIDET INCARNÉ
ELLE A ESSAYÉ LES PARIS STUPIDES
ELLE A CHOISI LA RELIGION CATHOLIQUE PARCE QU'ELLE N'A PAS TROUVÉ DE VOILE ASSEZ GRAND DANS LA RELIGION ISLAMIQUE
FINALEMENT, ELLE VA SE FAIRE ÉCRASER ENTRE LIPP ET LES DEUX-MAGOTS. BÊTEMENT.
ELLE A ESSAYÉ DE SE SUICIDER AVEC LE T.G.V MAIS ELLE A FAIT DÉRAILLER LE TRAIN
cabu

LE PLUS GRAND ILLUSIONNISTE DE TOUS LES TEMPS
TOUS LES SOIRS JE FAIS DISPARAITRE MA BITE DANS CLAUDIA SCHIFFER
LA MAGIE DE DAVID COPPERFIELD
CH.

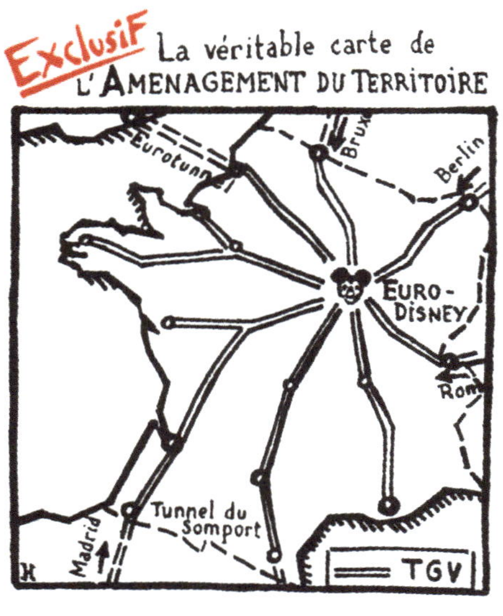
Exclusif La véritable carte de L'AMENAGEMENT DU TERRITOIRE
Eurotunn
Brux
Berlin
EURO-DISNEY
Rom
Tunnel du Somport
Madrid
TGV
H

LA TÉLÉ DE MERDE, C'EST LUI!
J'AI MIS DU BLEU DANS VOTRE VIE DE CHIOTTE...
ADIEU PIERRE SABBAGH.
CHARB

> N° 107 - 13.07.1994 - Cabu - Foot > N° 107 - 13.07.1994 - Riss - Foot > N° 90 - 16.03.1994 - Cabu - Verny > N° 119 - 05.10.1994 - Charb - Copperfield > N° 100 - 25.05.1994 - Honoré - Eurodisney > N° 119 - 05.10.1994 - Charb - Sabbagh > N° 113 - 24.08.1994 - Kamagurka - But

LES GENDARMES PIÉTINENT
C'EST LEUR FAÇON DE MENER LES ENQUÊTES
LE GENDARME À TRAVERS LES ÂGES N'A JAMAIS EU LA SOUPLESSE REQUISE POUR SE PENCHER SUR LES INDICES – COMME L'ARGOUSIN À L'ÉCHINE SOUPLE.
Et alors! Pas besoin de se plier en deux pour pendre les manants
Quels indices? Il suffit d'attraper le premier vagabond venu.
D'abord, on nous recrute avec un balai dans le dos pour relever les traces de pas sur le dessus des armoires
COMME ILS NE PEUVENT PAS SE PENCHER SUR LES LIEUX DES CRIMES, LES GENDARMES, HOMMES DE TERRAIN, PIÉTINENT.
– Allô, chef? Nous sommes sur les lieux de la chose.
– Bien! Avez-vous procédé aux premières constatations?
– Affirmatif! On a piétiné partout.
– Attention, Brigadier. C'est une affaire sensible. Il ne faudrait pas risquer d'inquiéter l'opinion en ouvrant des pistes hasardeuses.
– Reçu 5 sur 5, chef. On va repiétiner un bon coup.
AVANT
APRÈS
AFFAIRE GRÉGORY
C'est clair, c'est Laroche
FORÊT DE FONTAINEBLEAU – COUPLE ET CHIEN MASSACRÉS
On a notre idée: c'est les braconniers
ASSASSINAT DE Mme MARCHAL
Y'a écrit OMAR, c'est OMAR
OMAR
LES FRÈRES SAINCENÉ
Suicides! On se fout des empreintes

LA POLICE MANQUE DE MOYENS.
ON N'A QU'UN CERVEAU POUR TROIS
CHARB

5000 PRISONNIERS DE TROP
ON EST PRESQUE À LA RUE
TIGNOUS

SURPOPULATION DANS LES PRISONS
4 PENDUS PAR CELLULE, LES QUOTAS SONT DÉPASSÉS
RISS

1994

> N° 101 - 01.06.1994 - Gébé - Gendarmerie > N° 97 - 04.05.1994 - Charb - Policiers > N° 94 - 13.04.1994 - Tignous - Prison > N° 90 - 16.03.1994 - Riss - Prison

1994. FINI DE RIGOLER

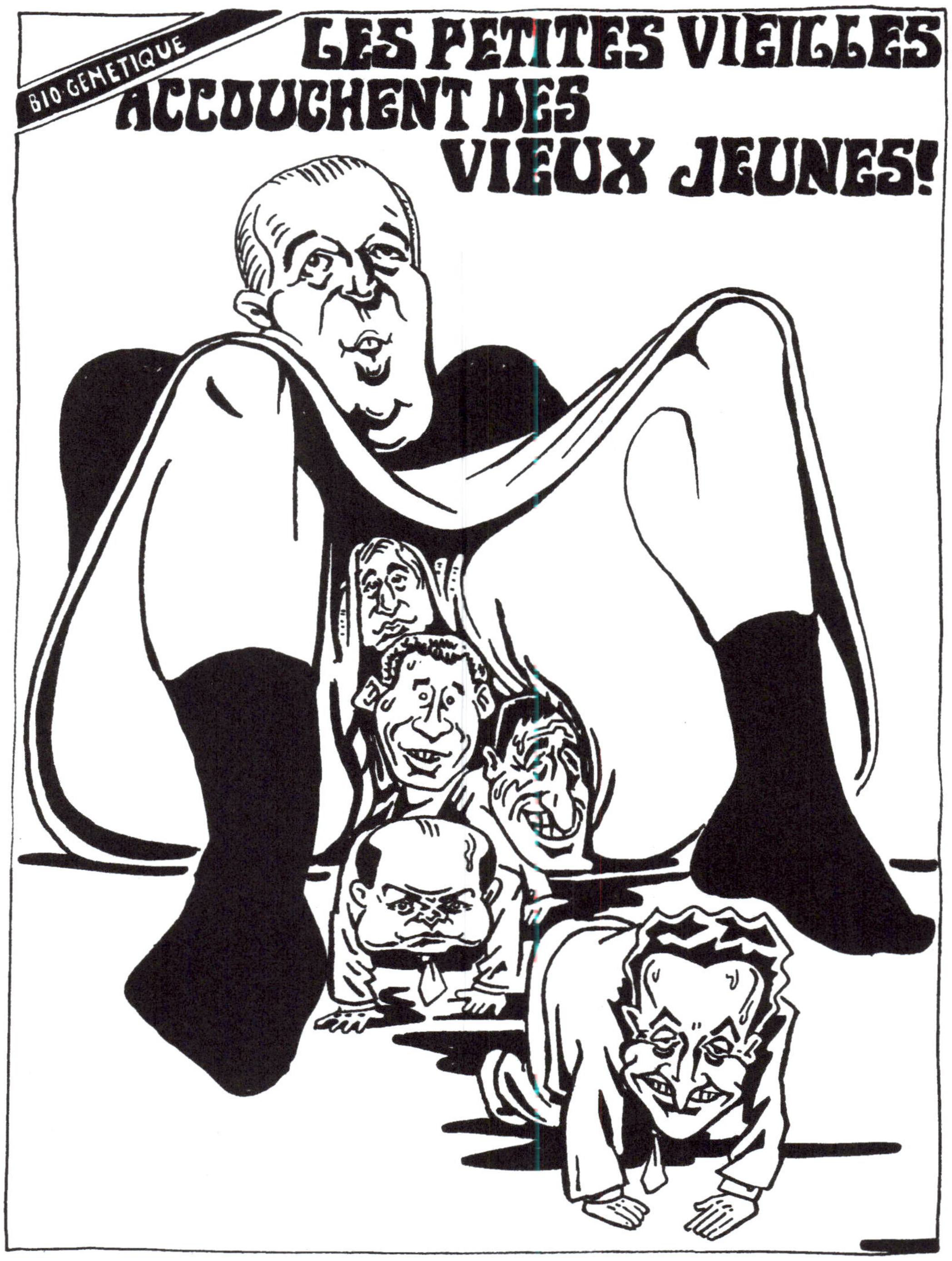
BIO-GÉNÉTIQUE
LES PETITES VIEILLES ACCOUCHENT DES VIEUX JEUNES!

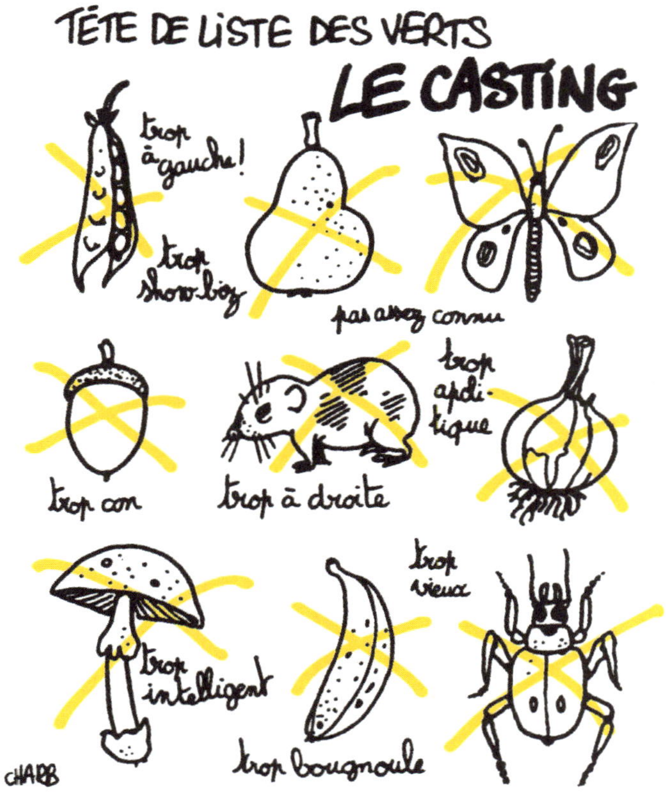
TÊTE DE LISTE DES VERTS
LE CASTING
trop à gauche!
trop show-biz
pas assez connu
trop con
trop à droite
trop apolitique
trop vieux
trop intelligent
trop bougnoule
CHARB

PARLEZ FRANÇAIS
NE DITES PLUS SARKOZY..
DITES TÊTE DE CON
CHARB.

cabu

...et maintenant
LE GOLF À UN TROU
cabu

> N° 80 - 05.01.1994 - Willem - Balladur > N° 95 - 20.04.1994 - Charb - Les Verts > N° 81 - 19.01.1994 - Willem - Balladur
> N° 88 - 02.03.1994 - Charb - Sarkozy > N° 121 - 19.10.1994 - Cabu - Mitterrand > N° 126 - 23.11.1994 - Cabu - Golf

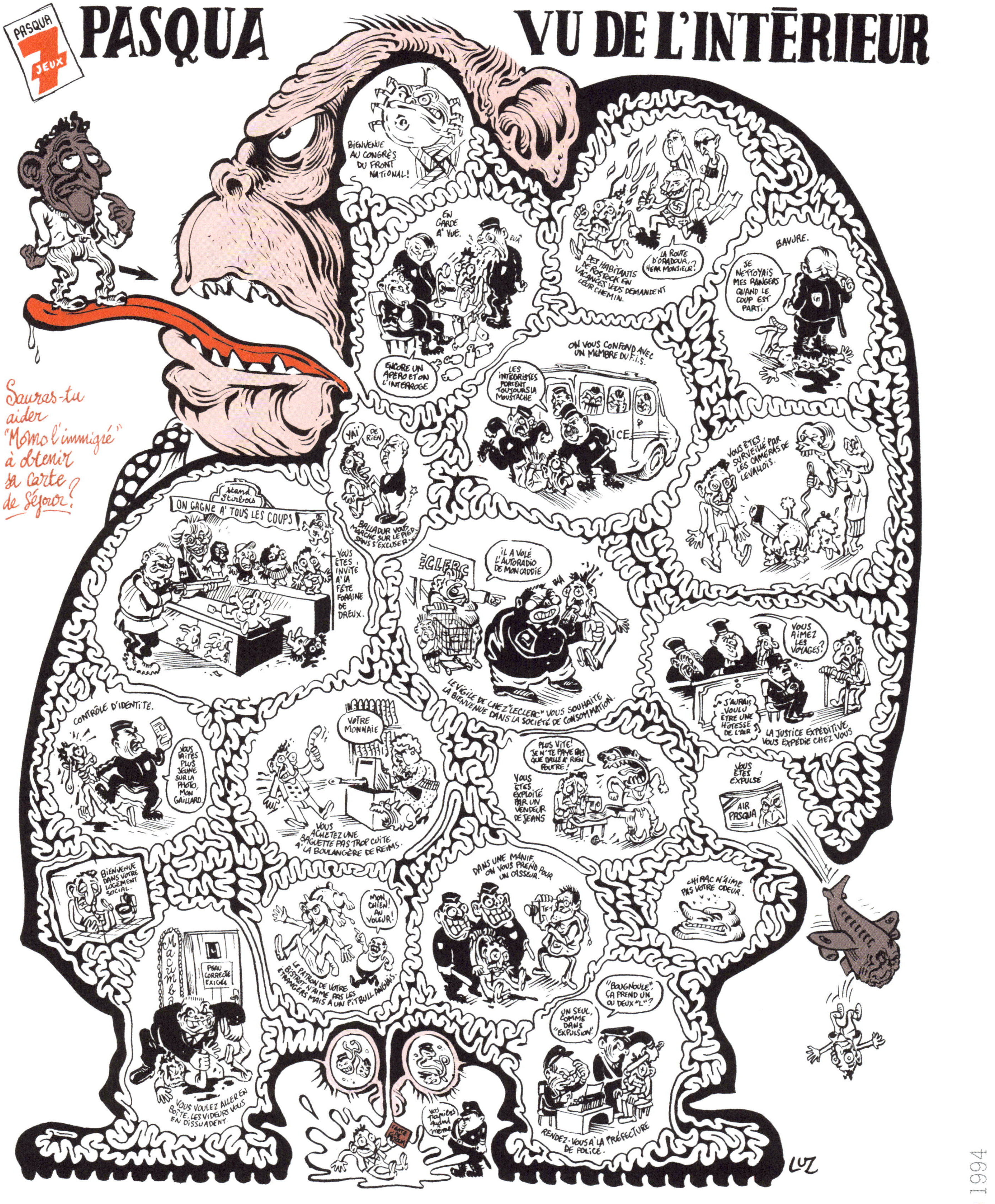
PASQUA VU DE L'INTÉRIEUR
PASQUA 7 JEUX
Sauras-tu aider "Momo l'immigré" à obtenir sa carte de séjour ?
BIENVENUE AU CONGRÈS DU FRONT NATIONAL !
EN GARDE À VUE.
ENCORE UN APÉRO ET ON L'INTERROGE
DES HABITANTS DE ROSTOCK EN VACANCES VOUS DEMANDENT LEUR CHEMIN.
LA ROUTE D'ORADOUR, HERR MONSIEUR ?
BAVURE.
JE NETTOYAIS MES RANGERS QUAND LE COUP EST PARTI.
ON VOUS CONFOND AVEC UN MEMBRE DU F.I.S.
LES INTÉGRISTES PORTENT TOUJOURS LA MOUSTACHE
YAÏ !
DE RIEN.
BALLADUR VOUS MARCHE SUR LE PIED SANS S'EXCUSER.
VOUS ÊTES SURVEILLÉ PAR LES CAMÉRAS DE LEVALLOIS.
ON GAGNE À TOUS LES COUPS
VOUS ÊTES INVITÉ À LA FÊTE FORAINE DE DREUX.
IL A VOLÉ L'AUTORADIO DE MON CADDIE
LECLERC
LE VIGILE DE CHEZ "LECLERC" VOUS SOUHAITE LA BIENVENUE DANS LA SOCIÉTÉ DE CONSOMMATION.
VOUS AIMEZ LES VOYAGES ?
J'AURAIS VOULU ÊTRE UNE HÔTESSE DE L'AIR
LA JUSTICE EXPÉDITIVE VOUS EXPÉDIE CHEZ VOUS
CONTRÔLE D'IDENTITÉ.
VOUS FAITES PLUS JEUNE SUR LA PHOTO, MON GAILLARD.
VOTRE MONNAIE
VOUS ACHETEZ UNE BAGUETTE PAS TROP CUITE À LA BOULANGÈRE DE REIMS.
PLUS VITE ! JE N'TE PAYE PAS QUE DALLE À RIEN FOUTRE !
VOUS ÊTES EXPLOITÉ PAR UN VENDEUR DE JEANS
VOUS ÊTES EXPULSÉ
AIR PASQUA
BIENVENUE DANS VOTRE LOGEMENT SOCIAL.
MON CHIEN ! AU VOLEUR !
LE PATRON DE VOTRE BISTROT N'AIME PAS LES ÉTRANGERS MAIS A UN PITBULL ANGLAIS.
DANS UNE MANIF ON VOUS PREND POUR UN CASSEUR.
CHIRAC N'AIME PAS VOTRE ODEUR.
PEAU CORRECTE EXIGÉE
VOUS VOULEZ ALLER EN BOÎTE, LES VIDEURS VOUS EN DISSUADENT
UN SEUL, COMME DANS "EXPULSION".
"BOUGNOULE" ÇA PREND UN OU DEUX "L" ?
RENDEZ-VOUS À LA PRÉFECTURE DE POLICE.
LUZ

> N° 118 - 28.09.1994 - Luz - Pasqua

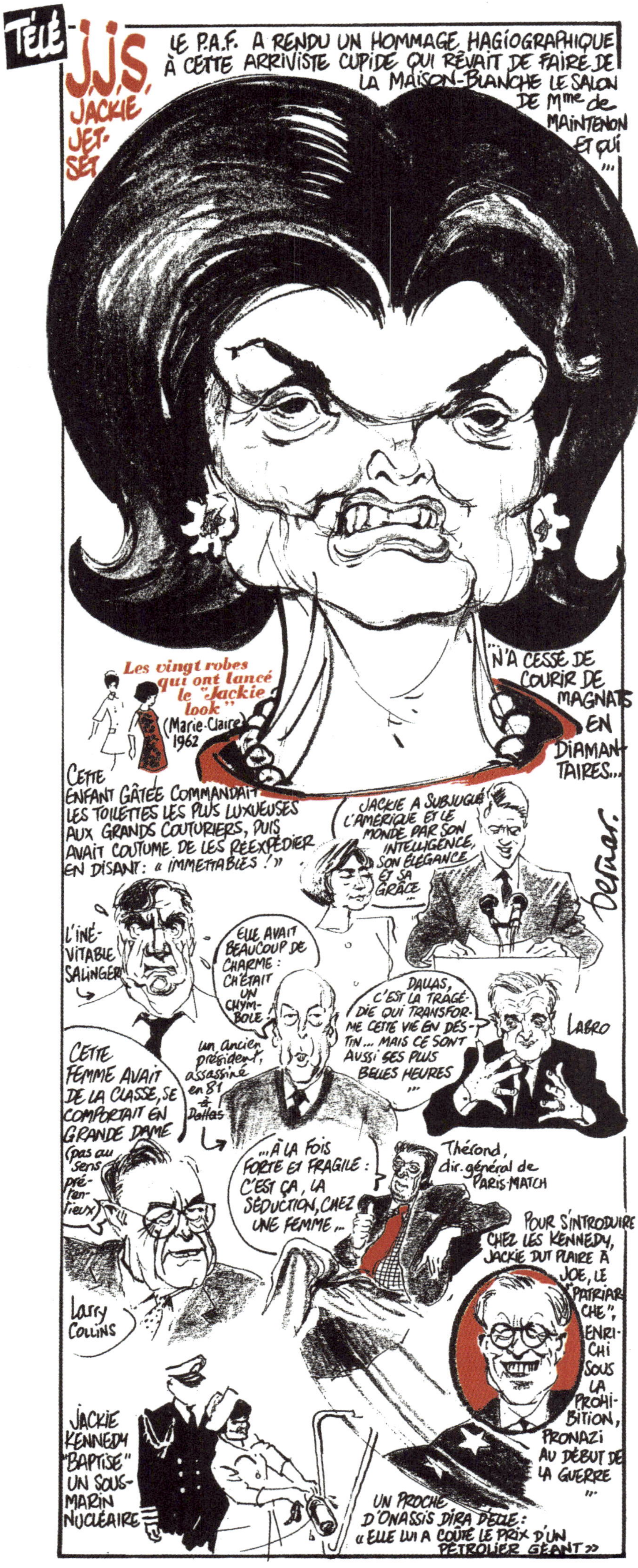
TÉLÉ
J.J.S, JACKIE JET-SET
LE P.A.F. A RENDU UN HOMMAGE HAGIOGRAPHIQUE À CETTE ARRIVISTE CUPIDE QUI RÊVAIT DE FAIRE DE LA MAISON-BLANCHE LE SALON DE Mme de MAINTENON ET QUI ...
...N'A CESSÉ DE COURIR DE MAGNATS EN DIAMANTAIRES...
Les vingt robes qui ont lancé le "Jackie look" (Marie-Claire) 1962
CETTE ENFANT GÂTÉE COMMANDAIT LES TOILETTES LES PLUS LUXUEUSES AUX GRANDS COUTURIERS, PUIS AVAIT COUTUME DE LES RÉEXPÉDIER EN DISANT : « IMMETTABLES ! »
JACKIE A SUBJUGUÉ L'AMÉRIQUE ET LE MONDE PAR SON INTELLIGENCE, SON ÉLÉGANCE ET SA GRÂCE ...
L'INÉVITABLE SALINGER
ELLE AVAIT BEAUCOUP DE CHARME : CH'ÉTAIT UN CHYMBOLE.
un ancien président, assassiné en 81 à Dallas
DALLAS, C'EST LA TRAGÉDIE QUI TRANSFORME CETTE VIE EN DESTIN... MAIS CE SONT AUSSI SES PLUS BELLES HEURES ...
LABRO
CETTE FEMME AVAIT DE LA CLASSE, SE COMPORTAIT EN GRANDE DAME (pas au sens prétentieux)
...À LA FOIS FORTE ET FRAGILE : C'EST ÇA, LA SÉDUCTION, CHEZ UNE FEMME...
Thérond, dir. général de PARIS-MATCH
Larry COLLINS
POUR S'INTRODUIRE CHEZ LES KENNEDY, JACKIE DUT PLAIRE À JOE, LE "PATRIARCHE", ENRICHI SOUS LA PROHIBITION, PRONAZI AU DÉBUT DE LA GUERRE ...
JACKIE KENNEDY "BAPTISE" UN SOUS-MARIN NUCLÉAIRE
UN PROCHE D'ONASSIS DIRA D'ELLE : « ELLE LUI A COÛTÉ LE PRIX D'UN PÉTROLIER GÉANT »
Bernar

ATOMIQUE
BOMBE

TUER RUSHDIE... FACILE À DIRE !

L'HISTOIRE BÉGAIE EN AUTRICHE.
HEI-HEI-HEIL HI-HI-HI-HITLER!
RISS.

> N° 100 - 25.05.1994 - Bernar - Jackie Kennedy > N° 80 - 05.01.1994 - Willem - Bombes A > N° 87 - 23.02.1994 - Willem - Rushdie
> N° 120 - 12.10.1994 - Riss - Autriche

LES NOUVEAUX MONSTRES
BERLUSCONI & SES MINISTRES
cabu

peste en Inde

PUTAIN, LA TAILLE DES RATS !
TIGNOUS

ITALIE :
FASCISME AU VISAGE HUMAIN

1994

> N° 115 - 07.09.1994 - Cabu - Berlusconi > N° 119 - 05.10.1994 - Tignous - Peste > N° 97 - 04.05.1994 - Willem - Italie

OPÉRATION "HACHIS PARMENTIER" AU RWANDA
ENVOYEZ LA PURÉE, Y A DÉJÀ LA VIANDE HACHÉE !
cabu

L'ÉQUIPE DE FOOT DU RWANDA DESCEND EN 2e DIVISION.
2
6
3
RiSS.

UNE TROISIÈME ETHNIE AU RWANDA
TOUTSI
HOUTOU
O.N.U.
ONOU
TiGNOUS

RWANDA, L'ESPOIR RENAÎT
MADE IN FRANCE
LUZ

RWANDA:
CHASSE, PÊCHE
ET TRADITION

ATTENTION SIDA
DES MACHETTES PAS PROPRES
SUR LES PLAGES !!
CHARB.

> N° 105 - 29.06.1994 - Luz - Rwanda > N° 100 - 25.05.1994 - Willem - Rwanda > N° 106 - 06.07.1994 - Charb - Rwanda

SAGA AFRICA

SOEUR EMMANUELLE AU RWANDA
SI TOUS LES GARS DU MONDE...
...VOULAIENT SE DONNER LE MOIGNON
C.

# Rwanda

ARAIGNÉE DU MATIN CHAGRIN
ARAIGNÉE DU SOIR CHAGRIN AUSSI
TIGNOUS

FARCES ET ATTRAPES AU RWANDA
J'AI ENCORE MARCHÉ SUR UN MALADE DU CHOLÉRA!

> N° 105 - 29.06.1994 - Cabu - Saga Africa > N° 109 - 27.07.1994 - Cabu - Rwanda > N° 113 - 24.08.1994 - Tignous - Rwanda
> N° 111 - 10.08.1994 - Willem - Rwanda

FEMMES DE SARAJEVO, SOYEZ SANS CRAINTE, ON PEUT AVOIR DES ENFANTS À 60 ANS
TIGNOUS

SERBES-BOSNIAQUES
BON, ÇA Y EST, LES SERBES ONT GAGNÉ LA GUERRE, ON VA SE COUCHER ?
ATTENDS, ILS JOUENT LES ARRÊTS DE JEU...
CHARB

BOSNIE
VOS GUEULES, GÉNÉRAUX !
ROQUEJEOFFRE
MORILLON
COT
VOULOIR FAIRE LA PAIX AVEC DES MILITAIRES, C'EST VOULOIR FAIRE DE L'OR AVEC DE LA MERDE !
Cabu

LES SERBES : MÉCHANTS, AIGRIS...
MAIS POURQUOI ?
GRRR ! ON A DES CASQUETTES RIDICULES...
GAL RATKO MLADIC
CHARB.

MAIS SI !.. VIENS AVEC NOUS !.. MÊME LES INTELLOS JOUENT À LA GUERRE !
...REGARDE B.H.L !
Cabu

> N° 81 - 19.01.1994 - Cabu - Armée > N° 104 - 22.06.1994 - Cabu - Intellos > N° 83 - 26.01.1994 - Tignous - Sarajevo
> N° 128 - 07.12.1994 - Charb - Bosnie > N° 95 - 20.04.1994 - Charb - Serbes

VOTEZ
PIÈGE
A
LOUP

# 1995

## CHARLIE HEBDO

Le soir du second tour de l'élection présidentielle, un peu avant 20 heures, on était encore confiants, à *Charlie Hebdo*. Bon, “confiants”, je ne sais pas si c'est le mot juste. Chirac était depuis un moment en tête dans les sondages devant Jospin, mais rien n'y faisait, on ne pouvait pas imaginer Chirac dans les habits du président. Chirac, en président, t'imagines, toi ? Non, personne à *Charlie* n'imaginait. Il serait ridicule. Comment cette grande nouille pourrait-elle faire illusion après Mitterrand ? Chirac est très bon au Salon de l'agriculture quand il faut flatter le cul des vaches et le béret des producteurs de piquette, mais lorsqu'il s'agira ne serait-ce que de passer à la télé pour présenter ses vœux aux Français, tout le monde éclatera de rire ! La marionnette de Chirac aux “Guignols de l'info” était beaucoup moins grotesque que son modèle. Nombreux, d'ailleurs, ont été ceux qui ont prétendu que la marionnette de Chirac avait aidé à l'élection de l'original. Les Français ont voté pour la marionnette, il n'y a pas d'autre explication à la victoire de Chirac. Quand on a vu le portrait du nouveau président se dessiner sur l'écran de la télé pas encore plate ni à coins carrés, on est restés bouche bée. C'est donc ce type qui va nous représenter dans le monde… On va vraiment passer pour des cons. Beaucoup d'entre nous ont envisagé de brûler leur passeport. Et puis, on s'y est faits, comme on se fait à tout. On avait un clown à la tête de l'État, bon.

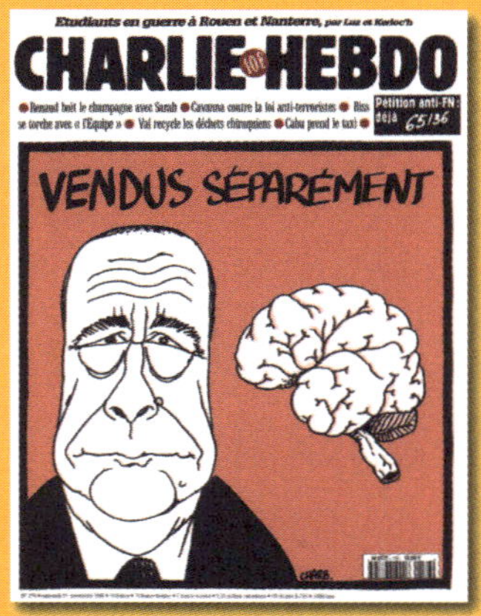

Etudiants en guerre à Rouen et Nanterre,
CHARLIE HEBDO
Renaud boit le champagne avec Sarah • Cavanna contre la loi anti-terroristes • Riss se torche avec « l'Équipe » • Val recycle les déchets chirurgicaux • Cabu prend le taxi
Pétition anti-FN : déjà 65136
VENDUS SÉPARÉMENT

Je me souviens précisément du jour où l'on a fini par prendre Chirac pour le président de la République. C'est le jour où Sarkozy a été élu…

Bref, cette année-là, on a bien rigolé.

Quand la discussion n'est plus possible,
quand la politique est impuissante,
il ne reste qu'une
solution...

G.I.G.N. PRE
PROTÉGER LA COUCHE D'OZONE
RELANCER LA CONSOMMATION
ENRAYER LA MONTÉE DE LA DÉLINQUANCE
PRÉSERVER LES ACQUIS SOCIAUX
LUTTER
GROUPE D'INTERVENTION GENDARMERIE NATIONALE
Villa "Mes Congés payés"
LUTTER CONTRE LA FAIM DANS LE MONDE
SAUVEGARDER LA LANGUE FRANÇAISE
F.B.I
RÉPONDRE AU PROBLÈME DE L'IMMIGRATION
LUTTER CONTRE LA CRISE DU LOGEMENT
POLICE
CONSTITUTION
MORALISER LA VIE POLITIQUE
INVERSER LA COURBE DU CHÔMAGE
LUZ

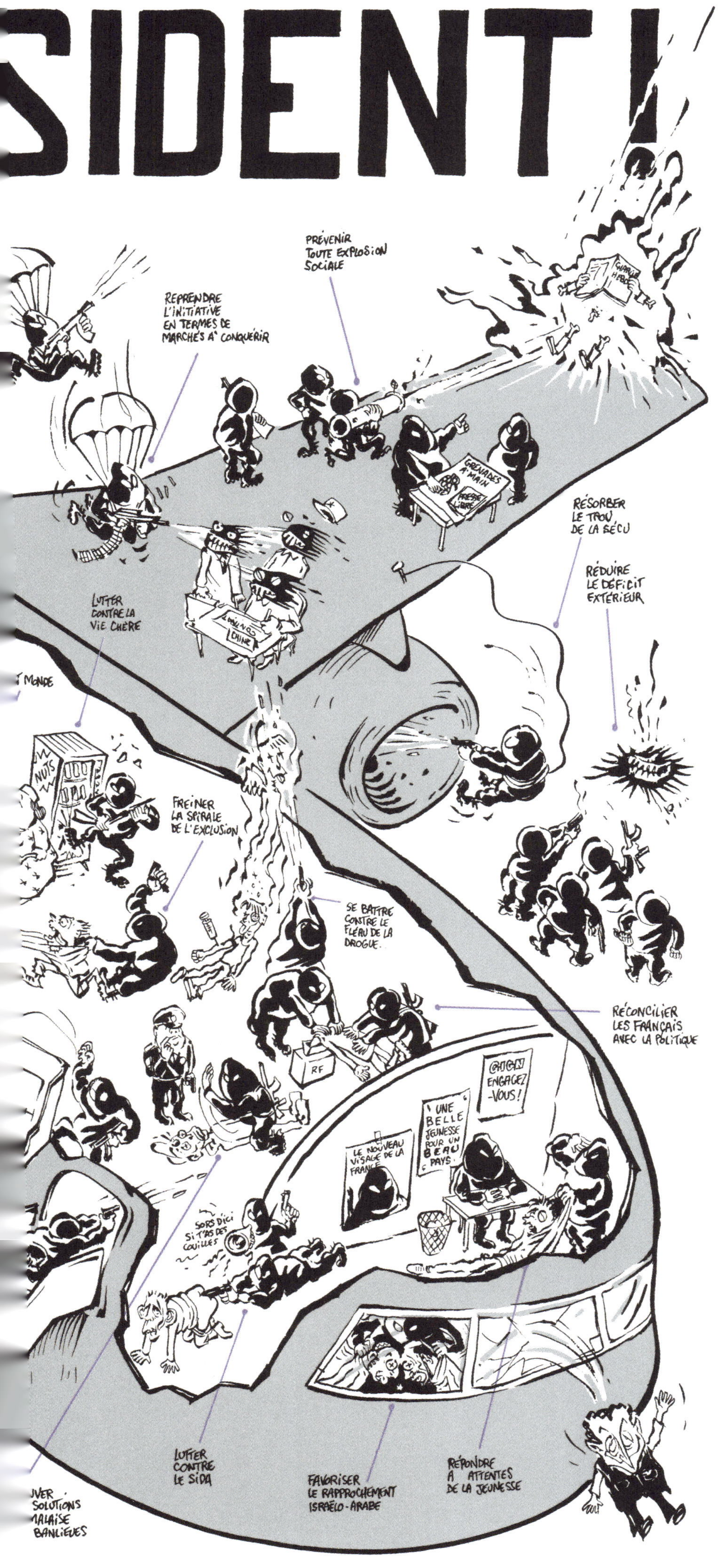
SIDENT !
PRÉVENIR TOUTE EXPLOSION SOCIALE
REPRENDRE L'INITIATIVE EN TERMES DE MARCHÉS À CONQUÉRIR
GRENADES À MAIN
RÉSORBER LE TROU DE LA SÉCU
RÉDUIRE LE DÉFICIT EXTÉRIEUR
LUTTER CONTRE LA VIE CHÈRE
CHINE
NUITS
FREINER LA SPIRALE DE L'EXCLUSION
SE BATTRE CONTRE LE FLÉAU DE LA DROGUE.
RÉCONCILIER LES FRANÇAIS AVEC LA POLITIQUE
RF
GIGN ENGAGEZ-VOUS !
UNE BELLE JEUNESSE POUR UN BEAU PAYS.
LE NOUVEAU VISAGE DE LA FRANCE
SORS D'ICI SI T'AS DES COUILLES
LUTTER CONTRE LE SIDA
FAVORISER LE RAPPROCHEMENT ISRAÉLO-ARABE
RÉPONDRE À ATTENTES DE LA JEUNESSE

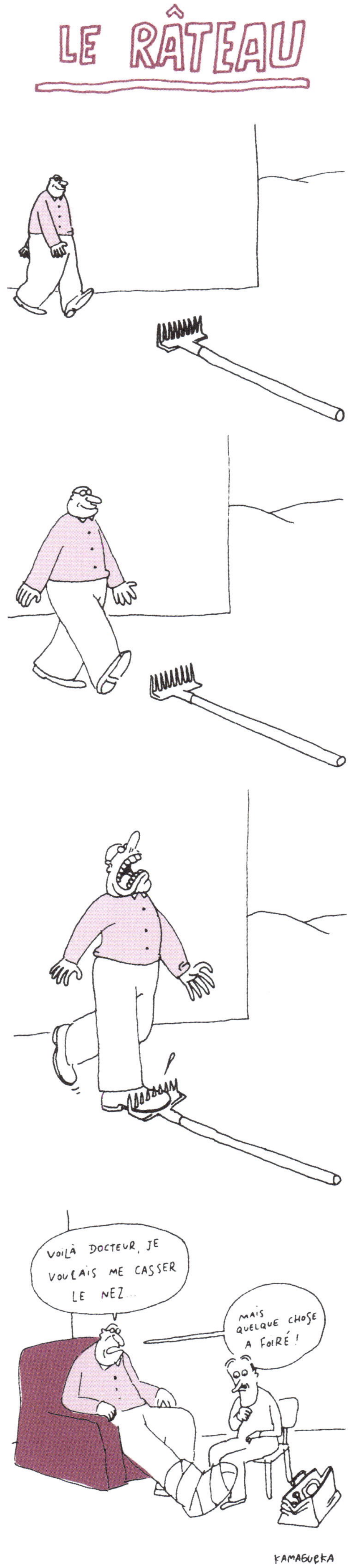
LE RÂTEAU
VOILÀ DOCTEUR, JE VOULAIS ME CASSER LE NEZ...
MAIS QUELQUE CHOSE A FOIRÉ !
KAMAGURKA

1995

> N° 132 - 04.01.1995 - Luz - GIGN > N° 163 - 09.08.1995 - Kamagurka - Le râteau

VOUS SAVIEZ QU'ON EST TOUS UN PEU POISSON?
CE N'EST PAS ÇA QUI EXPLIQUE QUE VOTRE QUEUE SENT LA CREVETTE ...
CH.

PAUL-ÉMILE VICTOR EST MORT
ENCULÉ, IL EST PARTI SANS PAYER LA PENSION ALIMENTAIRE!
RISS

# Trop d'animaux

TU L'AS STÉRILISÉ, TOI, TON CHIEN?
PAS LA PEINE, JE METS DES PRÉSERVATIFS
CHARB

8 MAI 1945
14H30 - ON ATTEND LA SIRÈNE.
ELLE NE SONNERA PLUS LES ALERTES.
ELLE N'ANNONCERA PLUS LES BOMBARDEMENTS.
FINI, LES DESCENTES AUX ABRIS PENDANT LES COURS,
DANS LE NOIR, AVEC LES FILLES DU BREVET.
LA SIRÈNE VA METTRE FIN À CINQ ANS DE GUERRE.
ICI, LA SIRÈNE EST SUR LE THÉÂTRE MUNICIPAL.
TROIS GARÇONS ATTENDENT SUR LES MARCHES, POUR EN PRENDRE PLEIN LES OREILLES.
LES FILLES (FLÈCHE), ELLES, NE SONT PAS DANS LA RUE.
NOS CORPS SONT À NOUS
LEUR LIBÉRATION, CE SERA DANS VINGT-CINQ ANS.
LA FILLE DU PAVILLON AURA QUARANTE ANS.
FIANCE
EN 1945, L'HYPOCRISIE ET LA BIGOTERIE PÉTAINISTES ONT ENCORE DE BEAUX JOURS.
SUR LES MARCHES ON FUME UNE CAMEL À TROIS, EN RÊVANT DE SANDWICHS AU PÂTÉ,
MAIS IL FAUDRA ENCORE ATTENDRE QUELQUES ANNÉES, POUR LE PÂTÉ.
APRÈS LA SIRÈNE DE LA VICTOIRE, ILS IRONT AU BORD DE LA RIVIÈRE,
FFI
POUR DISCUTER DE CE QU'ILS VONT DEVENIR SANS LA GUERRE,
SANS LA RÉSISTANCE,
SANS LA TORTURE,
SANS LE PILLAGE DES FERMES ET LE VIOL DES FERMIÈRES COLLABOS,
Responsables: L'armée, la banque, l'industrie
MAIS, SANS AUCUN DOUTE, AVEC LA PROPAGANDE ANTINAZIE À L'ÉCOLE,
AU CINÉMA, ÉVIDEMMENT,
PLUS TARD À LA TÉLÉ, NÉCESSAIREMENT.
INDO
COMMENT POURRAIENT-ILS SE DOUTER QU'À LA GUERRE SUCCÉDERAIENT LES GUERRES.
QU'À LA TORTURE SUCCÉDERAIT LA TORTURE,
ET QU'AU LIEU DE FORMER LES ESPRITS À LA CRITIQUE DES IDÉOLOGIES FUNESTES
ON BÂTIRAIT DES DISNEYLANDS POUR LES ÉLECTEURS DU FRONT NATIONAL ?
HUUU HUUUU
GÉBÉ
8 MAI 1945, 15 H.

> N° 170 - 20.09.1995 - Charb - Poisson > N° 143 - 22.03.1995 - Riss - Paul-Émile Victor > N° 150 - 10.05.1995 - Charb - Animaux
> N° 150 - 10.05.1995 - Gébé - 8 mai 1945

MURUROA
PROCHAINEMENT APPARITION DE LA VIERGE

VIE QUOTIDIENNE A' MURUROA
TIENS ! CHIRAC VIENT DE FAIRE UN NOUVEL ESSAI...
LUZ

CHANGER LA VIE
VOTEZ
REVOLVER

> N° 158 - 05.07.1995 - Gébé - Mururoa > N° 176 - 01.11.1995 - Luz - Mururoa > N° 142 - 15.03.1995 - Gébé - Changer la vie
> N° 159 - 12.07.1995 - Willem - Nucléaire

Lorsqu'un militaire meurt, toutes les télés nous montrent le ministre des ARMÉES à l'enterrement
Lorsqu'un gardien de la paix est tué, toutes les télés nous montrent le ministre de la POLICE à l'enterrement
Quand un car de touristes se renverse, toutes les télés nous montrent le ministre des TRANSPORTS à l'enterrement
MAIS SEULEMENT SI C'EST DES FRANÇAIS
MAIS POUR L'ENTERREMENT DES VICTIMES DE L'ATTENTAT DU R.E.R AUCUN MINISTRE NE S'EST DÉRANGÉ...
NORMAL! Y A PAS DE MINISTRE DES FEMMES DE MÉNAGE!
cabu

BAISSE DE POPULARITÉ

> N° 162 - 02.08.1995 - Cabu - Attentat > N° 175 - 25.10.1995 - Gébé - Popularité

QU'EST-CE QUE TU VEUX FAIRE PLUS TARD, MON BIQUET ?
QUAND J'SERAI GRAND, J'SERAI VIOLEUR D'ENFANTS
PARIS MATCH
LUZ
TOUTES CES PHOTOS ONT ÉTÉ PUBLIÉES DANS "PARIS-MATCH" LE 10 AOÛT 95 SOUS LE TITRE : "LE LONG MARTYROLOGE DE L'ENFANCE ASSASSINÉE".

LUCY
LA PLUS VIEILLE FEMME DU MONDE
(RECONSTITUTION)
RISS

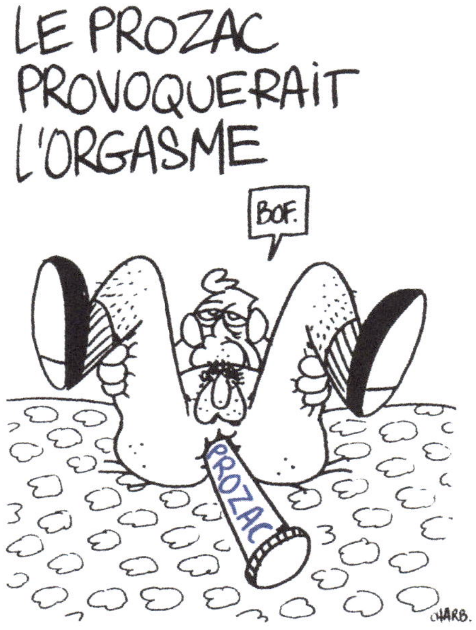
LE PROZAC PROVOQUERAIT L'ORGASME
BOF.
PROZAC
CHARB.

SOLIDARITÉ ENTRE LES GÉNÉRATIONS
HÉ! TU VEUX PAS CHIER DANS MON FROC ? J'Y ARRIVE PLUS
CHARB.

> N° 163 - 09.08.1995 - Luz - Violeur > N° 177 - 08.11.1995 - Riss - Lucy > N° 169 - 13.09.1995 - Charb - Prozac
> N° 152 - 23.05.1995 - Charb - Génération

LA SÉCU
OU LE TRIOMPHE DU CNPF
pièce en 3 actes de JACQUES CHIRAC
mise en scène d'ALAIN JUPPÉ
KNOCK
HONORÉ

PENDANT LA GRÈVE, PROFITONS-EN POUR...
...SE LEVER PLUS TARD.
ET SI, À LA PLACE, ON SE RÉVEILLAIT PLUS TÔT POUR SE LEVER PLUS TARD?
...FLÂNER SUR LES GRANDS BOULEVARDS.
GRÈVE
NON
GRÈVE
FINALEMENT, ILS SONT PAS SI GRANDS CES BOULEVARDS
...REGARDER LA TÉLÉ.
TF1
TOUJOURS LE MÊME PROGRAMME
...FAIRE DU LÈCHE-VITRINES.
TU VEUX MA PHOTO?
L'EXPRESS
...PENSER À AUTRE CHOSE.
TU PENSES À QUOI?
À AUTRE CHOSE.
PASQUA: il faut changer de politique
PENDANT LA GRÈVE, ...
APPRENONS À VOLER
ON EN PREND UN EN STOP?
LUZ

SPORTS D'HIVER:
CHIEZ DANS LES CANONS À NEIGE!
CHARB.

LA POLICE NE VA PLUS DANS LES BANLIEUES
LES BISTROTS SONT FERMÉS APRÈS 22H
LUZ

LES GORILLES SONT TELLEMENT PROCHES DES HOMMES...
DÉGAGE, PÉDÉ!
CH

> N° 179 - 22.11.1995 - Honoré - Sécu > N° 184 - 27.12.1995 - Charb - Canons à neige > N° 176 - 01.11.1995 - Luz - Police
> N° 165 - 16.08.1995 - Charb - Pédé > N° 182 - 13.12.1995 - Luz - Grève

FINANCEMENT DE LA CAMPAGNE DE BALLADUR
RIEN QUE L'ARGENT DU PEUPLE
MERCI

PRÉSIDENTIELLES ? QUELLES PRÉSIDENTIELLES ??

VU À LA TÉLÉ...
Le Pen à "7 sur 7" pour la première fois (A. Sinclair se refusant à l'inviter, c'est Carreyrou qui s'y colle).
Gérard Carreyrou
LE JEUNE COMORIEN* TUÉ À MARSEILLE ? CET ACCIDENT MORTEL EST UN DRAME DE L'AUTODÉFENSE : NOS COLLEURS D'AFFICHES ÉTAIENT À MARSEILLE-NORD DANS LEUR QUARTIER. CES TROIS MILITANTS OUVRIERS TRAVAILLAIENT POUR LA DÉFENSE DE LEURS IDÉES. AVEZ-VOUS REMARQUÉ, M. CARREYROU, QUE CE GENRE D'ÉVÉNEMENTS SE PRODUIT TOUJOURS 3 OU 4 JOURS AVANT QUE JE SOIS APPELÉ À M'EXPRIMER SUR UN GRAND MÉDIA ?...
* EN FAIT UN FRANÇAIS DE 17 ANS, D'ORIGINE COMORIENNE, ABATTU D'UNE BALLE DANS LE DOS PAR DES GROS BRAS DU F.N.
CE SERAIT DE LA PROVOCATION, ALORS ?...
C'EST UNE HYPOTHÈSE QU'ON NE PEUT ÉCARTER A PRIORI : PEUT-ÊTRE UN MALHEUR EST-IL ATTACHÉ À MA DESTINÉE !...
VOUS VOULEZ FAIRE REPARTIR 3 MILLIONS D'IMMIGRÉS EN 7 ANS : COMMENT ? VOUS OUVRIRIEZ DES CAMPS DE CONCENTRATION PRÈS DES FRONTIÈRES ?...
'PIS QUOI, ENCORE ?! AVEC DES SS ET DES CHIENS ? ...NE PEUT-ON PAS DISCUTER SANS TOMBER DANS L'OUTRANCE ET LA CARICATURE ?!!
Bienvenue au Président Jean-Marie
bernar.

1995

> N° 139 - 22.02.1995 Gébé Balladur > N° 134 - 18.01.1995 - Willem - Balladur > N° 140 - 01.03.1995 - Bernar - Le Pen

30 DERNIÈRES
PROS-TATE YOP-LA BOUM !

MITTERRAND SE MET AU MINI GOLF
2

MITTERRAND SOUTIENT LES ASTICOTS
ET LES MOUCHES AU 2e TOUR

TAPIE DIT ENFIN LA VÉRITÉ
JE VOUS PRENDS POUR DES CONS.
TOUS.

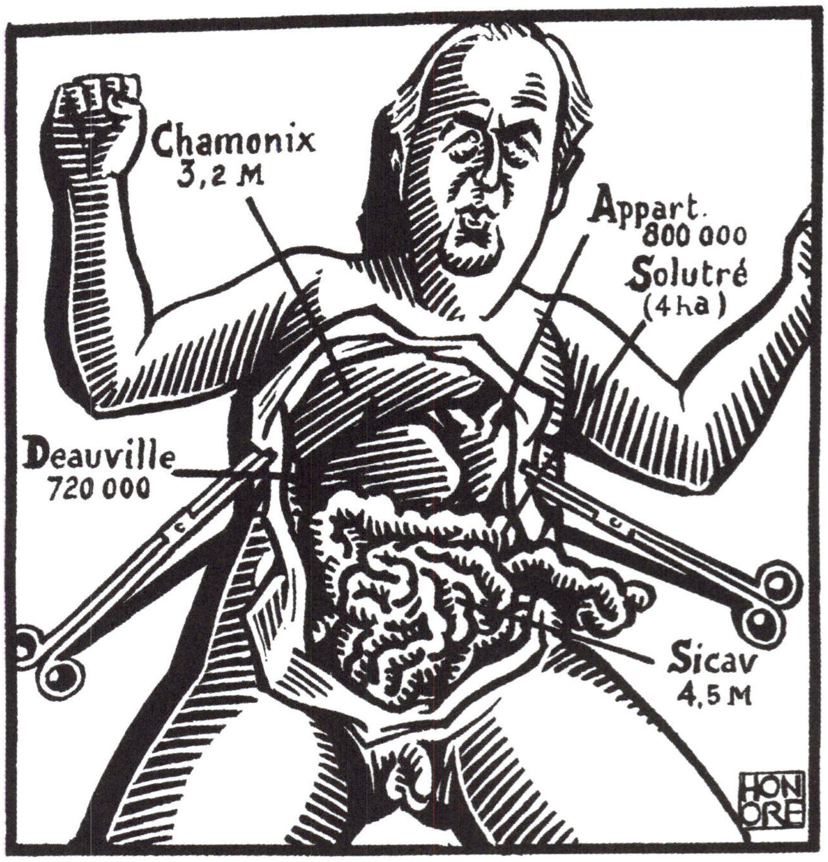
Chamonix 3,2 M
Appart. 800 000
Solutré (4 ha)
Deauville 720 000
Sicav 4,5 M

> N° 146 - 21.04.1995 - Cabu - Mitterrand > N° 132 - 04.01.1995 - Luz - Mitterrand > N° 142 - 15.03.1995 - Charb - Mitterrand
> N° 143 - 22.03.1995 - Charb - Tapie > N° 142 - 15.03.1995 - Honoré - Balladur

VOTEZ UTILE,
VOTEZ JOSPIN!
ON A TOUJOURS BESOIN DE COTON-TIGES

UN FRANÇAIS SUR CINQ RESSEMBLE À ÇA!

LES FRANÇAIS ONT PEUR
VOTEZ
PIÈGE
À
LOUP

LE GOUROU DU F.N.
JE MARCHE SUR LES EAUX!

1995

> N° 146 - 21.04.1995 - Charb - Jospin > N° 148 - 26.04.1995 - Luz - Le Pen > N° 146 - 21.04.1995 - Gébé - Chirac > N° 150 - 10.05.1995 - Cabu - Le Pen

ÎL Y A 50 ANS
LA LIBÉRATION DES CAMPS
PLUS JAMAIS ÇA !

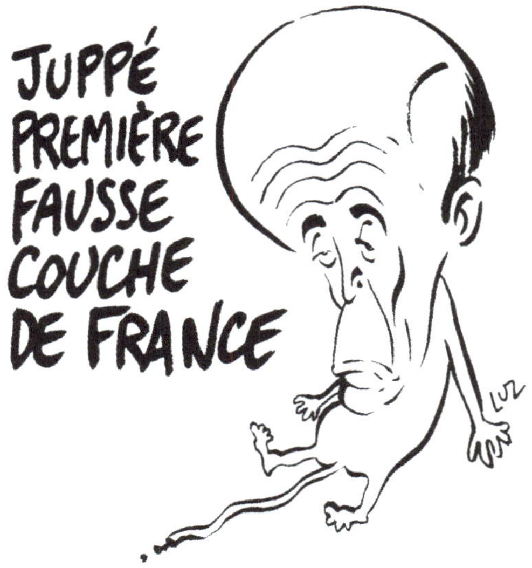
JUPPÉ PREMIÈRE FAUSSE COUCHE DE FRANCE

ET MAINTENANT, QUEL AVENIR POUR CHIRAC ?
CANCER OU PROSTATE ?

CHIRAC ! RETOURNE DANS TON PAYS !
CORRÈZE

PETITES FILLES, MÉFIEZ-VOUS DES INDIVIDUS QUI VOUS OFFRENT DES POSTES DE SECRÉTAIRE D'ÉTAT

> N° 149 - 03.05.1995 - Cabu - Chirac Bernadette > N° 151 - 17.05.1995 - Luz - Juppé
> N° 150 - 10.05.1995 - Cabu - Chirac > N° 152 - 23.05.1995 - Gébé - Chirac > N° 152 - 23.05.1995 - Luz - Chirac

2e TOUR DES MUNICIPALES
LE F.N. VA ARBITRER

PRÉFÉRENCE NATIONALE
CAMEMBERT FRANÇAIS: OUI!
CAMEMBERT ARABE: NON!
RISS

PERCÉE DU FRONT NATIONAL AUX MUNICIPALES
PAN
RISS

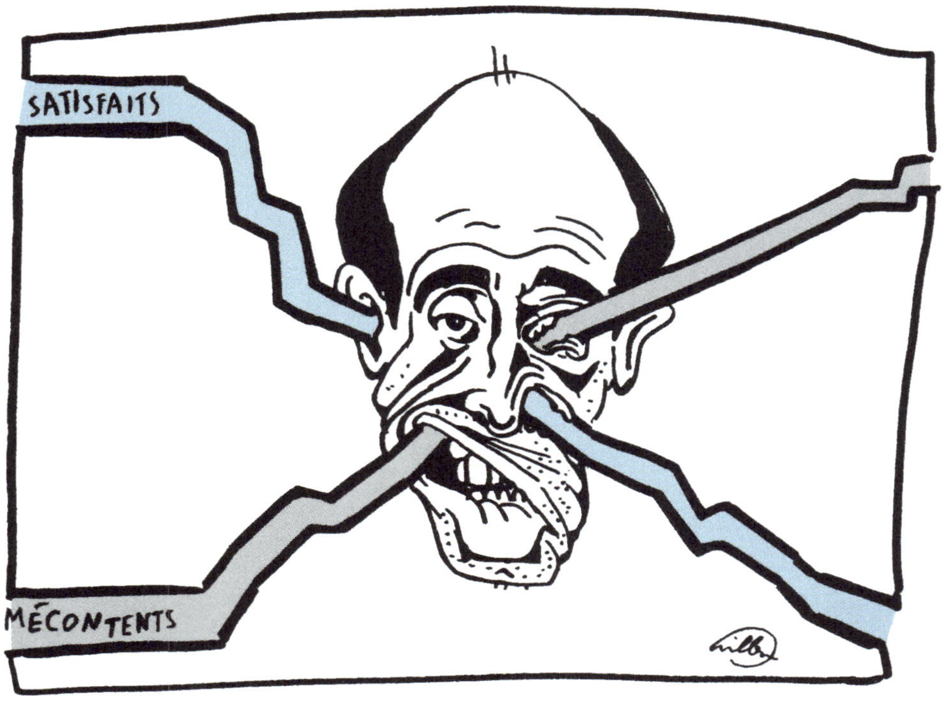
SATISFAITS
MÉCONTENTS

JOSPIN EST-IL POUR OU CONTRE LA GRÈVE?
OH, LÀ! OH, LÀ! JE NE FAIS PAS DE POLITIQUE!
CHARB.

> N° 155 - 14.05.1995 - Gébé - FN > N° 157 - 28.06.1995 - Riss - Camembert > N° 155 - 14.05.1995 - Riss - FN
> N° 179 - 22.11.1995 - Willem - Juppé > N° 181 - 06.12.1995 - Charb - Jospin

# EX - YOUGOSLAVIE

ENFIN LA PLAGE
NOUS APPARTIENT !
KAMAGURKA

NETTOYAGE ETHNIQUE :
LES TEMOINS
OCULAIRES
INTIMIDÉS

LE TUBE DE L'ÉTÉ
COMPOSÉ PAR LE
BARBELIVIEN SERBE :
RADOVAN KARADZIC
Quand les Serbes vivront d'amour
Il n'y aura plus de frontières
Les violeurs seront troubadours
Et moi je niquerai ta mère
Cabu

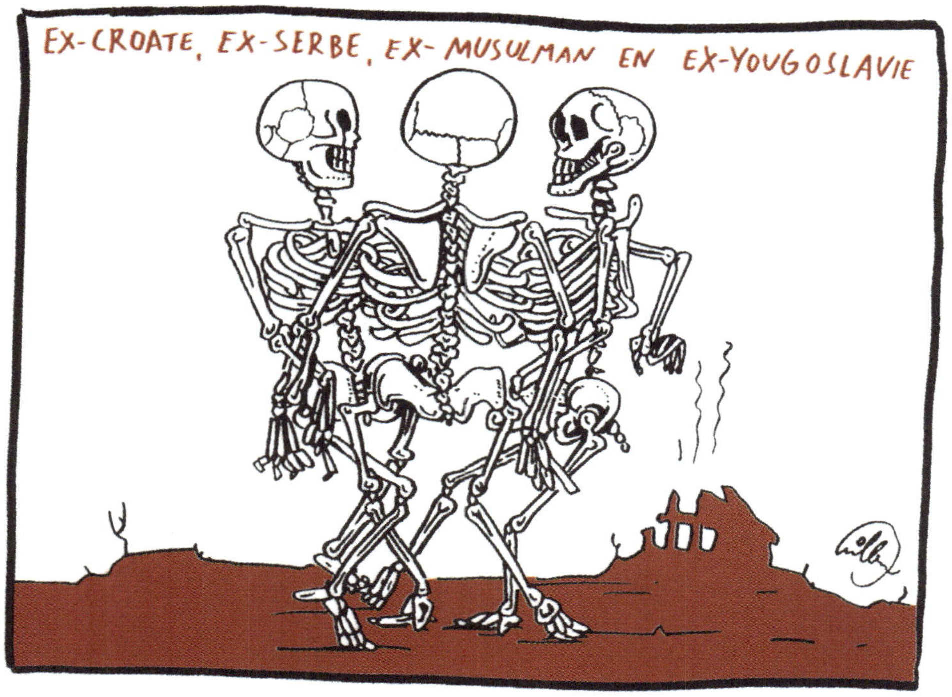
EX-CROATE, EX-SERBE, EX-MUSULMAN EN EX-YOUGOSLAVIE

FONT CHIER AVEC
LEURS REDIFFUSIONS
TUTSIS...
...HUTUS...
BURUNDI...
CHARB.

> N° 160 - 19.07.1995 - Kamagurka - Yougoslavie > N° 161 - 26.07.1995 - Willem - Yougoslavie > N° 161 - 26.07.1995 - Cabu - Serbes
> N° 151 - 17.05.1995 - Willem - Yougoslavie > N° 144 - 29.03.1995 - Charb - Hutus

UN CHARNIER DÉCOUVERT EN BOSNIE
VIDE-MOI CETTE MERDE, BOUYGUES VA EN FAIRE UN PARKING SOUTERRAIN...
CHARB.

RABIN MORT :
FESTIVAL DES COLOMBES DE LA PAIX DANS LA PRESSE

FRANCOPHONIE
Missiles, fusils d'assaut, mines, grenades...
HONORÉ

FIN DE L'ÉTAT DE SIÈGE À SARAJEVO
VOUS POUVEZ ALLER JOUER DEHORS, LES ENFANTS...
CHARB.

SÉISME À KOBE
1
2
3
4
5
6
cabu
7,2 DEGRÉS SUR L'ÉCHELLE DE RICHTER

> N° 171 - 27.09.1995 - Charb - Charnier > N° 181 - 06.12.1995 - Honoré - Francophonie > N° 184 - 27.12.1995 - Charb - Sarajevo
> N° 177 - 08.11.1995 - Willem - Rabin > N° 135 - 25.01.1995 - Cabu - Kobé

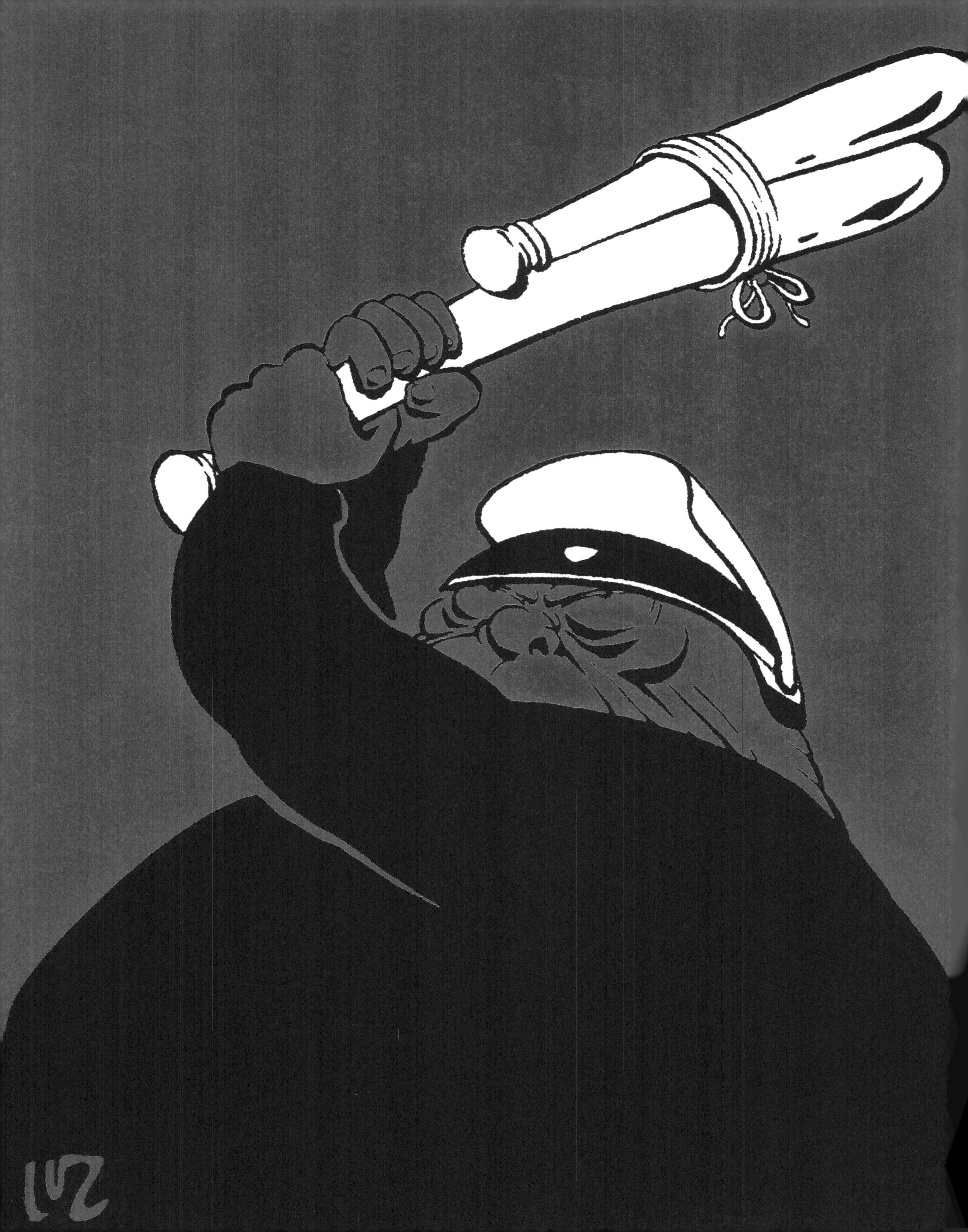

# 1996

## CHARLIE HEBDO

Pour la première fois, on a fait une grosse fête à *Charlie*. Je me souviens encore de l'énorme plateau de charcuterie qui trônait sur la table de la salle de rédaction. Elle était surmontée d'une tête de porcelet en gelée. C'était particulièrement immonde. Luce Lapin a dû protester contre cet holocauste, mais tout le monde était tellement bourré que je crois que même les végétariens ont tapé dans la bidoche ce soir-là. Je dois encore avoir quelque part la photo de Luz en train d'essayer d'introduire son sexe fatigué dans la gueule du porcelet… Que fêtait-on ? La mort de Mitterrand, survenue huit jours auparavant ? Non. Nous ne sommes pas si cyniques, voyons. Nous fêtions les exceptionnelles bonnes ventes du numéro de *Charlie Hebdo* consacré à la mort de Mitterrand. C'est sous Mitterrand, en 1981, que le cœur du premier *Charlie Hebdo*, ruiné, s'est arrêté de battre. Et c'est en 1996 que les ventes de *Charlie* renouaient avec des chiffres conséquents. Merci, Tonton, on lui a dit, et sans rancune ! Mort, Mitterrand avait plus de présence que Chirac. Pour nous, qu'on l'aimât ou qu'on le détestât, Mitterrand restait le président de la République. Chirac, ce n'était que le majordome à qui il avait laissé les clés avant de partir en voyage et qui avait oublié de les rendre.

Une chapelle ardente en page 16
CHARLIE HEBDO
Renaud enterre Mitterrand • Cavanna enterre Mitterrand • Val enterre Mitterrand • « Charlie Hebdo » enterre Mitterrand
Pétition anti-FN : déjà 150617
NOUS NOUS SOMMES TANT AIMÉS...
VIEUX RÉAC !
SALE GAUCHISTE !

Quand il s'est senti mourir, Mitterrand a voulu voir une dernière fois les pyramides d'Égypte. Quand Chirac s'est retiré de la vie politique, il a repris deux fois de la tête de veau. Quand Sarkozy a fait ses adieux, il est parti faire du quad au Maroc…

Bref, cette année-là, on a bien rigolé.

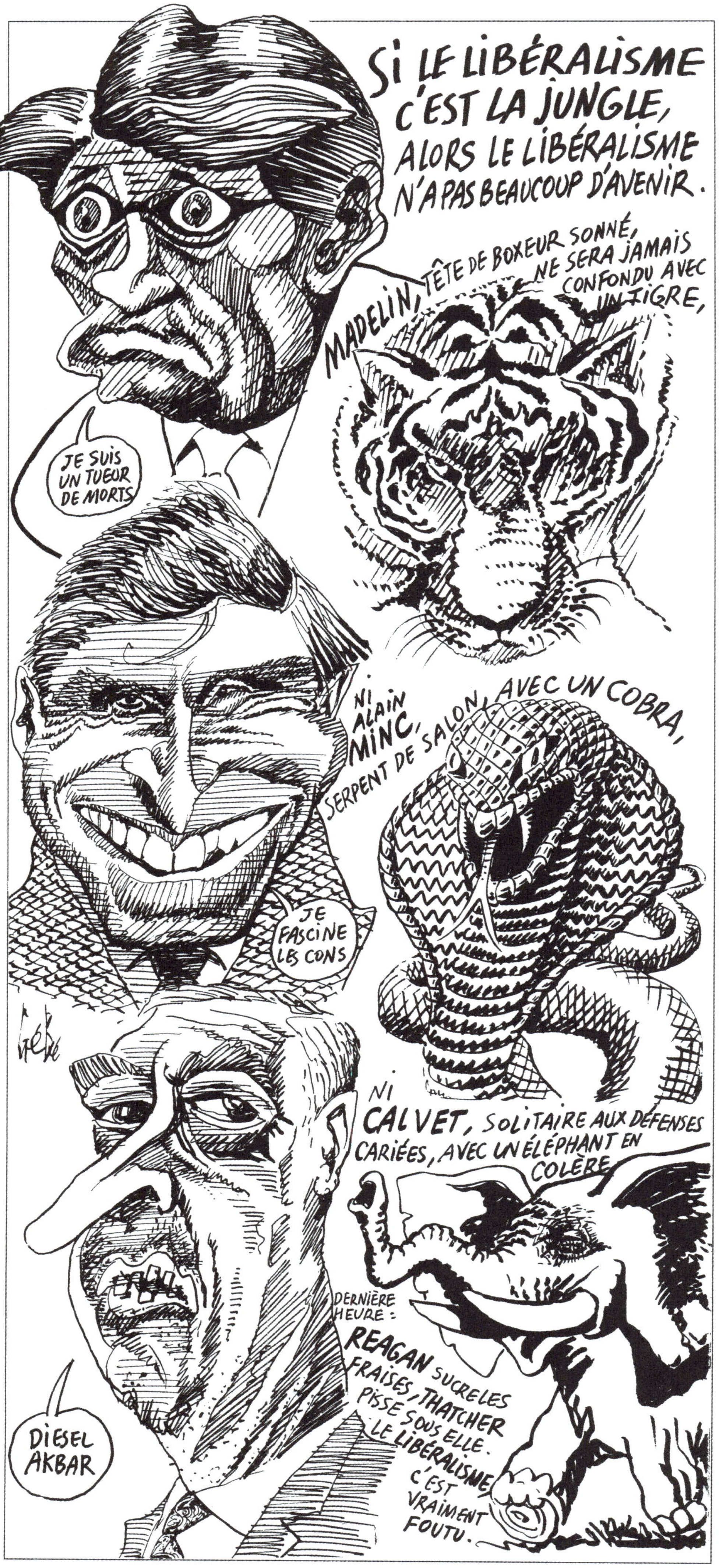
Si LE LIBÉRALISME C'EST LA JUNGLE, ALORS LE LIBÉRALISME N'A PAS BEAUCOUP D'AVENIR.
MADELIN, TÊTE DE BOXEUR SONNÉ, NE SERA JAMAIS CONFONDU AVEC UN TIGRE,
JE SUIS UN TUEUR DE MORTS
NI ALAIN MINC, SERPENT DE SALON, AVEC UN COBRA,
JE FASCINE LES CONS
NI CALVET, SOLITAIRE AUX DÉFENSES CARIÉES, AVEC UN ÉLÉPHANT EN COLÈRE.
DIESEL AKBAR
DERNIÈRE HEURE :
REAGAN SUCRE LES FRAISES, THATCHER PISSE SOUS ELLE. LE LIBÉRALISME C'EST VRAIMENT FOUTU.
Gébé

L'AMANT
À L'ENTERREMENT DE MARGUERITE DURAS
Cabu D'APRÈS LOUPOT

ADIEU E.T.
CHARB.

ÉGYPTE : SOMMET ANTITERRORISTE
TIC.TAC TIC.TAC

> N° 193 - 28.02.1996 - Gébé - Libéralisme > N° 194 - 06.03.1996 - Cabu - Duras > N° 194 - 06.03.1996 - Charb - Duras
> N° 194 - 06.03.1996 - Gébé - Sommet antiterroriste

PROJET DE CENTRE COMMERCIAL À AUSCHWITZ
HONORÉ

LA PROCHAINE FEMME DE JOHNNY PROTESTE.
LAISSEZ-MOI SORTIR!
CHARB

QUAND IL N'Y A PLUS DE PLACE EN ENFER, LES MORTS REVIENNENT SUR TF1
CHARB

LE SIDA, C'EST RINGARD
ATTRAPEZ LA GRIPPE
LUZ

> N° 197 - 27.03.1996 - Honoré - Auschwitz > N° 197 - 27.03.1996 - Charb - Johnny > N° 198 - 03.04.1996 - Charb - PPDA
> N° 209 - 19.06.1996 - Luz - Grippe

HALTE AU MÉTISSAGE !
ACCOUPLEMENT D'UN MEMBRE DE LA RACE CATHOLIQUE AVEC UNE FEMME DE LA RACE FRANÇAISE !

LA SCIENTOLOGIE A FAIT DE MOI UN AUTRE HOMME !
-RISS-

MERDE, LES CAMIONS PARLENT !
LA RETRAITE À 55 ANS !
-RISS-

APRÈS L'ATTENTAT
PLACE AUX PSYS
UNE JAMBE DE PERDUE, DIX DE RETROUVÉES !
VOUS SAVIEZ POURTANT QUE CE JOUR-LÀ VOTRE HOROSCOPE N'ÉTAIT PAS BON...
C'EST LA BEAUTÉ INTÉRIEURE QUI COMPTE.
JE VOUDRAIS DE QUOI RESTER PROPRE ET ME PAYER MA PROTHÈSE !
RATP
RATP
RATP
RATP
CABU

> N° 209 - 19.06.1996 - Willem - Métissage > N° 225 - 09.10.1996 - Riss - Scientologie > N° 232 - 27.11.1996 - Riss - Routiers
> N° 234 - 11.12.1996 - Cabu - Attentat

TERRORISME
SUPERPHÉNIX REDÉMARRE !
cabu

LA BAGNOLE REND LIBRE
- RISS -

Plus besoin de météorite pour faire disparaître les espèces !
-RISS-

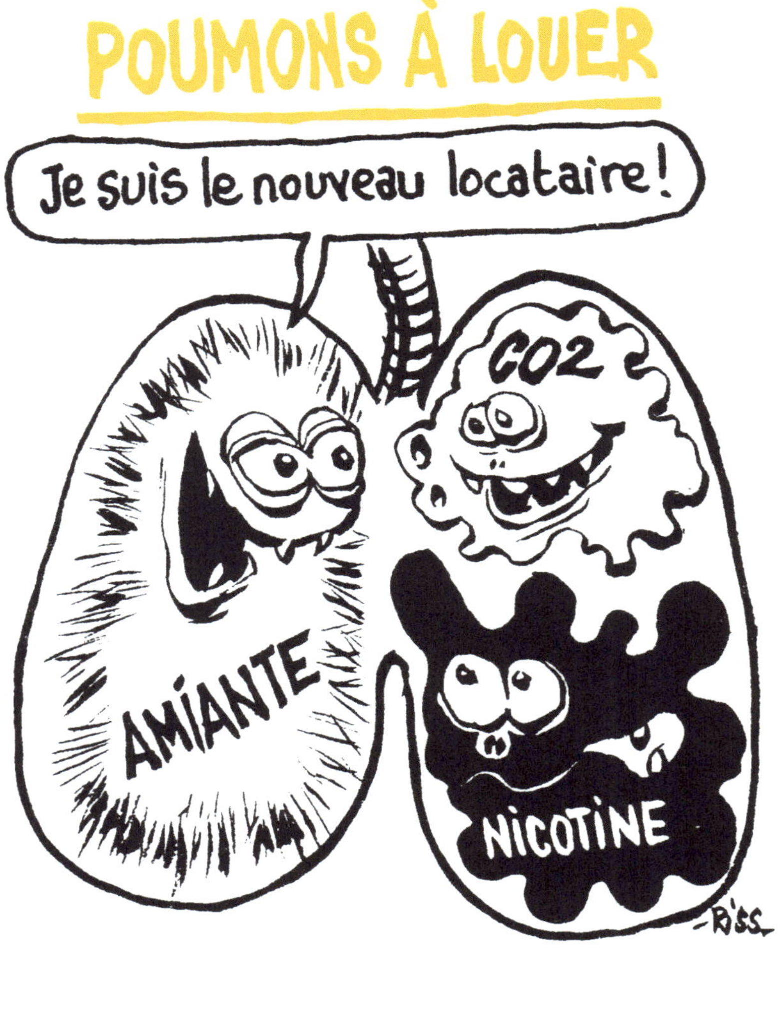
POUMONS À LOUER
Je suis le nouveau locataire !
CO2
AMIANTE
NICOTINE
-RISS-

> N° 214 - 24.07.1996 - Cabu - Superphénix > N° 191 - 14.02.1996 - Riss - Bagnole > N° 211 - 03.07.1996 - Riss - Espèces > N° 220 - 04.09.1996 - Riss - Amiante

SEUL UN MIRACLE PEUT ENCORE LES S
LES VACHES FOLLE
Maison natale de Bernadette SOUBIROUS
Mère Teresa enlevée par une vache folle:
J'aurais préféré un grand singe velu.
Marie-Madeleine suce des cierges au bois.
MIRACLE TOUS LES JOURS à 15h30 salle polyvalente.
Pape spongiforme.
BAVETTE 52F le kg FAUX FILET 54F le kg NOIX 47F le kg
Mangez, ceci est mon corps!
Sainte Vierge visitée par le Saint-Esprit.
FLEURY-MICHON
Petit Jésus aux hormones.
VIANDOX
CORNED BEEF
Tableau des miraculés
EX-VOTO
SAUVEZ NOTRE FILS DE LA CHAIR À CANON 1914
Sauvez notre fils de la chair à saucisse. 1996
Abélard puni pour avoir couché avec la Vache-qui-rit.

VER!
À LOURDES
Saint François d'Assise parlant aux oiseaux.
MEUH!
ABATTOIR
Séparation des corps et des âmes.
Eve hésitant à prendre le goupillon d'Adam.
CHARLIE HEBDO
PROMO
Trayeuses électriques des vaches miraculées.
caprices des dieux
RELIQUE
Vache se prenant pour Lustiger.
RISS

> N° 203 · 07.05.1996 · Riss · Vaches folles à Lourdes

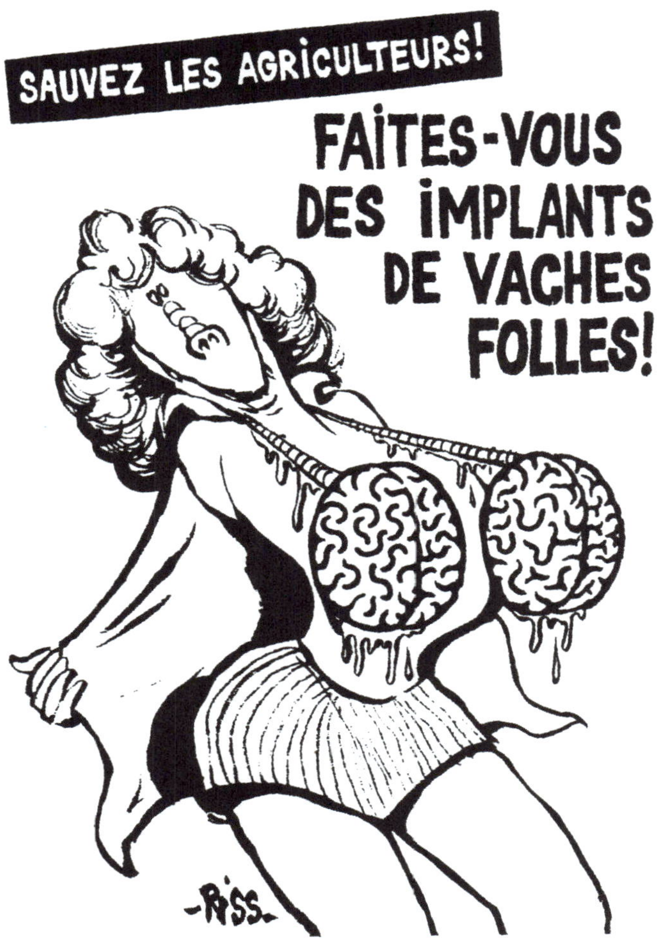
SAUVEZ LES AGRICULTEURS!
FAITES-VOUS DES IMPLANTS DE VACHES FOLLES!
-RISS-

EXIGEZ LE LABEL FRANÇAIS!
ENTRECÔTE
NOIX
BAVETTE
HAMPE
FAUX-FILET
-RISS-

CANTONA N'A PAS ÉTÉ SÉLECTIONNÉ!
POURTANT LA MALADIE DE CREUTZFELDT-JAKOB N'A JAMAIS EMPÊCHÉ DE JOUER AU FOOT.
CHARB.

FOUTRE EN L'AIR LES J.O D'ATLANTA, C'EST FACILE
POURQUOI TU COURS, IMBÉCILE!?
CHARB.

LA "TREMBLANTE" DES VACHES FOLLES RECYCLÉE
LE GÉNIE HUMAIN N'A PAS DE LIMITES!
TIGNOUS

> N° 198 - 03.04.1996 - Riss - Vache folle > N° 210 - 26.06.1996 - Riss - Label français > N° 205 - 22.05.1996 - Charb - Cantona > N° 214 - 24.07.1996 - Charb - JO > N° 211 - 03.07.1996 - Tignous - Vaches folles

CARPENTRAS
L'ENQUÊTE PIÉTINE
TAP!
TAP!
TAP!
CHARB.

BIENTÔT UN
MUSÉE D'ARTS PREMIERS
C.R.S.
RISS

LOIS PASQUA
RENFORCÉES
LUZ

SUICIDES DE POLICIERS.
DE BONS FONCTIONNAIRES,
ÉCONOMISENT LES BALLES
DE L'ÉTAT.
Police
CHARB.

> N° 203 - 07.05.1996 - Charb - Carpentras > N° 226 - 16.10.1996 - Riss - Arts premiers > N° 199 - 10.04.1996 - Luz - Pasqua
> N° 232 - 27.11.1996 - Charb - Policiers

VU À LA TÉLÉ
"7 SUR 7" EST DEVENU UNE BALADE DE SANTÉ POUR DE FUTURS PRÉSIDENTIABLES AUX DENTS LONGUES : JAMAIS CONTREDITS, JAMAIS INTERPELLÉS. BROSSÉS DANS LE SENS DE LA MÉGALO.
FRANÇOIS BAYROU UN MINISTRE QUI A COMPRIS QUE LE RONRON POLITIQUE NE PASSE PLUS !...
L'ENGAGEMENT DES INTELLECTUELS DANS L'ACTION EST TROP RARE...
FORT !
VAS-Y ! RATISSE !
ET SI N.T.M. AVAIT REMPLACÉ LE MOT «POLICIER» PAR UN AUTRE MOT (IMMIGRÉ, ARABE... FRANÇAIS) ?! ...
LES LYCÉENS QUI MÈNENT CAMPAGNE CONTRE LA VIOLENCE ONT LE MÊME ÂGE, PARFOIS LA MÊME ORIGINE QUE CES CHANTEURS ...
NOTE : LES DEUX DE N.T.M. S'APPELLENT BRUNO LOPES ET DIDIER MORVILLE. ILS ONT LA TRENTAINE...
ON NE PARLE PAS ASSEZ D'UNE CRISE MORALE...
BRAVO !
JE SUIS POUR LE DROIT AU TRAVAIL, CONTRE LA DÉSTABILISATION PAR LE CHÔMAGE ! ...
COURAGEUX !
VISIONNAIRE !
LE MINISTRE PENSE QUE...
C'EST LUI
JE TOUCHE DU BOIS : JE CROIS QU'ON VA POUVOIR COMMENCER À ENVISAGER À METTRE EN PLACE L'ALLOCATION D'ÉTUDES À LA RENTRÉE 97. SAUF SI...
RÉVISIONNISTE
HISTORIQUEMENT, LA LAÏCITÉ EST AGRESSIVE ...
5000 POSTES SUPPRIMÉS ?!?!...
JE N'AI SUPPRIMÉ AUCUN POSTE D'ENSEIGNANT.
TRICHEUR ! LES EMPLOIS N'ONT PAS ÉTÉ RENOUVELÉS !...

1 AN JUPPÉ

NOEL MERDIQUE

> N° 232 - 27.11.1996 - Bernar - Bayrou > N° 203 - 07.05.1996 - Willem - Juppé > N° 235 - 18.12.1996 - Willem - Chirac

L'AÏD-EL-KÉBIR
À LA LÉGION

SEMAINE DU GOÛT
PARMESAN.
CREVETTE.
CHARB.

VIOLENCE A' L'ÉCOLE
NON AUX FLINGUES SURCHARGÉS
LUZ

TU NE DEVINERAS JAMAIS D'OÙ JE T'APPELLE!
LA RÉ-VOLU-TION...
TU NE DEVINERAS JAMAIS D'OÙ JE T'APPELLE!
..."PORTABLE"
CHARTER
TU NE DEVINERAS JAMAIS D'OÙ JE T'APPELLE!
LUZ

> N° 202 - 30.04.1996 - Cabu - Légion > N° 226 - 16.10.1996 - Charb - Goût > N° 223 - 25.09.1996 - Luz - Violence école
> N° 221 - 11.09.1996 - Luz - Portable

# LE SEXE EN VACANCES

TU GARDES MON SAC PENDANT QUE JE VAIS ME BAIGNER
C.

POURQUOI LES CONS VONT-ILS À LA NEIGE?
PARCE QUE C'EST LA SAISON.
CHARB.

UNE CASERNE EN MOINS C'EST UNE USINE QUI FERME.
ENTRÉE DE L'USINE
CHARB.

PÉDOPHILIE
LES ENFANTS SONT-ILS TROP SEXY?

> N° 212 - 10.07.1996 - Cabu - Sexe vacances > N° 194 - 06.03.1996 - Charb - Ski > N° 192 - 21.02.1996 - Charb - Caserne > N° 219 - 28.08.1996 - Willem - Pédophilie

# LES DIEUX SE TIRENT DANS LES PATTES

leurs grands prêtres rattrapent le coup

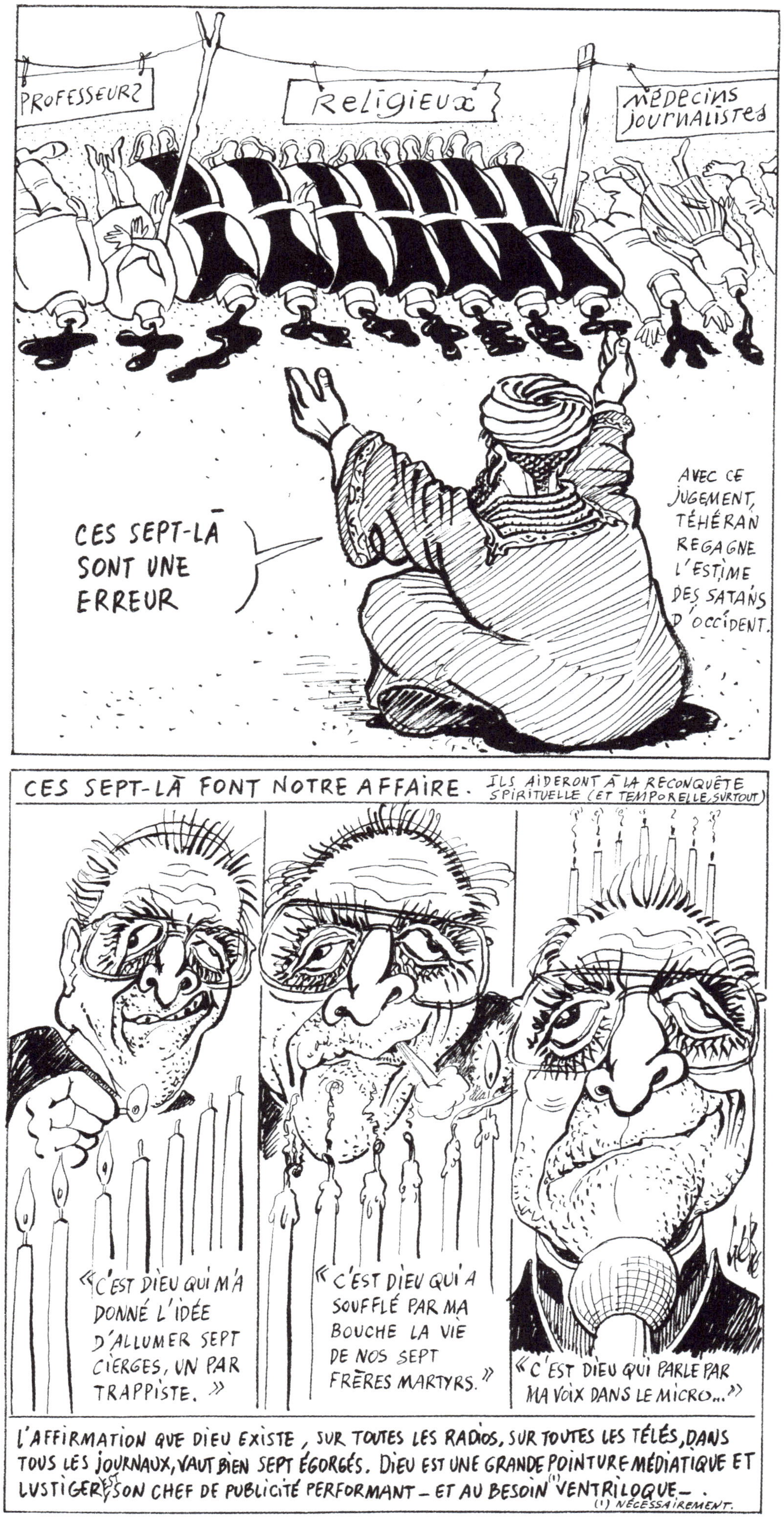

PROFESSEURS
Religieux
médecins journalistes
CES SEPT-LÀ SONT UNE ERREUR
AVEC CE JUGEMENT, TÉHÉRAN REGAGNE L'ESTIME DES SATANS D'OCCIDENT.
CES SEPT-LÀ FONT NOTRE AFFAIRE.
ILS AIDERONT À LA RECONQUÊTE SPIRITUELLE (ET TEMPORELLE, SURTOUT)
« C'EST DIEU QUI M'A DONNÉ L'IDÉE D'ALLUMER SEPT CIERGES, UN PAR TRAPPISTE. »
« C'EST DIEU QUI A SOUFFLÉ PAR MA BOUCHE LA VIE DE NOS SEPT FRÈRES MARTYRS. »
« C'EST DIEU QUI PARLE PAR MA VOIX DANS LE MICRO... »
L'AFFIRMATION QUE DIEU EXISTE, SUR TOUTES LES RADIOS, SUR TOUTES LES TÉLÉS, DANS TOUS LES JOURNAUX, VAUT BIEN SEPT ÉGORGÉS. DIEU EST UNE GRANDE POINTURE MÉDIATIQUE ET LUSTIGER SON CHEF DE PUBLICITÉ PERFORMANT – ET AU BESOIN(1) VENTRILOQUE –.
(1) NÉCESSAIREMENT.

7 MOINES TRAPPISTES
ON A TRAHI NOTRE VOEU DE CHASTETÉ...
CHARB.

LE QUAI D'ORSAY CONFIRME :
les moines n'ont pas livré le secret de la liqueur des Trappistes

> N° 206 - 29.05.1996 - Gébé - Moines trappistes > N° 198 - 03.04.1996 - Charb - Moines trappistes
> N° - 206 29.05.1996 - Gébé - Moines trappistes

SREBRENICA
PLAGE PROPRE
LES ESTIVANTS REVIENNENT

KARADZIC ÉCHAPPERA-T-IL À LA JUSTICE?
BEN, OUI...
J'AI PRIS MA CARTE AU RPR...
CHARB.

DE NOUVEAUX CHARNIERS EN BOSNIE
UN
LUZ

> N° 212 - 10.07.1996 - Gébé - Srebrenica > N° 211 - 03.07.1996 - Charb - Karadzic > N° 188 - 24.01.1996 - Luz - Bosnie

ISRAËL
CELA VOUS EMMERDE SI JE SAUTE UNE RUE AVANT VOUS ?
KAMAGURKA

LES TERRORISTES DU HAMAS SONT FUTÉS
PARDON, M'SIEUR, VOUS AVEZ DU FEU?
BIEN SÛR...
CHARB.

HÔPITAL
ADMISSIONS
NOM?
PROCESSUS DE PAIX

DIEU RECONNAÎTRA LES SIENS
C'EST VITE DIT
LUZ

> N° 193 - 28.02.1996 - Kamagurka - Israël > 194 - 06.03.1996 - Charb - Hamas > N° 194 - 06.03.1996 - Gébé - Paix
> N° 194 - 06.03.1996 - Luz - Attentat

SUR SON LIT DE MORT
BOKASSA REND LES ENFANTS MANGÉS.

LIBÉRIA : DES SOLDATS DE 12 ANS
PUTAIN ! CES ARMES ! ÇA NOUS NIQUE LA COLONNE VERTÉBRALE
PIRE QUE LE CARTABLE !

CENTRAFRIQUE
LES INSTITUTIONS DÉMOCRATIQUES SAUVÉES.
SÉNAT
ASSEMBLÉE NATIONALE
CONSEIL CONSTITUTIONNEL

> N° 230 - 13.11.1996 - Willem - Mobutu > N° 229 - 06.11.1996 - Willem - Bokassa > N° 205 - 22.05.1996 - Gébé - Liberia
> N° 206 - 29.05.1996 - Charb - Centrafrique

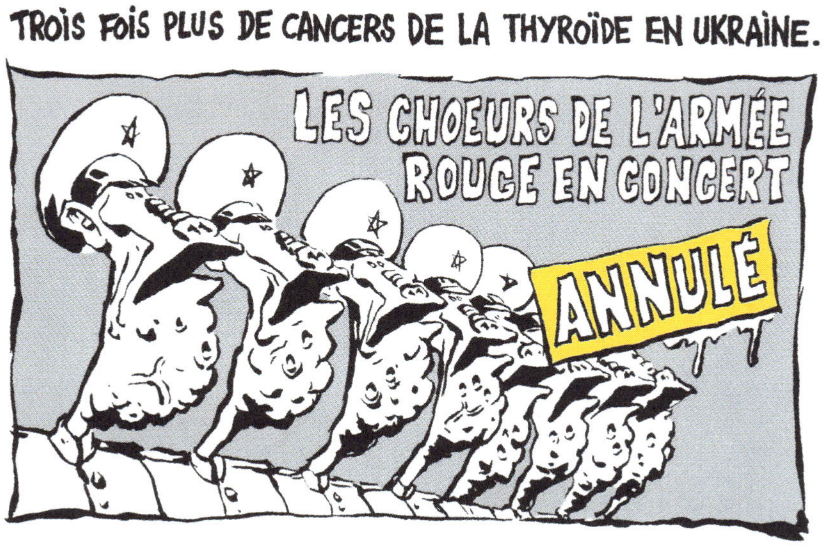
TROIS FOIS PLUS DE CANCERS DE LA THYROÏDE EN UKRAINE.
LES CHOEURS DE L'ARMÉE ROUGE EN CONCERT
ANNULÉ

ELTSINE BÂTISSEUR DE PAIX
ENCORE DE TRAVERS!
GROZNY
RISS

ELTSINE
SON QUINTUPLE PONTAGE EST UNE RÉUSSITE

BIENTÔT LES CHINOIS VERRONT PASSER DES T.G.V FRANÇAIS !
cabu

TCHERNOBYL A 10 ANS
PROMOTION SUR LES HYDROCÉPHALES
-10%
RISS

1996

> N° 187 - 17.01.1996 - Riss - Armée rouge > N° 196 - 20.03.1996 - Riss - Eltsine > N° 230 - 13.11.1996 - Gébé - Eltsine
> N° 199 - 10.04.1996 - Cabu - Chine TGV > N° 200 - 17.04.1996 - Riss - Tchernobyl

DIX LADY DI PAR JOUR
EN ALGÉRIE
LUZ

# 1997

## CHARLIE HEBDO

On a encore les marques sur les cuisses tellement on a tapé dessus le soir du 21 avril 1997. Qu'est-ce qu'on a ri ! Pour la première fois, un président de la Ve République dissolvait l'Assemblée au profit de son opposition. La gauche emporte les législatives et Jospin devient Premier ministre. Dans la foulée, l'ancien militant d'extrême gauche croit inventer "la gauche plurielle", sorte d'Union de la gauche où tout ce qui n'est pas socialiste est prié de faire de la figuration dans son gouvernement. La gauche plurielle, *Charlie Hebdo* l'a inventée avant. Une gauche plurielle bien plus large que celle de Jospin et bien plus animée. À côté de nos conférences de rédaction du mercredi, le Conseil des ministres devait ressembler à une réunion Tupperware.

CHARLIE HE
10F
Révélation : Mitterrand gouvernait avec une astrologue
Dissolution : les affiches du RPR
Topor page 11
CHIRAC INVENTE LE SEPTENNAT DE 2 ANS.
PROFITONS-EN
VIRONS-LE !

Mais revenons à notre ami le clown. Avant d'être ce vieillard sénile, souvenez-vous que Chirac a été un stratège politique hors pair. Merveilleusement conseillé par cette grande nouille de Villepin, il dissout l'Assemblée un an avant les législatives de peur de les perdre. La cote de popularité de Chirac et de sa majorité piquait gravement du nez, du coup, "bah, avant d'être à zéro dans les sondages, provoquons une élection que nous remporterons, M. le Président", lui souffle Villepin, qui ne s'est, de sa vie, jamais présenté à une élection. Les députés de droite battus prématurément grâce à Villepin rêvent encore aujourd'hui d'écorcher vif le joggeur suffisant. Le joggeur court encore. On ne sait pas pourquoi ni vers où, mais il court. Qu'il continue, c'est ce qu'il fait de mieux.

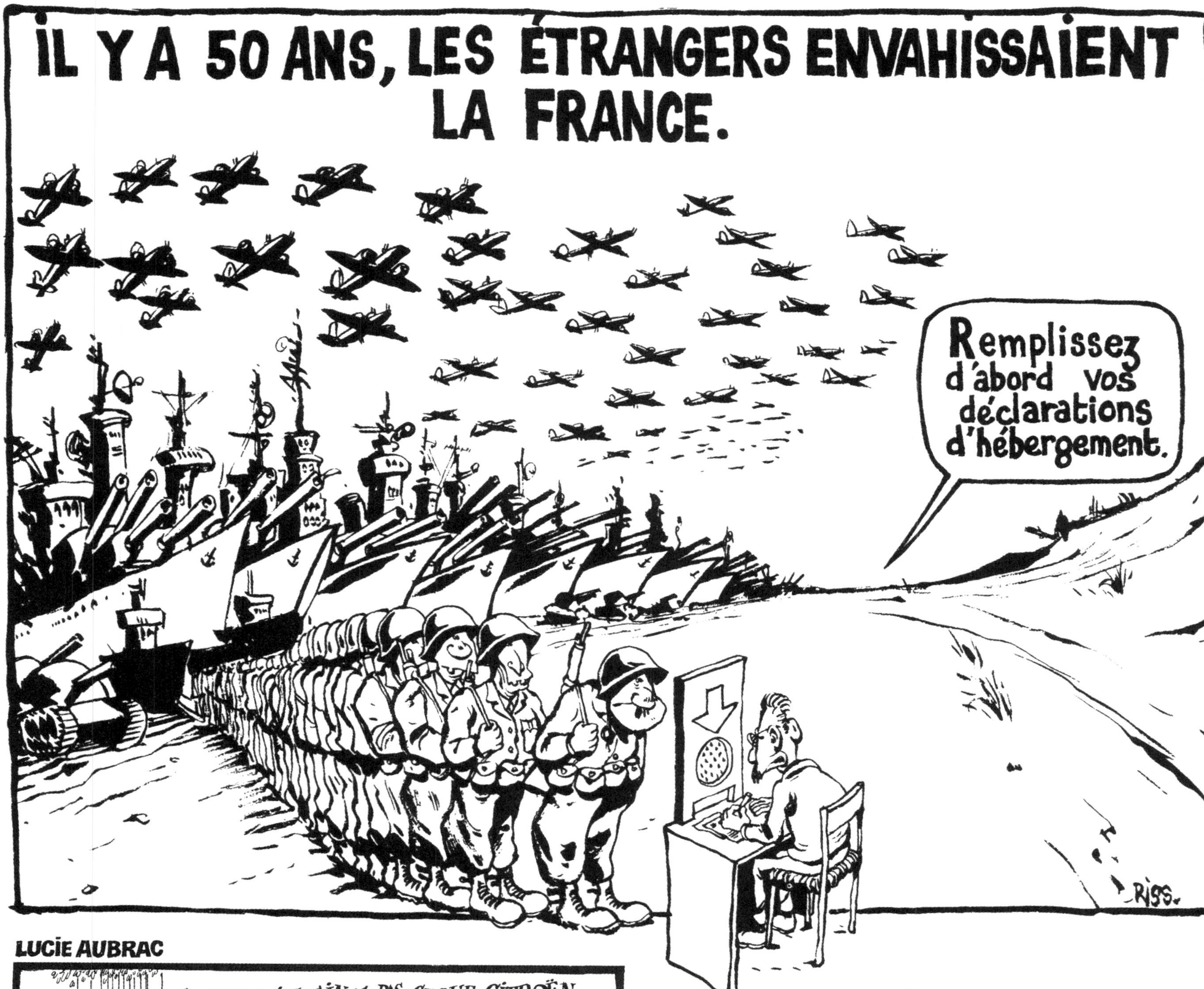
IL Y A 50 ANS, LES ÉTRANGERS ENVAHISSAIENT LA FRANCE.
Remplissez d'abord vos déclarations d'hébergement.
RISS.

**LUCIE AUBRAC**

♫ VOUS N'IMAGINEZ PAS CE QUE CITROËN PEUT FAIRE POUR VOUS
cabu

**BHL** PÉDALE DANS LA **BÉCHAMEL**

AVEC VOTRE FILM, ÇA FAIT DEUX BIDES DANS LA SEMAINE
cabu

> N° 244 - 19.02.1997 - Riss - Invasion > N° 246 - 05.03.1997 - Cabu - Aubrac Citroën > N° 244 - 19.02.1997 - Cabu - BHL

FLEXIBILITÉ
JE N'AIME PAS LE MOT
MAIS J'AIME BIEN LE BRUIT
CNPF
SHLAFF
GéBé

TEMPLE SOLAIRE
LUZ
LAISSONS LES SECTES JOUER AVEC LES ALLUMETTES

PÉDOPHILIE
QU'EST-CE T'AS FAIT À L'ÉCOLE?
J'ME SUIS FAIT ENCULER
ET T'AS EU UNE BONNE NOTE?
LUZ

RÉFORME DE LA JUSTICE
QU'EST-CE QUE TU VEUX QU'ON RÉFORME, FRINGUÉS COMME ÇA?..
CHARB.

VIVEMENT LES 35 HEURES
ÇA M' FERA QUATRE HEURES DE PLUS PAR SEMAINE À REGARDER DES CONNERIES À LA TÉLÉ
LUZ

> N° 239 - 15.01.1997 - Gébé - Flexibilité > N° 249 - 26.03.1997 - Luz - Temple solaire
> N° 256 - 14.05.1997 - Luz - Pédophilie > N° 240 - 22.01.1997 - Charb - Justice > N° 260 - 11.06.1997 - Luz - 35 heures

UN ESPOIR:
ON A APERÇU LA PETITE MARION !
EN TOUT CAS, ÇA LUI RESSEMBLAIT VACHEMENT !
CHARB.

20F
50F
100F
70F
10F
À DÉBATTRE
RISS

PAPON SOUCIEUX DES DENIERS PUBLICS :
ET À L'ARRIVÉE NOS IMPÔTS PARTAIENT EN FUMÉE...
cabu

DEPUIS L'ASSASSINAT DE VERSACE ON NE SAIT PLUS COMMENT S'HABILLER

> N° 266 - 23.07.1997 - Charb - Marion > N° 269 - 13.08.1997 - Riss - Organes > N° 277 - 08.10.1997 - Cabu - Papon
> N° 266 - 23.07.1997 - Willem - Versace

TU NE DEVINERAS JAMAIS D'OÙ JE T'APPELLE!
TÉLÉPHONE
LUZ

JE PRENDS MON TROU DU CUL POUR LE NOMBRIL DU MONDE
QUI SUIS-JE?
UN NATIONALISTE BASQUE
CHARB.

Aux États-Unis, une femme est violée toutes les minutes...
La pauvre!
HON ORÉ

TENDANCE REPENTIR
TOUS DEMANDENT PARDON AUX JUIFS
L'ÉGLISE
PARDON DE NE PAS VOUS AVOIR BEAUCOUP AIDÉS À FAIRE VOS BAGAGES POUR LA DÉPORTATION
OH! NOUS N'EMPORTIONS PAS GRAND-CHOSE.
LA POLICE
PARDON DE NE PAS VOUS AVOIR APPORTÉ TOUTE L'AIDE VOULUE POUR MONTER DANS LES WAGONS
OUI, C'ÉTAIT UN PEU HAUT.
LA FINANCE
PARDON DE NE PAS VOUS AVOIR ACCORDÉ SUFFISAMMENT DE CRÉDIT DANS LES ANNÉES 40.
NOUS AVIONS DES TICKETS RESTAURANT
LA JUSTICE
PARDON D'AVOIR TARDÉ À INFLIGER DES AMENDES DE STATIONNEMENT AUX COMPLICES DU GÉNOCIDE.
C'EST LE SYMBOLE QUI COMPTE.
LE FASCISME
PARDON D'AVANCE POUR LE MANQUE DE CORRECTION – HÉLAS! NOUS NE SOMMES PAS DES ALLEMANDS – AVEC LEQUEL NOUS VOUS EXTERMINERONS PROCHAINEMENT J'ESPÈRE.
FN
L'ÉGLISE DEMANDE PARDON À TOUS
AUX PROTESTANTS
PARDON POUR LE DÉSAGRÉMENT.
AUX SORCIÈRES
PARDON POUR LA FUMÉE
AUX SAVANTS AUX PHILOSOPHES
PARDON POUR LA QUESTION INDISCRÈTE
AUX ARTISTES
PARDON POUR LE SUJET IMPOSÉ
AUX FASCISTES
PARRDON POURR AVOIRR L'AIRR DÉFENDRRE DÉMOCRRATIE
MAIS NON! CE QU'ON AIME EN VOUS, C'EST VOTRE HYPOCRISIE.

> N° 268 - 06.08.1997 - Luz - Portable > N° 267 - 30.07.1997 - Charb - Basque > N° 275 - 24.09.1997 - Honoré - Viol
> N° 278 - 15.10.1997 - Gébé -Repentance

sobibór
chełmno
bełże
ARCHIPEL DU GOULAG
Le Jeu de l
SORTI
Willem
Namibie
1909: EXTERMINATION DES HEREROS
ARMENIE 1915
BANGLA-DESH 1971

majdanek
treblinka
auschwitz
CHINE
LE GRAND BOND EN AVANT
INDONESIE 1965
SETIF
1945
SIÈCLE !
Cambodge
1975-79
RWANDA
1994
BIAFRA
1966-1969
Ex-Zaïre
1997
SREBRENICA
1995

LES TUTSIS CLONENT PLUS VITE QUE LES HUTUS PEUVENT MASSACRER
willem

POLLUTION. MODE D'EMPLOI
FINALEMENT, JE CROIS QUE JE VAIS CHOISIR LE GAZ !
RISS

NON AU CLONAGE DES VACHES !
LUZ

LES PLANTES TRANSGÉNIQUES PRÉSENTENT-ELLES UN DANGER ?
AUCUN !
RISS

> N° 247 - 12.03.1997 - Willem - Rwanda > N° 240 - 22.01.1997 - Riss - Pollution > N° 247 - 12.03.1997 - Luz - Clonage
> N° 247 - 12.03.1997 - Riss - Transgénique

LA PLANÈTE SE RÉCHAUFFE
J'AI LA MOULE QUI SÈCHE
J'AI LES COUILLES QUI FONDENT
LUZ

GÉNÉRATION POLLUTION
SI C'EST UNE FILLE, NOUS L'APPELLERONS DIESEL…
ET SANS PLOMB SI C'EST UN GARÇON
LUZ

**VACANCES À LA HAGUE**

PAS CE SOIR, J'AI DE L'URANIUM DANS LA RAIE.
LUZ

CLONAGE
ON VA POUVOIR BOUFFER DU GIGOT DE CON

BRETAGNE. Enfin une solution contre la pollution par le lisier :
La couche anti-fuites
HONORÉ

1997

> N° 285 - 03.12.1997 - Luz - Réchauffement > N° 240 - 22.01.1997 - Luz - Pollution > N° 264 - 09.07.1997 - Luz - La Hague
> N° 247 - 12.03.1997 - Gébé - Clonage > N° 269 - 13.08.1997 - Honoré - Lisier

VU À LA TÉLÉ...
LE F.N. EST-IL UN PARTI NAZI COMME UN AUTRE ? CONTREDIREZ-VOUS VOTRE CONTRADICTEUR ? D'OÙ VOUS VIENNENT CE SOURIRE CRÉTIN ET CETTE TÊTE À CLAQUES ? AUTANT DE QUESTIONS QU'ARLETTE CHABOT ET ALAIN DUHAMEL AURAIENT PU POSER À NICOLAS SARKOZY DANS L'ÉMISSION "FRANCHEMENT"...
VOTRE CONTRADICTEUR, LES TÉLÉSPECTATEURS LE DÉCOUVRENT À L'ANTENNE...
M. SARKOZY, VOUS AVEZ CHOISI COMME THÈME : LES VALEURS...
OUI... JE VOUDRAIS QUE DES VALEURS COMME L'ÉQUITÉ PRIMENT SUR CELLE D'ÉGALITÉ...
EH BIEN, ARLETTE CHABOT, JE NE CONSIDÈRE PAS BON POUR LA DÉMOCRATIE QU'UN COURANT DE PENSÉE QUI EXISTE PUISSE ÊTRE EXCLU À JAMAIS DE LA REPRÉSENTATION PARLEMENTAIRE...
IL Y A BEAUCOUP DE CHOSES QUE J'APPROUVE DANS CE QUE VIENT DE DIRE NICOLAS SARKOZY : VALEUR DU TRAVAIL, LIBERTÉ D'ENTREPRENDRE...
COMME FRANCE 2, SOYEZ BRANCHÉ : INVITEZ UN FASCISTE DANS VOTRE SALON !
M. MÉGRET, JE N'AI RIEN CONTRE VOUS... JE FAIS CONFIANCE À L'HOMME, À LA LIBERTÉ...
...MOI AUSSI !
M. MÉGRET, JE NE VOUS FERAI PAS L'INJURE DE VOUS METTRE EN CONTRADICTION AVEC LES DÉCLARATIONS DE JEAN-MARIE LE PEN...
LES INÉGALITÉS ENTRE LES RACES, MAIS C'EST UNE ÉVIDENCE. OÙ EST LE PROBLÈME ?
BON... S'IL S'AGIT DE DIRE QU'UN CITOYEN FRANÇAIS A PLUS DE DROITS CIVIQUES QU'UN ÉTRANGER, JE PEUX ÊTRE D'ACCORD AVEC VOUS.
Y'A DU PROGRÈS !...
BERNAR

## VITROLLES

# LES IDÉES DU F.N. PROGRESSENT DANS LES TÊTES.

RISS

> N° 245 - 26.02.1997 - Bernar - Sarkozy Mégret > N° 242 - 05.02.1997 - Riss - Vitrolles > N° 243 - 12.02.1997 - Willem - Le Pen Debré

VITROLLES
MESSE : 10h
RAFLE : 7h
RISS

LE PEN A RAISON !
¡LS CONTRÔLENT TOUT !
MÊME ISRAËL EST AUX MAINS DES JUIFS !
CHARB.

OÙ LE PEN SE PRÉSENTERA-T-IL ?
DRANCY
Le camp du Struthof
ORADOUR-SUR-GLANE
LYON (CIRCONSCRIPTION de KLAUS BARBIE)
BORDEAUX (CIRCONSCRIPTION DE PAPON)
RISS

QUELLE PLANÈTE LAISSERONS-NOUS À NOS ENFANTS ?
DEVINETTE !
C.

> N° 243 - 12.02.1997 - Riss - Vitrolles > N° 246 - 05.03.1997 - Charb - Le Pen > N° 254 - 30.04.1997 - Riss - Le Pen > N° 286 - 10.12.1997 - Cabu - Le Pen

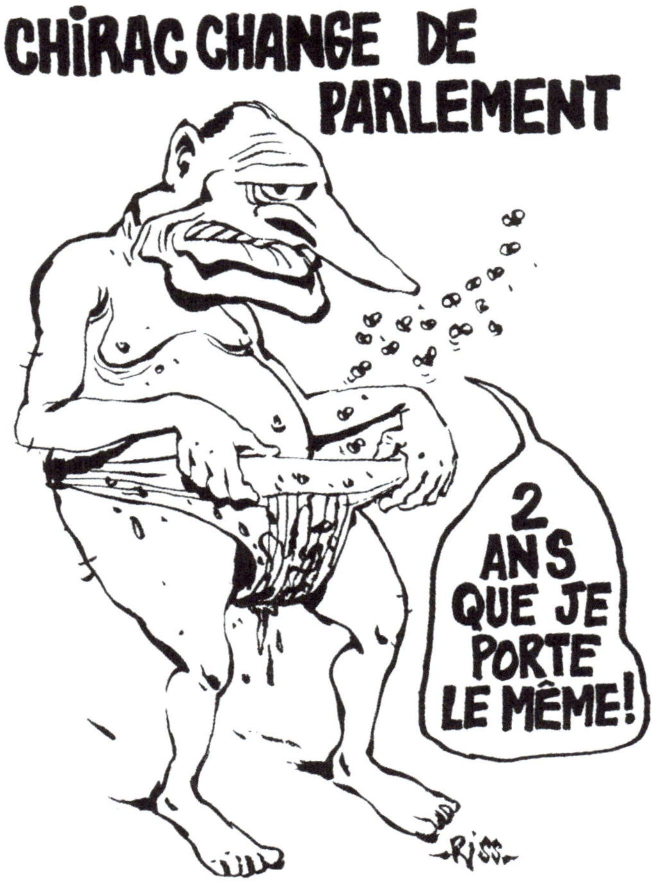
CHIRAC CHANGE DE PARLEMENT
2 ANS QUE JE PORTE LE MÊME!
RISS

JOSPIN 1ER MINISTRE
ARRÊTEZ VOS CONNERIES, C'ÉTAIT POUR DÉCONNER

LES FAUX ÉLECTEURS VOTENT TIBERI !
ET LES VRAIS CONS AUSSI...

2e tour_même jeu
majorité de leviers à droite : la trappe reste fermée.
majorité de leviers à gauche : la trappe s'ouvre.

> N° 253 - 23.04.1997 - Riss - Dissolution > N° 258 - 28.05.1997 - Charb - Jospin > N° 255 - 07.05.1997 - Charb - Tiberi
> N° 258 - 28.05.1997 - Gébé - Elections

APRÈS MATIGNON
LE RETOUR DU PHYLLOXÉRA
À BORDEAUX

MARCHAIS
EST MORT !
TIGNOUS

RAZ-DE-MARÉE SOCIALISTE :
MÊME BÉRÉGOVOY EST ÉLU !
Cabu

COHABITATION
AU TRAVAIL !

> N° 256 - 14.05.1997 - Cabu - Juppé > N° 283 - 19.11.1997 - Tignous - Marchais > N° 259 - 04.06.1997 - Cabu - Bérégovoy
> N° 259 - 04.06.1997 - Gébé - Elections

La St Barthélem de la Droite
TILLINAC
DORMESSON
Monsieur de Villepin
F N
PEYREFITTE
on recherche
Lois Debré
CHARLIE HEBDO

CHIRA QUIE
Marchiani préfet
RE
Papon
même les triplés du Fig-Mag
MAIS JE NE SUIS PAS DE DROITE!
..SI!
Cabu

> N° 260 · 11.06.1997 · Cabu · Saint-Barthélemy

MONSIEUR
PEUT-ON EXPLIQUER UNE ARAIGNÉE ? COMMENT, POURQUOI UN ÊTRE AUSSI MONSTRUEUX EXISTE-T-IL ? ET, SURTOUT, COMMENT PEUT-IL SE SUPPORTER ? LA VÉRITÉ, C'EST QU'UNE ARAIGNÉE NE S'EST JAMAIS REGARDÉE DANS UN MIROIR.
UNE ARAIGNÉE NE SAIT PAS QU'ELLE EST UNE ARAIGNÉE.
LA PREMIÈRE FOIS QU'ON EMBRASSE UNE FILLE...
EXPLIQUEZ À UN DÉSHÉRITÉ L'INJUSTICE DE SA CONDITION, D'UN DISGRACIÉ VOUS FEREZ UN MALHEUREUX ! TOUTE EXPLICATION EST UNE MAUVAISE ACTION.
LA PREMIÈRE FOIS QU'ON BOIT DE L'ALCOOL.. LA PREMIÈRE FOIS QU'ON FAIT L'AMOUR...
DIEU, LE PATRIOTISME, L'AMOUR, LA HAINE, DEUX ET DEUX FONT QUATRE. VOUS NE POUVEZ PAS EXPLIQUER. C'EST COMME ÇA ! LA TERRE, LE CIEL, LA MER, LE BIEN, LE MAL. C'EST COMME ÇA !
LA PREMIÈRE FOIS QU'ON PREND L'AVION, QU'ON GAGNE DE L'ARGENT, QU'ON A UN ENFANT, QU'ON ACHÈTE UNE MAISON...
LA VIE N'EST SUPPORTABLE QUE PARCE QU'ELLE EST INCOMPRÉHENSIBLE. IL FAUT AVOIR LA FOI. NE PAS SE POSER DE QUESTIONS. IL Y A DES GENS QUI PASSENT LEUR VIE À ÉTUDIER LES ARAIGNÉES. ILS SAVENT TOUT SUR LES ARAIGNÉES. QUE SAVENT-ILS SUR EUX-MÊMES ?
IL Y A LONGTEMPS QUE JE N'AI PAS CONNU DE PREMIÈRE FOIS.
SE POSER DES QUESTIONS ET CONSTATER QU'ON N'A PAS DE RÉPONSES, ÇA REND NERVEUX, IRRITABLE, ANGOISSÉ. ÇA REND FOU. L'ENNEMI DE L'HOMME, C'EST L'INACCESSIBLE VÉRITÉ.
IL N'Y A PAS ASSEZ DE PREMIÈRE FOIS POUR REMPLIR UNE VIE.
ON NE SAIT PLUS ACCEPTER SON SORT SANS POSER DE QUESTIONS. ON NE SAIT PLUS ÊTRE SIMPLE, RESTER À SA PLACE. ON CROIT QU'ON PEUT ÊTRE MIEUX QUE CE QU'ON EST. ON NE SAIT PLUS SE RÉSIGNER. SI ON IGNORAIT NOTRE MALHEUR, ON SERAIT BEAUCOUP PLUS HEUREUX.
QU'EST-CE QU'IL Y A À LA TÉLÉ CE SOIR ?
TÉLÉ 7
WOLINSKI

UN VERRE, ÇA VA... DEUX VERRES... BONJOUR LES DIANA !
LUZ

DIX LADY DI PAR JOUR EN ALGÉRIE
LUZ

RÉTROSPECTIVES !
LADY DI
MÈRE TERESA
MARRE DE BOUFFER DES RESTES !

> N° 288 - 24.12.1997 Wolinski - Araignée > N° 272 - 03.09.1997 - Luz - Diana > N° 272 - 03.09.1997 - Luz - Lady Di
> N° 289 - 31.12.1997 - Cabu - Rétrospectives

RAMADAN
TOUJOURS EN TRAIN DE FAIRE DU BRUIT, LES ARABES!
CROUUUIIII
CROUIIII
CHARB.

ALLOCATION RENTRÉE EN ALGÉRIE:
QUE DALLE!
RISS

S'IL VOUS PLAÎT, LANCEZ-MOI UNE TARTE À LA CRÈME...
Cabu

▶ ALGÉRIE

FIN DU RAMADAN
À TABLE!
CHARB.

EN ALGÉRIE, ON BOURRE LES URNES
C.

ARRÊTEZ D'AFFAMER LES ENFANTS IRAKIENS!

SADDAM HUSSEIN:
29 ANS AU POUVOIR!
ET TOUJOURS BON PIED, BON ŒIL
CHARB.

1997

CHARB.

# 1998

## CHARLIE HEBDO

Une seule voix s'est élevée en 1998 pour souhaiter la défaite des Bleus au Mondial de foot, que la France organisait : *Charlie Hebdo*. Ne cherchez pas d'autres voix discordantes dans la presse, il n'y en avait pas. Il n'y en a déjà pas beaucoup en temps ordinaire pour critiquer le foot business, alors se foutre de la gueule de NOTRE équipe, sur NOTRE terrain ! Sacrilège !

CHARLIE HEBDO
Le journal de l'anti-Mondial
Thierry Roland
LA VITRINE DE LA FRANCE
BIENVENUE AUX MÉTÈQUES !...
TF1

Il serait grotesque d'attaquer le foot en tant que jeu ridicule ou passe-temps débile. Chacun est libre de courir derrière un ballon le week-end. Nous-mêmes, à *Charlie*, si on vous disait après quoi chacun d'entre nous court le week-end, vous seriez sans doute effarés.

Le Mondial de foot était une messe, nos footballeurs étaient des prophètes et la victoire était sacrée ! C'est en tant que religion que *Charlie* attaque le foot. Le culte catholique est célébré le dimanche matin sur France 2. Certains pensent que c'est déjà trop, alors que dire du foot, présent sur toutes les chaînes publiques ou privées, tous les jours et à toute heure ! Pour justifier et imposer le foot auprès des plus récalcitrants, en 1998, la mafia du foot, relayée par les autorités, a prétendu que le Mondial était le moyen par lequel on pouvait souder tous les Français. La France black, blanc, beur avait un projet commun : la victoire des Bleus. Nous étions tous frères, non pas en Jésus-Christ, mais en ballon rond. Escroquerie.

En 2002, Le Pen arrivait au second tour de la présidentielle, et, en 2012, sa fille faisait 18 % au premier tour. Étouffer la connerie nationaliste sous la connerie nationaliste, ça ne marche pas. Le miracle que les prêtres du foot ont essayé de nous vendre ne s'est pas produit. À bas le foot !

Algérie :
ILS NE MANGENT QUE LE SOIR, MAIS ILS SE RATTRAPENT !
LES RECETTES D'ALLAH
Menu de Ramadan
• L'émincé de nouveau-né à l'étuvée au coulis d'huile bouillante
• La farandole de couilles truffées et nimbées de sauce gribiche
• Le fermier en chapon empalé sur son lit de pâtes fraîches relevé à la sauce poivrade sous les ongles épépinés
• La ronde des hémorroïdes craquantes aux petites crêtes de coq caramélisées
• La liqueur de grand-mère dans sa descente de matrice
COMTESSE DU BARRY
CE MENU N'EST PAS POUR LES PAUVRES QUI TUENT D'AUTRES PAUVRES AU NOM D'ALLAH, MAIS POUR LES RICHES PROPRIÉTAIRES QUI LES MANIPULENT...
LES TERRES FERTILES DE LA MITIDJA SONT-ELLES NETTOYÉES ?
OUI, MAÎTRE TOUS LES HÉRITIERS CREVÉS !
cabu

MICHELIN MENACE : « LES 35 H, JE DÉLOCALISE. »
J'ENCULERAI LES TRAVAILLEURS ...
... AILLEURS

20 ANS APRÈS, CLOCLO... TOUJOURS D'ACTUALITÉ
LE NUCLÉAIRE OU LA BOUGIE ?

Papon n'était qu'un livreur...
... il va reprendre bientôt son boulot...
LIVREUR
cabu

> N° 290 - 07.01.1998 - Cabu - Ramadan > N° 294 - 04.02.1998 - Gébé - Michelin > N° 299 - 11.03.1998 - Cabu - Cloclo
> N° 301 - 25.03.1998 - Cabu - Papon

IL Y A PLUS CON QUE DE SCIER LA BRANCHE SUR LAQUELLE ON EST ASSIS
L'EMPIRE DU FRIC MITRAILLE ET BOMBARDE LES CARTONS ET LES TAUDIS SUR LESQUELS IL EST BÂTI.
FRIC

> N° 295 - 11.02.1998 - Gébé - Empire

MODE :
EN 70, L'AN 2000 C'ÉTAIT ÇA
MAIS CE SERA ÇA !

LES 30 GLORIEUSES
J'ÉLÈVE MON ENFANT
LES 30 MERDEUSES
J'ÉLÈVE MON CHÔMEUR

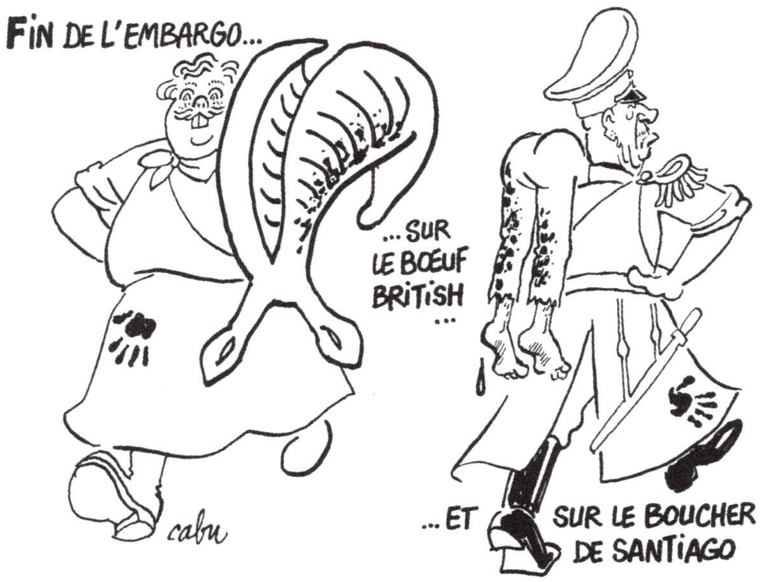
FIN DE L'EMBARGO...
... SUR LE BOEUF BRITISH ...
... ET SUR LE BOUCHER DE SANTIAGO

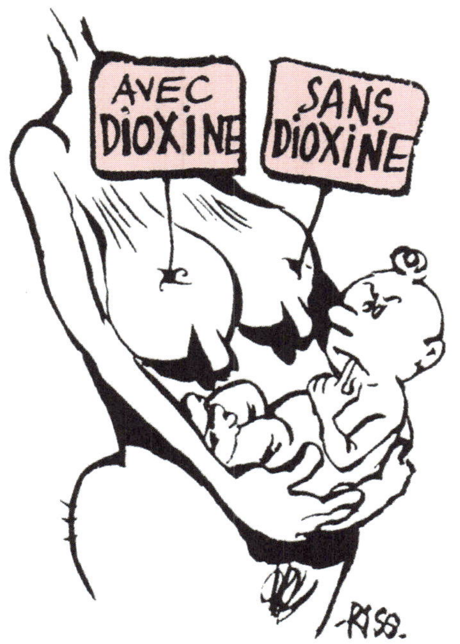
AVEC DIOXINE
SANS DIOXINE

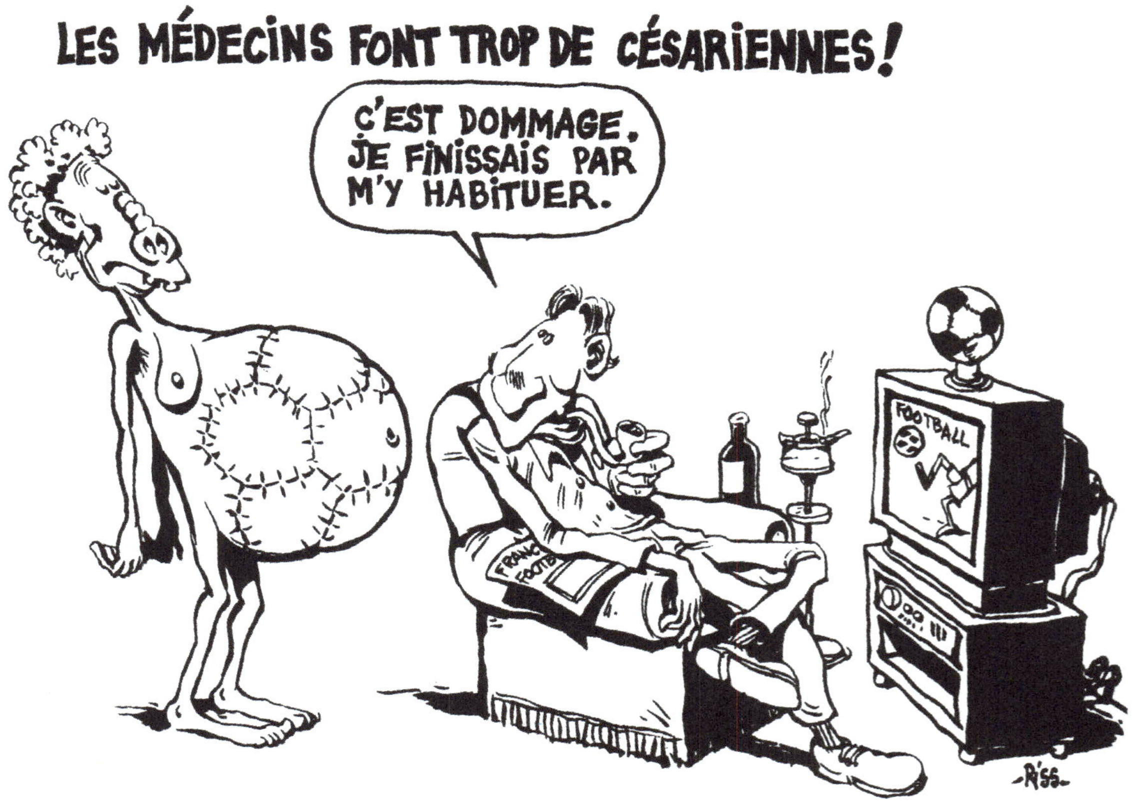
LES MÉDECINS FONT TROP DE CÉSARIENNES !
C'EST DOMMAGE. JE FINISSAIS PAR M'Y HABITUER.
FOOTBALL

> N° 293 - 28.01.1998 - Tignous - An 2000 > N° 298 - 04.03.1998 - Cabu - 30 Glorieuses > N° 337 - 02.12.1998 - Cabu - Viande anglaise
> N° 310 - 27.05.1998 - Riss - Dioxine > N° 308 - 13.05.1998 - Riss - Césarienne

CHASSE À LA TOURTERELLE.
ELLE ME PASSE AU-DESSUS DE LA TÊTE EN FAISANT "ROUCROU" ALORS, FORCÉMENT, MOI, JE TIRE...
CHARB.

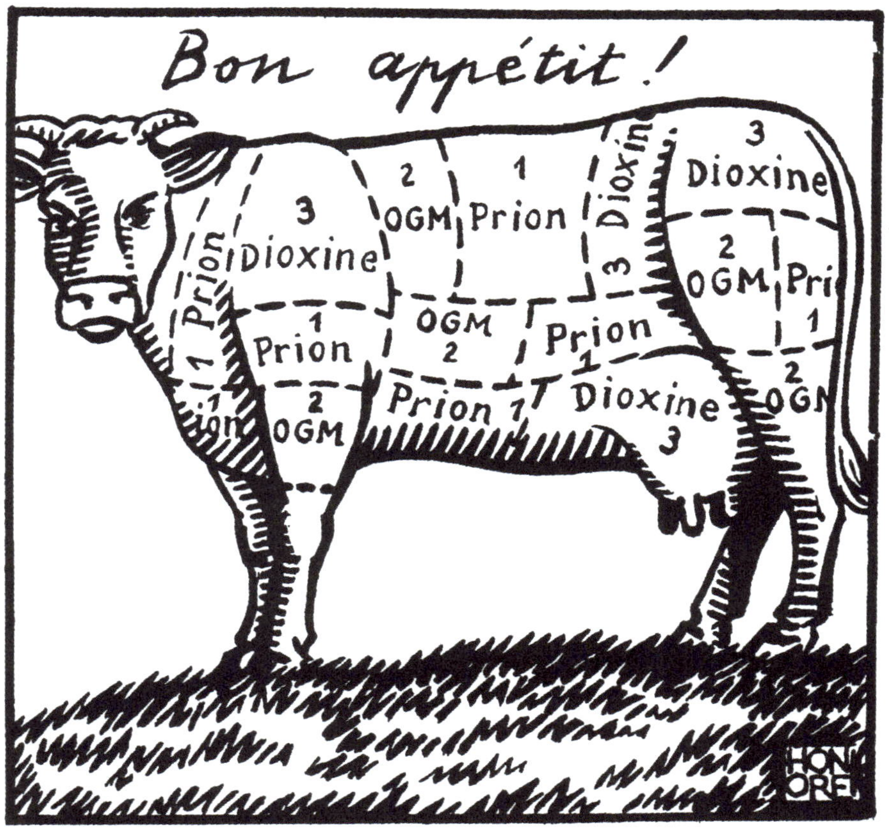
Bon appétit !
3 Dioxine
2 OGM
1 Prion
3 Dioxine
2 OGM
1 Prion
1 Prion
OGM 2
Prion 1
2 OGM
Prion 1
Dioxine 3
HONORÉ

CHASSEUR GROS CON
RESPECTEZ AU MOINS MON ÉCHARPE DE DÉPUTÉ !
CHARB.

COMMISSION D'ENQUÊTE EN CORSE
ET VOTRE TROUPEAU DE 150 VACHES LAITIÈRES ?
LE VOILÀ...
TRÈS BIEN, MERCI...
CHARB.

> N° 307 - 06.05.1998 - Charb - Chasse > N° 311 - 03.06.1998 - Honoré - Viande > N° 314 - 24.06.1998 - Charb - Chasseur
> N° 299 - 11.03.1998 - Charb - Corse

L'INVENTEUR DU McDO
EST MORT
MiAM ! DE LA ViANDE ENTRE DEUX TRANCHES DE BOIS...
LUZ

LE SALON DE L'AUTOMOBILE
A 100 ANS
RISS.
50 MILLIONS DE MORTS
80 MILLIONS DE MORTS
30 MILLIONS DE MORTS

ABANDONS
CHARB.

> N° 318 - 22.07.1998 - Luz - McDo > N° 328 - 30.09.1998 - Riss - Auto > N° 321 - 12.08.1998 - Charb - Abandons

ÉGLISE
NON AU PACS !
NE LAISSONS PAS LES PÉDÉS VIVRE LA VIE QU'ON N'OSE PAS VIVRE...
CHARB.

L'OEDIPE À L'HEURE DU PACS
IL VOUS FAUT TUER LE PÈRE
LEQUEL ?
LUZ

Y EN A QUE POUR LES TRAVESTIS !
MOI, JE PROFITE DE LA FÊTE DES MÈRES ET DE LA FÊTE DES PÈRES !
C.

Figaro
Poils
Trou
Le CUL dans l'espace
Marianne
SEXE des cadres
VSD
VIAGRA
SEXE
LUZ

> N° 327 - 23.09.1998 - Charb - Pacs Eglise > N° 327 - 23.09.1998 - Luz - Pacs > N° 310 - 27.05.1998 - Cabu - Travestis
> N° 321 - 12.08.1998 - Luz - Kiosque

PARITÉ HOMMES-FEMMES:
LARA CROFT
DONNE L'EXEMPLE:
50% HOMME
50% FEMME

APRÈS LES FRANCS...
UN EURO POUR MANGER
RISS
...LES PAUVRES VONT NOUS FAIRE CHIER EN EUROS!

LA VÉRITÉ SUR LA MORT DE TABARLY:
IL NE SAVAIT PAS NAGER!
ÉCARTE LES BRAS!
BATS DES PIEDS!
RESPIRE À FOND!
WOLINSKI

> N° 340 - 23.12.1998 - Riss - Parité > N° 307 - 06.05.1998 - Riss - Euro > N° 313 - 17.06.1998 - Wolinski - Tabarly

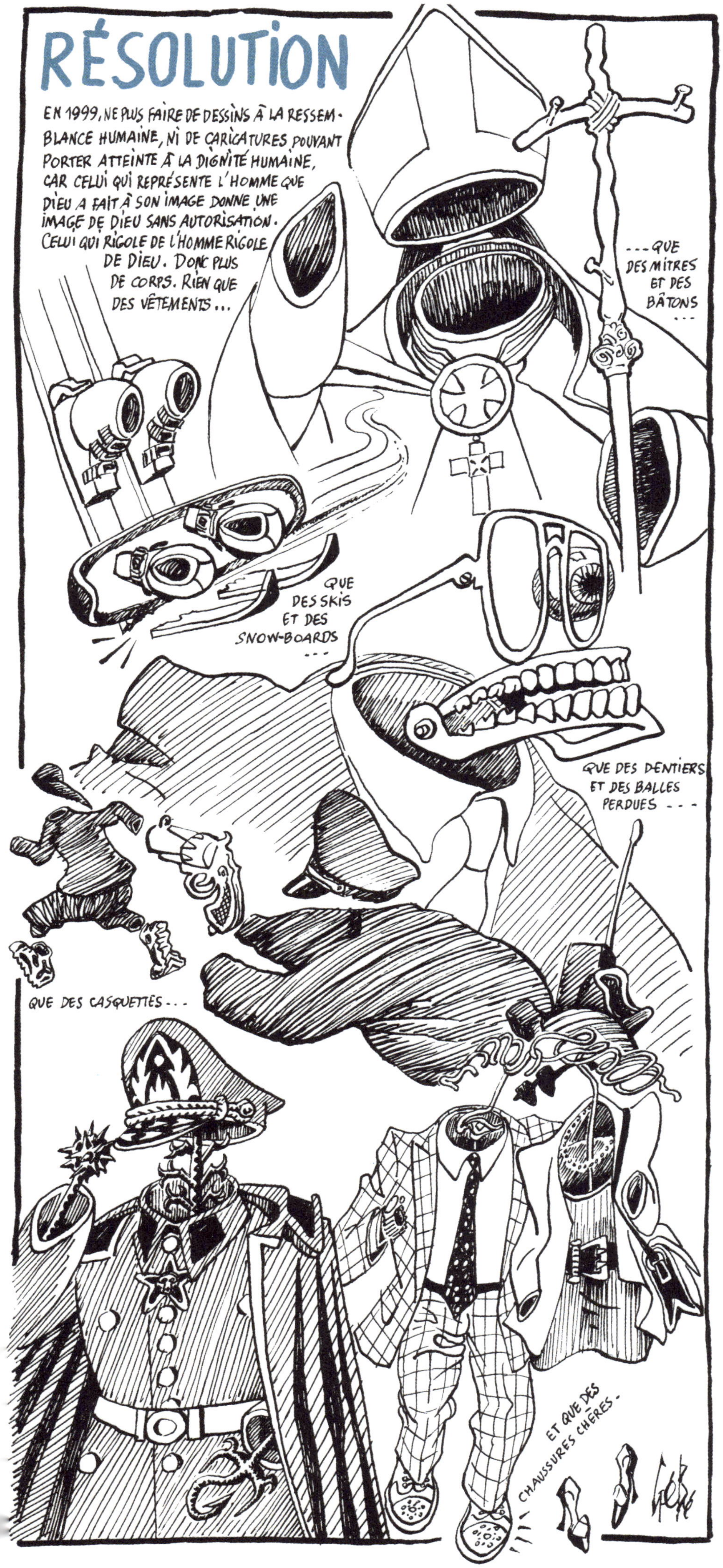
RÉSOLUTION
EN 1999, NE PLUS FAIRE DE DESSINS À LA RESSEMBLANCE HUMAINE, NI DE CARICATURES POUVANT PORTER ATTEINTE À LA DIGNITÉ HUMAINE, CAR CELUI QUI REPRÉSENTE L'HOMME QUE DIEU A FAIT À SON IMAGE DONNE UNE IMAGE DE DIEU SANS AUTORISATION. CELUI QUI RIGOLE DE L'HOMME RIGOLE DE DIEU. DONC PLUS DE CORPS. RIEN QUE DES VÊTEMENTS...
...QUE DES MITRES ET DES BÂTONS...
QUE DES SKIS ET DES SNOW-BOARDS...
QUE DES DENTIERS ET DES BALLES PERDUES...
QUE DES CASQUETTES...
ET QUE DES CHAUSSURES CHÈRES.
GÉBÉ

« IL FAUT REMETTRE LES LYCÉENS AU CENTRE DU DISPOSITIF SCOLAIRE »
C. ALLÈGRE
POLICE
ici
RISS

NON AUX CLASSES SURCHARGÉES
POUSSEZ-VOUS, J'VOIS RIEN
LUZ

1998

ARRIVÉE DU TOUR:
AUX CHAMPS-ÉLYSÉES OU AUX ABATTOIRS?
RISS.

TRIOMPHE DE LA PENSÉE UNIQUE
DE LA QUOI
CHARB.

MONDIAL : J-100
SI TOUS LES FOOTBALLEURS DU MONDE SE DONNAIENT LA MAIN...
...ILS PRENDRAIENT LE BALLON DANS LES COUILLES
cabu

BEAUTÉ DU SPORT:
CYCLISTE FAISANT LA ROUE.
CHARB.

ILS PUENT DES PIEDS
ILS SENTENT DES BRAS
RISS
ILS FONT RÊVER LES FRANÇAIS

> N° 319 - 29.07.1998 - Riss - Dopage > N° 312 - 10.06.1998 - Charb - Foot > N° 298 - 04.03.1998 - Cabu - Foot
> N° 318 - 22.07.1998 - Charb - Dopage - > N° 312 - 10.06.1998 - Riss - Foot

LE FOOT RENDE MOU, LE FOOT RENDE CON !
Les syndicats hésitent à faire grève pendant le Mondial ! Minables ! Lavettes ! À quels grands moments historiques aurions-nous échappé si le Mondial avait dû avoir lieu en même temps…
MAI 68
COHN-BENDIT, TU VIENS OCCUPER LA FAC !?
CHUT ! ON ÉCOUTE LE FOOT !
1942
VOUS AURIEZ ÉCOUTÉ RADIO LONDRES, VOUS AURIEZ ÉTÉ AVERTI DE NOTRE VISITE !
BUUUUUT !
1943
FILEZ-MOI DES PLACES POUR LE MONDIAL, ET JE VOUS BALANCE TOUTE LA RÉSISTANCE
ON DEVIENT RAISONNABLE, JEAN MOULIN !
1848
MARX, ENGELS ! VOUS N'AVEZ PAS UN LIVRE À ÉCRIRE !?
OH, TA GUEULE…
UNE PASSE ! UNE PASSE !
1898
QUOI, DREYFUS ? QU'EST-CE QUE VOUS ME FAITES CHIER AVEC DREYFUS ?! IL JOUE DANS QUELLE ÉQUIPE, D'ABORD ?
MAIS… M'SIEUR ZOLA…
L'ÉQUIPE
J'ACCUSE
JUILLET 1789
VOUS ALLEZ À LA BASTILLE ?!
ON VA AU GRAND STADE !
1633
LE MONDIAL M'A PERMIS DE PROUVER QUE LE BALLON DE FOOT EST ROND…
DU BON TRAVAIL, MON CHER GALILÉE…
33 APRÈS JC
POUR MOI, ÇA N'AURAIT RIEN CHANGÉ…
CHARB

CE QUE JE N'AIME PAS DANS LE FOOT...
C'EST LA 3e MI-TEMPS
cabu

LE FOOT PLUS FORT...
...QUE LES RELIGIONS
cabu

LE MONDIAL EST FINI
TU AS QUATRE ANS POUR ALLER PISSER TES BIÈRES...
CHARB.

LUZ

LE VIAGRA TUE

> N° 311 - 03.06.1998 - Cabu - Foot > N° 316 - 08.07.1998 - Cabu - Foot > N° 317 - 15.07.1998 - Charb - Foot > N° 309 - 20.05.1998 - Luz - Viagra > N° 310 - 27.05.1998 - Charb - Viagra

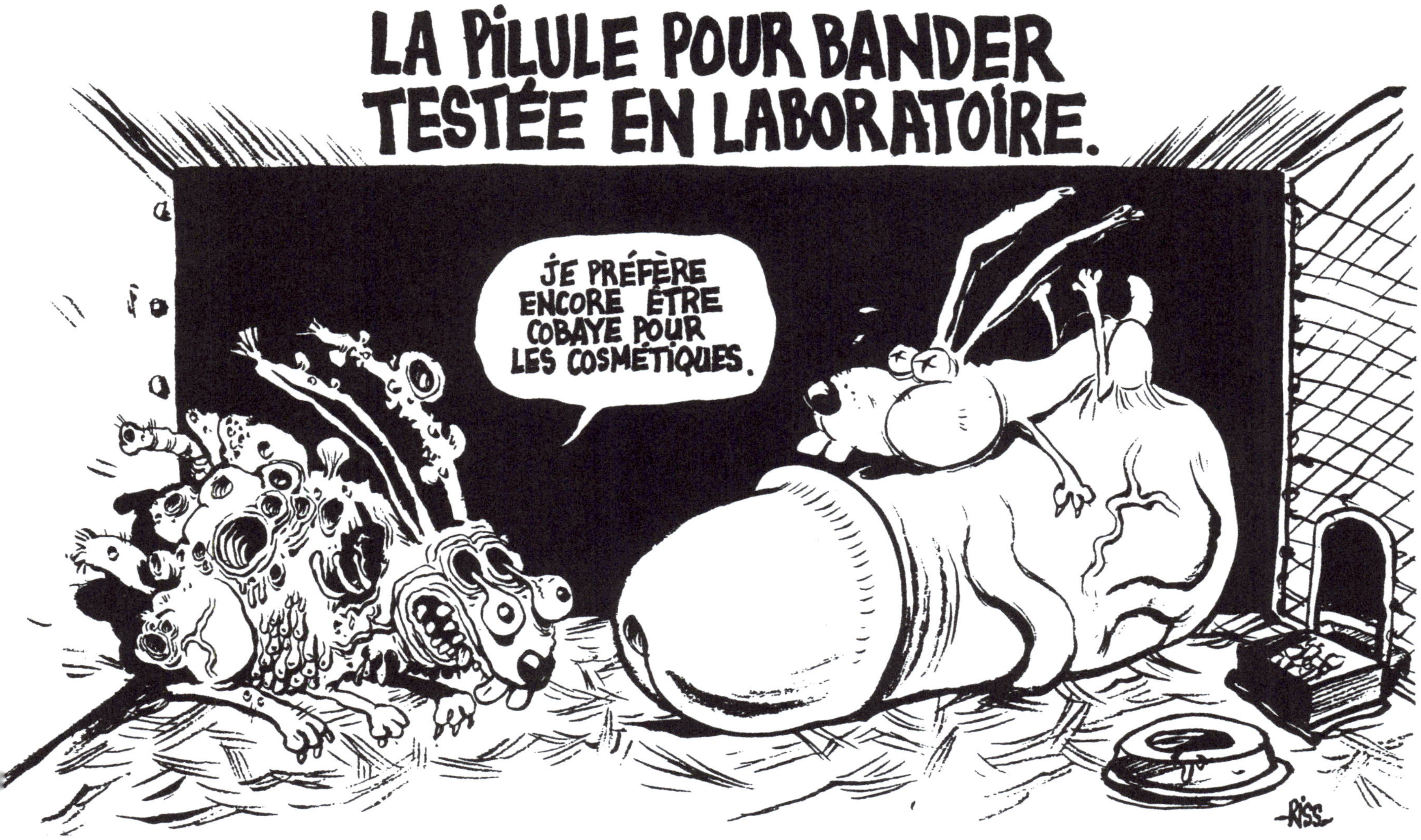
LA PILULE POUR BANDER TESTÉE EN LABORATOIRE.
JE PRÉFÈRE ENCORE ÊTRE COBAYE POUR LES COSMÉTIQUES.
RISS

ON EST À LA CHASSE AUX DÉÇUS DU LEPENISME.
MOI JE CHASSE AUX DÉÇUS DU GAULLISME.

SÉQUENCE 1
SÉGUIN PARLE POLITIQUE.
(RICTUS CARNASSIER QU'AU RPR ON DOIT NOMMER SOURIRE)
VOA LA TÉLÉ
TRENTE-CINQ HEURES... BRMBLLL... VOUS AVEZ ENTENDU COMME MOI M. JOSPIN ... BRMBLLL... RECETTE MIRACLE... ÉLIXIR... ÇA SE SAURAIT... BRMBLL... COMME TOUS LES FRANÇAIS... EAU DE BOUDIN ... BRMBLLL... JE VAIS VOUS DONNER LE FOND DE MA PENSÉE...
TF1
JUGEMENT DU SPÉCIALISTE SUR LE MATCH FRANCE-ESPAGNE ?
TRÈS-TRÈS BON RÉSULTAT... L'ESPAGNE, ADVERSAIRE TRÈS-TRÈS REDOUTABLE ... BRMBLLL... J'AURAIS PRÉFÉRÉ À TOUT PRENDRE QU'ON LES BATTE LORS DE LA COUPE... BRMBLLL... JE ME RÉJOUIS DE CE QU'ON VOIE ENFIN QUE LE TANDEM ZIDANE-DJORKAEFF FONCTIONNE... BRMBLL ...JE L'AI TOUJOURS DIT...
SÉQUENCE 2
SÉGUIN PARLE FOOT. C'EST SÉRIEUX. (AIR GRAVE)
...entre deux sentences caverneuses, un râle sifflant venu des poumons. Le second souffle du gaullisme ?

INSÉCURITÉ AU LOUVRE
UN COROT VOLÉ
FAUDRA PAS S'ÉTONNER QUE LES PEINTRES VOTENT FRONT NATIONAL !

EXPULSÉ PAR PASQUA
EXPULSÉE PAR DEBRÉ
EXPULSÉ PAR CHEVÈNEMENT
LUZ

> N° 294 - 04.02.1998 - Bernar - Séguin > N° 307 - 06.05.1998 - Gébé - FN > N° 303 - 08.04.1998 - Luz - Expulsion

SONDAGE:
LE FN EST AU POUVOIR, TU FAIS QUOI?
1
2
3
FN
4
CHARB.

MAI 68:
«JOUISSEZ SANS ENTRAVES»
JE FINIS MON HERBE ET JE TE BROUTE LA PELOUSE.
RISS

BONJOUR! JE SUIS EVA JOLY!
LA PILULE ÉRECTIVE À PRENDRE UNE HEURE AVANT
JE VOUS ATTENDAIS!
C.

L'EFFET CLINTON
LE CNPF FUME DES CIGARES DANS LE BUREAU DE STRAUSS-KAHN
RASSUREZ-VOUS, RIEN DE SEXUEL!
LUZ

> N° 301 - 25.03.1998 - Charb - FN > N° 307 - 06.05.1998 - Riss - Mai 68 Chirac > N° 307 - 06.05.1998 - Cabu - Dumas Joly > N° 326 - 16.09.1998 - Luz - DSK

COURAGE, COMPAGNONS DU RPR !
cabu
LES PLUS BELLES FLEURS POUSSENT SUR DE GROS FUMIERS...

> N° 307 - 06.05.1998 - Cabu - RPR Sarkozy

JACK LANG:
AU RWANDA, LE COMPORTEMENT DE LA FRANCE A ÉTÉ EXEMPLAIRE.
MADEMOISELLE, VOTRE MOUCHOIR !
CHARB.

PRINTEMPS AU RWANDA.
LES MOIGNONS SONT EN FLEUR
CHARB.

CUBA
TAPIS ROUGE POUR LE PAPE
HONORÉ
Si le Che voyait ça...

KOSOVO:
LES SERBES MASSACRENT LE VILLAGE!
ILS VONT ATTIRER BHL, CES CONS!
CHARB.

SALMAN RUSHDIE N'EST PLUS MENACÉ DE MORT.
TU PEUX PEUT-ÊTRE SORTIR LES POUBELLES, MAINTENANT...
CHARB.

QUE FAIRE POUR LE SOUDAN?..
...REPRENDRE DES MERGUEZ!
cabu

NE DEMANDEZ PAS CE QUE L'AMÉRIQUE PEUT FAIRE POUR VOUS ...
...MAIS DEMANDEZ-VOUS CE QUE VOUS POUVEZ FAIRE POUR L'AMÉRIQUE
C.

CLINTON
VICTIME D'UN LYNCHAGE MÉDIATIQUE
RISS

MONICA
SOUS LE BUREAU
OVALE
RISS

Z'avez encore baissé votre froc devant Netanyahou !
Non, devant Monica !
HONORE

> N° 320 - 05.08 .1998 - Cabu - Monica > N° 326 - 16.09.1998 - Riss - Clinton > N° 320 - 05.08.1998 - Riss - Monica
> N° 293 - 28.01.1998 - Honoré - Clinton

PARITÉ AU KOSOVO
UN HOMME UNE BALLE

# 1999

## CHARLIE HEBDO

Nous étions des gamins sur le point de passer à l'âge adulte. On se souvient des campagnes de communication qui devaient nous préparer, nous, pauvres néandertaliens du xx^e^ siècle, au passage à l'euro. Des profs de maths barbus étaient invités sur les plateaux pour nous rappeler les bases du calcul mental. Un spot mettait en scène une gamine qui nous abreuvait de consignes idiotes : pour pas se mélanger les pinceaux, il faut mettre ses euros dans sa poche droite et ses francs dans sa poche gauche. On était censés être plus tétanisés par le changement de monnaie que des poilus sur le point de monter au front. Des calculettes qui convertissaient les francs en euros ont été abondamment distribuées aux foules inquiètes. Des fabricants chinois ont dû faire des fortunes en dollars en vendant ces merdes en plastoc. Et puis il y avait le kit en euros qu'il fallait aller chercher à la banque pour se familiariser avec ces nouvelles pièces. Dans une pochette transparente, 15 euros en petite monnaie, l'équivalent de 100 francs. Il fallait les tripoter, regarder les pièces de 2 euros au fond des yeux, leur parler, les embrasser, les câliner, elles allaient nous aider à entrer dans un monde nouveau. Le monde nouveau est arrivé : le demi de bière au comptoir frôle les 20 francs. Le monde nouveau est arrivé : aujourd'hui, les numismates collectionnent les euros grecs. En spéculant sur cette monnaie en voie de disparition, on pourra peut-être payer une tournée à la santé du premier peuple européen lâché par l'Europe. En espérant que son gouvernement lui épargne le kit de drachmes toutes neuves.

Foire aux armes à Tucson, Arizona. REPORTAGE
CHARLIE HEBDO
DOUBLE ÉTIQUETAGE POUR LES LÉGUMES
EN CORSE 2F
À PARIS 200000F
cabu

MONSIEUR DELON, ÊTES-VOUS POUR L'EURO?
NON, MOI JE SUIS POUR LE FRANC SUISSE!

TINTIN A 70 ANS
GRÂCE AU VIAGRA...
...J'ENCULE MILOU COMME À 20 ANS!

FOULARD À L'ÉCOLE
Si ça continue...
Présente!

15,2449017 EUROS LA PIPE, 30,4898034 EUROS L'AMOUR
ET VOUS CONVERTISSEZ À LA DÉCIMALE INFÉRIEURE?

> N° 342 - 06.01.1999 - Cabu - Delon euro > N° 343 - 13.01.1999 - Riss - Tintin > N° 343 - 13.01.1999 - Honoré - Foulard
> N° 342 - 06.01.1999 - Luz - Euros

VOILE ISLAMIQUE...
CRAVATE MORMONE...
CHAUSSETTES BOUDDHISTES...
SLIP HINDOU...
COURONNE CHRÉTIENNE...
FINISSONS-EN!
POUR UN ENSEIGNEMENT LAÏQUE ET À POIL.

MINES ANTIPERSONNEL
NE JETEZ PAS VOS JAMBES ARRACHÉES!

ABSTENTION RECORD EN CORSE.
TIGNOUS

SANG CONTAMINÉ
NOUS, LE SANG IMPUR, ON EN ABREUVE LES SILLONS!

> N° 343 - 13.01.1999 - Willem - Laïcité > N° 350 - 03.03.1999 - Willem - Mines > N° 351 - 10.03.1999 - Tignous - Corse
> N° 347 - 10.02.1999 - Cabu - Sang

VILLAGES INCENDIÉS...
VIOLS EN MASSE, CADAVRES DÉCAPITÉS...
...ENFANTS ASSASSINÉS, LES YEUX ARRACHÉS...
...DES CENTAINES DE MILLIERS DE RÉFUGIÉS AFFAMÉS ET ÉPUISÉS...
...DES VILLES ÉCRASÉES... LA GUERRE...
...DES BLESSÉS HURLANTS SOUS LES RUÏNES...
JE VOUS SOUHAITE UNE EXCELLENTE SOIRÉE, BONSOIR.
SA NOUVELLE COIFFURE EST DÉCÉVANTE.
Willem

PUB
TIGNOUS

IL Y A 30 ANS
LES HOMMES SUR LA LUNE !
ET LES FEMMES TOUJOURS À LA CUISINE !
RISS

ON A DÉCOUVERT LE GÈNE DE LA FIDÉLITÉ
CHARB.

TUNNEL DU MONT-BLANC
C'EST LES DIABÉTIQUES QUI SONT LE PLUS DURS À DÉTACHER...
CHARB.

> N° 380 - 29.09.1999 - Tignous - Pub > N° 370 - 21.07.1999 - Riss - Hommes Femmes > N° 375 - 25.08.1999 - Charb - Télé > N° 354 - 31.03.1999 - Charb - Mont-Blanc

Faut-il
Comme à
de mauvais
Et faut pas oublier le bug !
Réchauffement de la planète.
Pollution des
Déboisement des montagnes (avalanches)
Déréglementation du transport aérien.
Centrales nucléaires de l'Est.
Pas de panique, ce n'est pas un changement de date qui va empêcher la Terre de tourner !
La vie continue...
HONORÉ

ir peur de l'an 2000?
hangement de millénaire, les prophètes
roliférent, promettant l'apocalypse à la
portée de tous.
Maladie de
Creutzfeldt
Jakob.
Résistance des virus.
Frappes "chirurgicales"
américaines.
Organismes génétiquement
modifiés.
Manipulations
génétiques.

EUROPÉENNES
LES CHASSEURS FONT UN CARTON
LUZ

JOURNÉE SANS VOITURES
JE TIENDRAI JAMAIS..
CHARB.

PUTAIN D'SA RACE! IL A UN PITBULL LACOSTE!
CHARB.

30 MILLIONS DE PORTABLES EN 2002

> N° 365 - 16.06.1999 - Luz - Chasseurs > N° 379 - 22.09.1999 - Charb - Voitures > N° 354 - 31.03.1999 - Charb - Lacoste
> N° 372 - 04.08.1999 - Charb - Portables

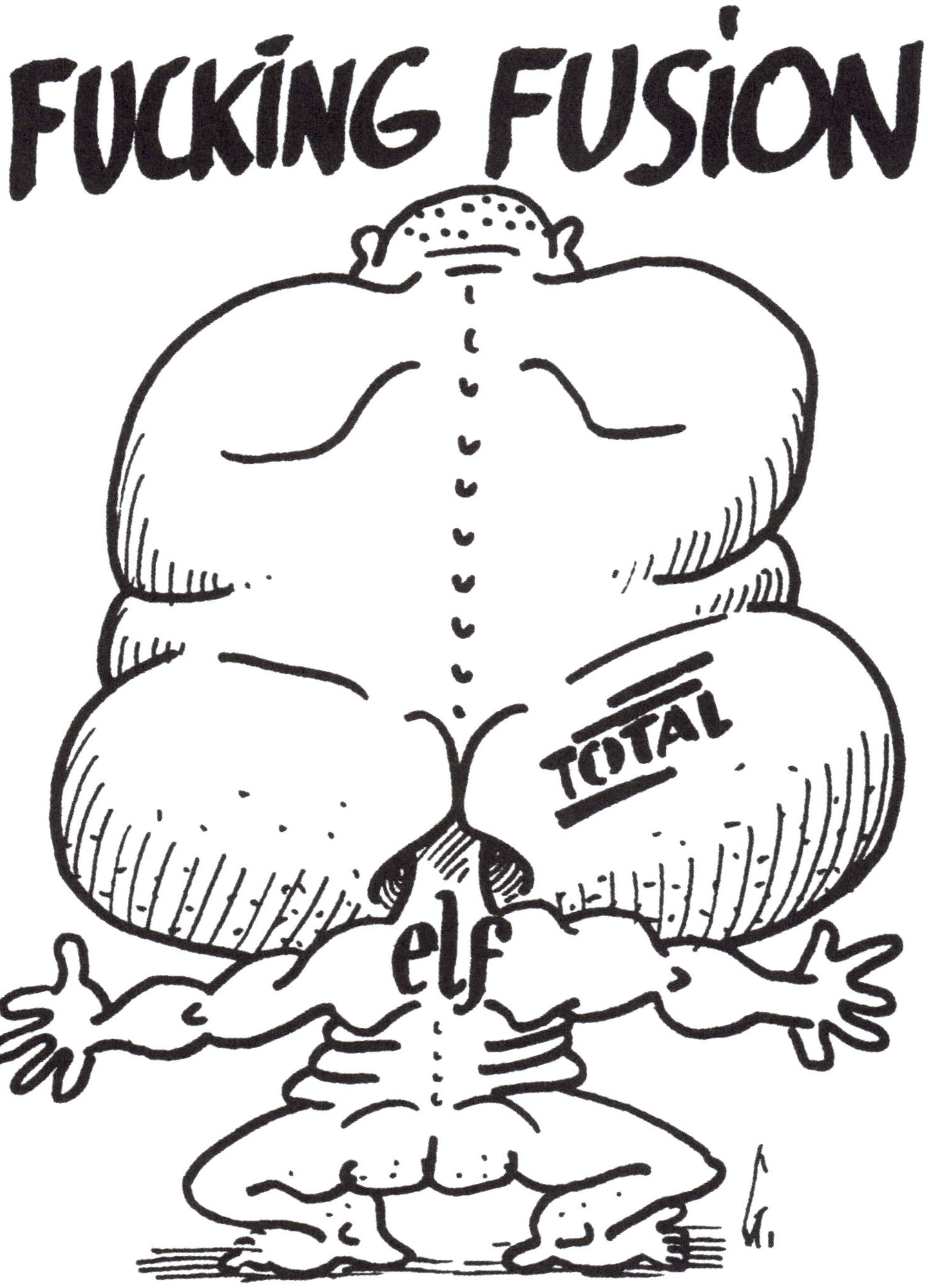
FUCKING FUSION
TOTAL
elf

LA PILULE DU LENDEMAIN ENTRE AU LYCÉE
SAALOPE!
DÉPRAVÉE!
LUZ

LE ROI DES NUITS PARISIENNES EST MORT
CASTEL
DESOLÉ, MAIS C'EST UNE SOIRÉE PRIVÉE.
LUZ

6 MILLIARDS D'HUMAINS
QU'ILS Y VIENNENT!

JÉSUS-CHRIST ENTRE DANS LE GUINNESS-BOOK DES RECORDS :
2000 ANS SANS SE GRATTER LES COUILLES!

> N° 375 - 25.08.1999 - Gébé - Fusion Elf > N° 390 - 08.12.1999 - Luz - Pilule > N° 380 - 29.09.1999 - Luz - Castel
> N° 382 - 13.10.1999 - Gébé - Humains > N° 393 - 29.12.1999 - Riss - Jésus

Le siècle des ENFANTS GÂTÉS
Tous les Noëls on se décarcasse pour leur faire plaisir en les couvrant de cadeaux, mais ils ne sont jamais contents. SALES GOSSES !!
NOËL 1942
Un train électrique pour la petite Anne Frank :
J'EN AI DÉJÀ UN !
NOËL 1970
Un ballon de foot pour les petits Biafrais :
J'EN AI DÉJÀ UN !
NOËL 1945
Un micro-ondes pour les enfants de Hiroshima :
J'EN AI DÉJÀ UN !
NOËL 1975
Un hamster pour l'enfant du placard
J'EN AI DÉJÀ UN !
NOËL 1978
Des rollers pour les petits Cambodgiens :
J'EN AI DÉJÀ UNE PAIRE !
NOËL 1979
Une dînette pour les enfants mangés par Bokassa :
J'EN AI DÉJÀ UNE !
NOËL 1988
Des boules puantes pour les enfants kurdes :
MINES
MINES
J'EN AI DÉJÀ !
GAZ
NOËL 1986
Une lampe halogène pour les enfants de Tchernobyl :
J'EN AI DÉJÀ UNE !
NOËL 1989
Une machine à coudre pour les enfants de Timisoara :
J'EN AI DÉJÀ UNE !
RICARD
NOËL 1990
Une tétine pour les enfants de Bangkok :
J'EN AI DÉJÀ UNE !
NOËL 1992
Un paquet de Chamallow pour les enfants myopathes
J'EN AI DÉJÀ !
NOËL 1999
Une console de jeux Nintendo pour les enfants contaminés par l'encéphalite :
J'EN AI DÉJÀ UNE !
RISS

> N° 392 - 22.12.1999 - Riss - Enfants gâtés

FRONTS NATIONAUX:
LE TRIBUNAL N'A PAS TRANCHÉ.
VU À LA TÉLÉ
phrasé lepénien
IL EST ÉVIDENT QUE C'EST UNE GUERRE, PAR CONSÉQUENT C'ÉTAIT UNE PREMIÈRE BATAILLE QUE NOUS AURIONS GAGNÉE, N'EST-CE PAS, SI LA JUSTICE ENCORE UNE FOIS N'AVAIT ÉTÉ SOURDE ET AVEUGLE ... EH BIEN NOUS IRONS AU FOND ET ENGAGERONS UNE BATAILLE JUDICIAIRE LOURDE...
Marine LE PEN
NOUS NOUS RÉUNIRONS COMME NOUS LE SOUHAITONS SOUS LE SIGLE F.N.
FRANCE 2, LE "VINGT HEURES", VENDREDI 15 JANVIER.
Commentaire de France 2 :
« SANS OUBLIER LES ANCIENS RÉSISTANTS COMMUNISTES DU FRONT NATIONAL QUI REVENDIQUENT AUSSI CE NOM.
EN ATTENDANT, LE FRONT APPARTIENT À TOUT LE MONDE : UNE BELLE PAGAILLE EN PERSPECTIVE ! »
SUR TF1, MÊME HEURE, PAS D'ANCIENS RÉSISTANTS...
C'EST UNE DÉFAITE POUR M. LE PEN ET UNE VICTOIRE POUR M. MÉGRET. NOUS ALLONS CONTINUER À UTILISER LA FLAMME DU F.N.
LE FRONT A DES ORGANES DIRIGEANTS, UN PRÉSIDENT, PAR CONSÉQUENT TÔT OU TARD, SI JE PUIS ME PERMETTRE, EH BIEN TÔT OU TARD CEUX QUI UTILISENT FRAUDULEUSEMENT CE NOM SERONT SANCTIONNÉS CIVILEMENT OU PÉNALEMENT...
bernar

JOSPIN ET LE NUCLÉAIRE :
C'EST PAS DANGEREUX. ALLÈGRE M'A TOUT EXPLIQUÉ !
-RISS-

MARÉE NOIRE
MERCI TOTAL

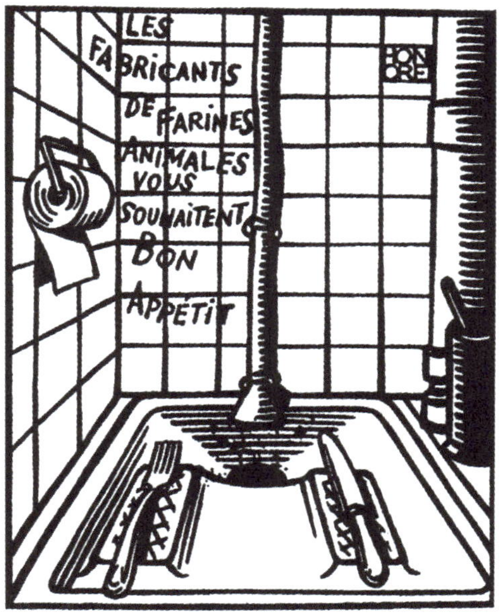
LES FABRICANTS DE FARINES ANIMALES VOUS SOUHAITENT BON APPETIT

MAL-BOUFFE
MANGE PAS AVEC TES DOIGTS ! PRENDS LE PAPIER CUL !
BAF !
CHARB.

DEPARDIEU JOUE BALZAC
FAUT-IL INTERDIRE LES FARINES ANIMALES ?

> N° 344 - 20.01.1999 - Bernar - Marine Le Pen > N° 376 - 01.09.1999 - Riss - Jospin nucléaire > N° 392 - 22.12.1999 - Gébé - Marée noire > N° 365 - 16.06.1999 - Honoré - Farines - > N° 380 - 29.09.1999 - Charb - Malbouffe > N° 376 - 01.09.1999 - Cabu - Depardieu Farines

2010.
TENEZ, MADAME, VOILÀ VOTRE SAC, ET RENTREZ VITE CHEZ VOUS.
MERCI, MONSIEUR L'AGENT
ET BRAVO!
POLICE
AVANT L'AN 2000, ON AURAIT APPELÉ ÇA UNE BAVURE. AUJOURD'HUI, C'EST LA RÈGLE.
EN 2010, LA MORGUE A REMPLACÉ LA PRISON.
POLICE
QUEL TYPE!
ON A DE LA CHANCE DE L'AVOIR, CELUI-LÀ!
J'AI BESOIN DE VOUS
PRÉSIDENT SARKOZY
POLICE
MONSIEUR LE PRÉSIDENT, COMMENT EXPLIQUEZ-VOUS VOTRE RÉUSSITE EXCEPTIONNELLE?
C'EST SIMPLE. J'AI TOUJOURS DIT CE QUE LES GENS AVAIENT ENVIE D'ENTENDRE.
EN 1999, LA DROITE ÉTAIT UN CHAMP DE RUINES, PARCE QU'ELLE N'OSAIT PAS ÊTRE DE DROITE. JE L'AI DÉCOMPLEXÉE, RANGÉ LA CROIX DE LORRAINE AU MUSÉE. RÉCUPÉRÉ LES ÉLECTEURS DU FN. NOUS AVONS GAGNÉ LES ÉLECTIONS EN 2002, DEVANT UNE GAUCHE DIVISÉE. LES FRANÇAIS EN AVAIENT MARRE DE LA DÉLINQUENCE, DU CHÔMAGE ET DU SOCIALISME. J'AI RINGARDISÉ CHIRAC ET J'AI PRIS SA PLACE.
ÊTES-VOUS UN CYNIQUE?
BIEN SÛR! JE SUIS EXACTEMENT CE QUE TOUT LE MONDE PENSE DE MOI. UN OPPORTUNISTE, UN AMBITIEUX ET UN CONSERVATEUR. ET JE M'EN VANTE!
LORSQUE JE DIS AUX FRANÇAIS: «J'AI BESOIN DE VOUS», ÇA VEUT DIRE: «VOUS AVEZ BESOIN DE MOI»
LES FEMMES AU FOYER, LES IMMIGRÉS DEHORS, LES ENTREPRISES AUTORISÉES À LICENCIER LIBREMENT ET LE CHÔMAGE EST DESCENDU À 4%. LA BAISSE DES IMPÔTS A FAIT GRIMPER LA CONSOMMATION. LA TOLÉRANCE ZÉRO A FAIT DISPARAÎTRE L'INSÉCURITÉ.
ÊTES-VOUS UN DICTATEUR?
SI VOUS VOULEZ. JE N'AI PAS PEUR DES MOTS. ARRIVÉ AU POUVOIR, J'AI DEMANDÉ UNE MODIFICATION DE LA CONSTITUTION. IL N'Y A PLUS DE MATIGNON. LE PRÉSIDENT EST EN MÊME TEMPS PREMIER MINISTRE. PLUS D'AMBIGUÏTÉ, NI DE COHABITATION!
J'AI TOUJOURS ADMIRÉ LES USA. MAIS JE RESTE UN RÉPUBLICAIN. IL Y A TOUJOURS DEUX CHAMBRES. DES ÉLECTIONS...
C'EST UN SYSTÈME À L'AMÉRICAINE!
VOUS FAITES PEUR À CERTAINS.
IL Y A UNE ÉPOQUE POUR TOUT. AVANT DE FAIRE PEUR, J'AI FAIT SOURIRE...
ICI, SAL LOOPE, DE CNN
VOUS VENEZ DE VOIR UNE INTERVIEW EXCLUSIVE DU PRÉSIDENT SARKOZY. MERCI, MONSIEUR LE PRÉSIDENT
C'EST MOI QUI VOUS REMERCIE.
WOLINSKI

SARKOZY S'EXPRIME:
MON PROGRAMME: LÉCHER LE CUL DU PRÉSIDENT.
WOLINSKI

Strauss-Kahn s'est retiré

ÉJACULATEUR PRÉCOCE!
cabu

ALLIOT-MARIE, LA TERREUR R.P.R.

> N° 358 - 28.04.1999 - Wolinski - Sarkozy président > N° 358 - 28.04.1999 - Wolinski - Sarkozy > N° 387 - 17.11.1999 - Cabu - DSK > N° 392 - 22.12.1999 - Willem - Alliot-Marie

PARITÉ AU KOSOVO
UN HOMME UNE BALLE

LES SERBES APPRENNENT À L'OTAN À NE PAS RATER LEUR CIBLE :
TOUJOURS ENTRE LES DEUX YEUX.
RISS

À QUAND LA GUERRE TERRESTRE ?
DÈS QU'ON TROUVE DES PORTEURS...
CHARB

INTERVENTION AU SOL
CHARB.

> N° 353 - 24.03.1999 - Gébé - Kosovo > N° 360 - 12.05.1999 - Riss - Serbes > N° 354 - 31.03.1999 - Charb - Guerre
> N° 355 - 07.04.1999 - Charb - Intervention

RAYONNEMENT DE LA LANGUE FRANÇAISE
AÏE [aj] interj. — 1473. INTERJECTION EXPRIMANT LA DOULEUR, et par Ext. UNE SURPRISE DÉSAGRÉABLE
CHARB.

MARS OU GROZNY ?
EN PANNE

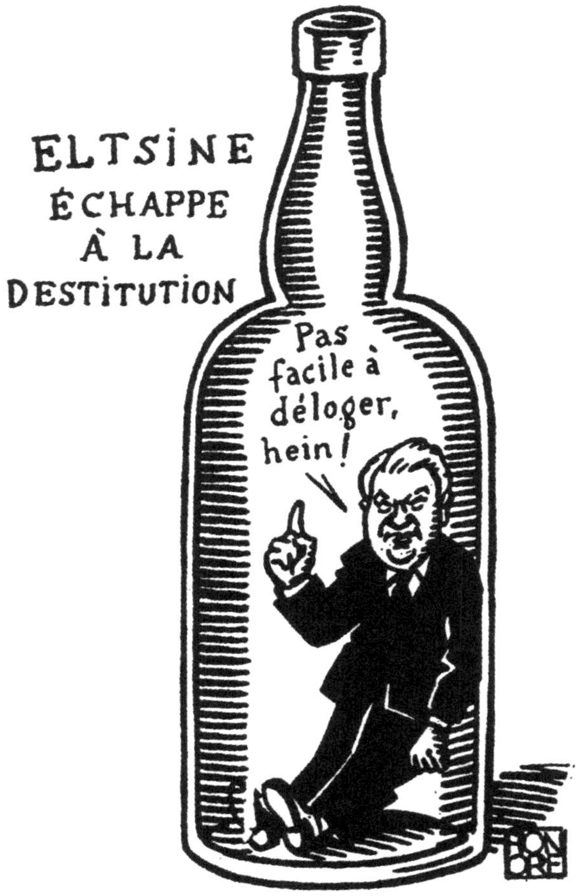
ELTSINE ÉCHAPPE À LA DESTITUTION
Pas facile à déloger, hein !

Disparitions
5
ALBRIGHT
AMERICA'S #1
OSAMA BIN LADEN DÉCÉDÉ DANS UNE PORCHERIE CLANDESTINE
Coke

> N° 377 - 08.09.1999 - Charb - Francophonie > N° 390 - 08.12.1999 - Gébé - Grozny > N° 361 - 19.05.1999 - Honoré - Eltsine
> N° 354 - 31.03.1999 - Willem - Ben Laden

TIENS !... ELTSINE LIMOGE ENCORE UN PREMIER MINISTRE ...!
Bernar.

CONGÉLATEURS EN PANNE
FAUT TOUT JETER !
XXe SIÈCLE
C.

# 2000

## CHARLIE HEBDO

Si je vous dis : "encore une réunion pour rien", vous me répondez… Conférence sur le réchauffement climatique à La Haye, oui ! D'ailleurs, si l'on crie "Écologie !" au sommet d'une montagne, que répond invariablement l'écho ? "Éééééééchееeeeeeec !" À quoi servent les réunions internationales où des dirigeants dépressifs discutent du moyen de repousser la fin du monde d'un quart d'heure ? À augmenter les émissions de $CO_2$. Eh oui, tous ces cons sont venus en avion pour constater qu'ils n'étaient pas d'accord sur les mesures à mettre en œuvre pour empêcher leurs industriels d'achever l'humanité. Bonjour le bilan carbone...

CHARLIE HEBDO
10F
CAVANNA REFUSE L'ABSOLUTION AUX TORTIONNAIRES
LA HAYE : L'AMÉRIQUE A GAGNÉ
J'ACHÈTE VOTRE PERMIS DE POLLUER !

Et de toute façon, quelle humanité voudrait survivre à la suppression de la clim dans les bagnoles ? La mort plutôt que de renoncer à un poil de confort ! Six milliards de kamikazes terroristes pilotent une planète qu'ils veulent écraser sur… Sur quoi on veut l'écraser, la planète ? On n'a pas encore trouvé. Ce qui fait la supériorité des kamikazes islamistes sur les kamikazes ordinaires. Les kamikazes islamistes, eux, ils ont une cible. L'explosion qui dispersera membres et tripes, ils s'en réjouissent à l'avance, ils s'en lèchent les babines, du barbecue final, les barbus. Nous, non. Nous, on chie dans notre froc. On se suicide, mais on ne veut pas mourir. On ne veut pas mourir, et ça tombe bien, on ne mourra pas ! En tout cas, pas dans une apocalyptique fin du monde. On mourra Alzheimer à la résidence médicalisée Les Glaïeuls, comme papy. Ce sont nos enfants qui devront lécher des cailloux pour étancher leur soif. Ce sont eux que la fournaise d'un mois de décembre lyophilisera. La planète a bien encore cinquante ans d'espérance de vie, merde ! Ça nous suffit. Cinquante ans à bouffer des petits-fours aux conférences sur le réchauffement climatique, il y a pire comme fin…

Me VARAUT
ET PAPON
MGR
GAILLOT
ET JEAN-PAUL 2
MONICA ET
CLINTON
CEUX QU'ON AIMERAÏT NE
LE PEN ET
JÖRG
HAIDER
RAINIER
ET SON
FILS
MILOSEVIC ET
UNE AMIE

> N° 394 - 05.01.2000 - Cabu - XXIe siècle

ILS SONT 20 MILLIONS EN FRANCE
FAUT-IL STÉRILISER LES PORTABLES ?
BIDIBIP
BIDIBIDIP
BIDI BIDIP
BIDI BIDIP
BIDI BIDIP
LUZ.

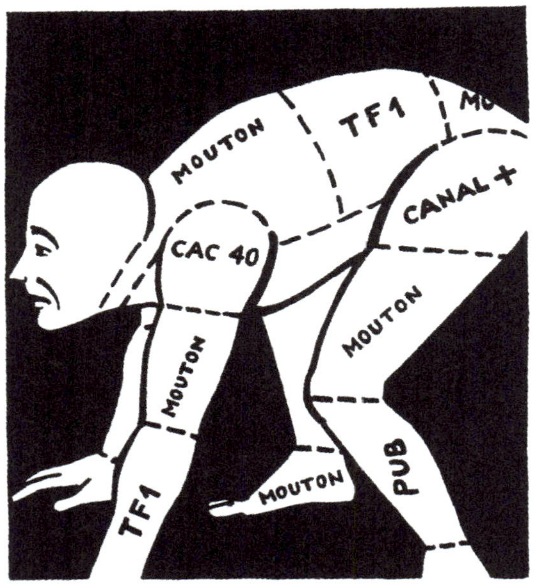
MOUTON
TF1
CANAL +
CAC 40
MOUTON
MOUTON
MOUTON
PUB
TF1

« LE XXIe SIÈCLE SERA MYSTIQUE OU NE SERA PAS »
MALRAUX N'AURAIT JAMAIS PRONONCÉ UNE TELLE PHRASE...
...ET POURTANT LES FANATIQUES DU MONDE ENTIER S'ALIGNENT SUR CE SLOGAN IDIOT. DERNIER EN DATE, LE TIMOR, QUI ORGANISE DES COMBATS DE GRENOUILLES
... DE BÉNITIER ENTRE MUSULMANS ET CATHOLIQUES.

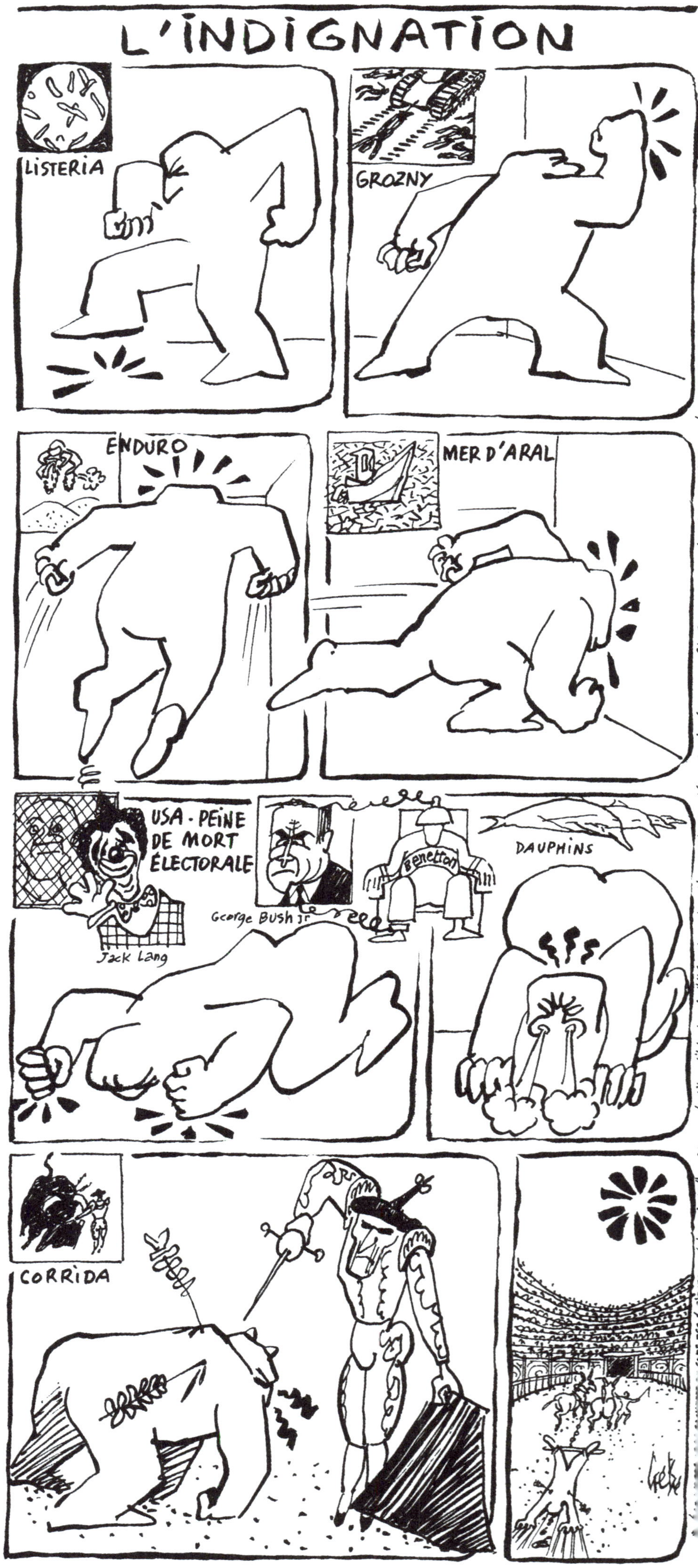
L'INDIGNATION
LISTERIA
GROZNY
ENDURO
MER D'ARAL
USA - PEINE DE MORT ÉLECTORALE
George Bush Jr
Jack Lang
Benetton
DAUPHINS
CORRIDA

> N° 395 - 12.01.2000 - Luz - Portables > N° 396 - 19.01.2000 - Honoré - Télé > N° 397 - 26.01.2000 - Cabu - Religions
> N° 402 - 01.03.2000 - Gébé - Indignation

LA TERRE VUE DU CIEL
J'ADORE REGARDER VERS LE CIEL.
TU ME MARCHES SUR LES PIEDS, CONNARD!
BOF!
MONSIEUR, VOTRE FEMME FROTTE SON VENTRE CONTRE LE MIEN EN RESPIRANT TRÈS FORT.
EXCUSEZ-MOI. JE ME SENS SI SEUL.
PLEASE, TELL ME WHERE IS THE BRITISH EMBASSY?
VOUS PUEZ DU BEC
JE SAIS. ELLE SUIT UN TRAITEMENT POUR ÇA
JE N'EN PEUX PLUS. IL FAUT QUE JE FASSE PIPI
VAS-Y PERSONNE NE REGARDE
AÏE!
ARRÊTEZ-LE!
JE ME SENS MOINS COINCÉ DEPUIS QUE J'AI ABANDONNÉ LA CRAVATE.
C'EST DANS LA TÊTE QU'ELLE EST, TA CRAVATE.
AU VOLEUR!
BOURSE
ÇA BOUGE!
C'EST VIVANT!
IL EST FOU, CELUI-LÀ
MES DESSOUS NE REGARDENT QUE MOI.
NE POUSSEZ PAS!
MOI AUSSI, MON SLIP NE REGARDE QUE MOI
POUSSEZ-VOUS, POLICE!
INSPECTEUR MASSONI. CETTE AFFAIRE NE CONCERNE QUE MOI
MAIS ENFIN, POURQUOI L'AVEZ-VOUS POIGNARDÉ?
IL M'A MAL REGARDÉ.
JE SUIS TÉMOIN. IL L'A MAL REGARDÉ
C'EST UNE FOULE NON FUMEUR, ICI, MONSIEUR
VITE, UN MÉDECIN!
LES GENS HEUREUX, ÇA ME TOUCHE.
JE SUIS FOLLE DE TOI.
VOTRE PIT-BULL M'A MORDU LA QUEUE
ON L'A STÉRILISÉ CE MATIN, ALORS IL SE VENGE.
TU PEUX PARLER JE SUIS SEUL
RTL A VIRÉ BOUVARD
D'APRÈS LES ORGANISATEURS, ON EST 58 MILLIONS
QU'EST-CE QU'ON VA ÉCOUTER DANS LES TAXIS?
JE T'AIME, MAIS CE N'EST PLUS COMME AVANT
LE BAIN DE FOULE, IL N'Y A RIEN DE MIEUX POUR LE CORPS.
C'EST HYDRO-MASSANT
SI TU VEUX PERDRE 4 KG, T'AS QU'À BAISER!
C'EST JUSTEMENT POUR BAISER QUE JE VEUX LES PERDRE
J'AIME MIEUX ÇA QU'UNE NOIRE JOUANT LE RÔLE DE CLAIRE CHAZAL!
NON À LA DISCRIMINATION RACIALE
QUEL SCANDALE, UNE NOIRE JOUANT LE RÔLE DE JEANNE D'ARC!
OÙ ALLEZ-VOUS EN VACANCES CETTE ANNÉE?
À CUBA OU AU VIETNAM
LÀ-BAS, ON NE RISQUE RIEN!
POURQUOI LES NÉGOCIATIONS N'ABOUTISSENT-ELLES PAS?
LE CHEF DES RAVISSEURS EXIGE QUE CHIRAC LUI REMETTE LA LÉGION D'HONNEUR.
JE ME SENS SI SEUL.
PUIS-JE VOUS TENIR LA BITE?
WOLINSKI

LOLA FERRARI MORTE DANS SON SOMMEIL

WWW. printemps.
FLEUR
JOLIE
POÉTIQUE
QUELLE TRISTESSE!

LE 3e SECRET DE FATIMA
C'EST UNE FAUSSE BLONDE
CHARB.

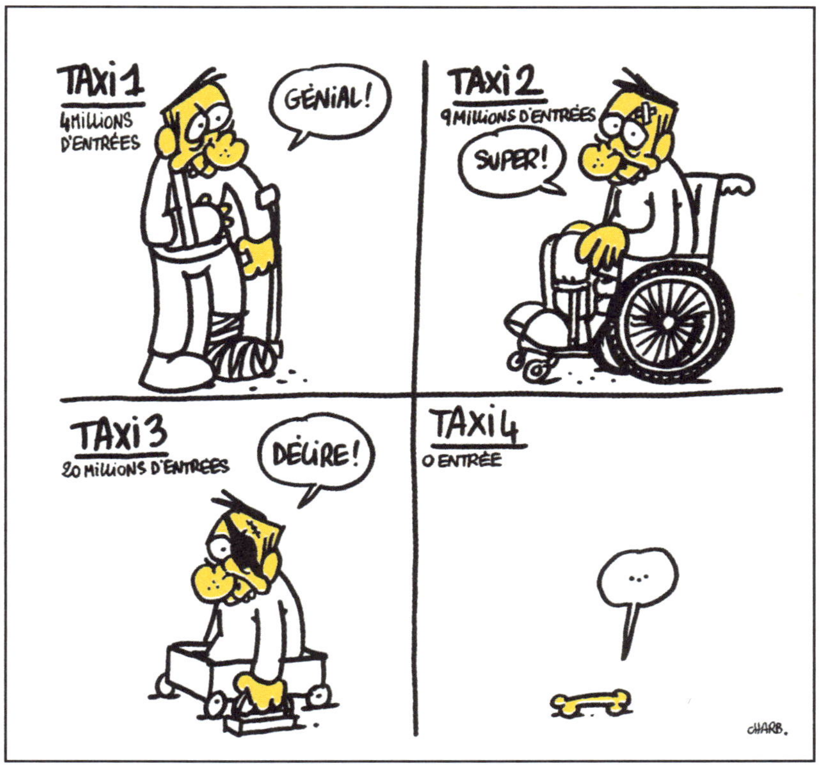
TAXI 1
4 MILLIONS D'ENTRÉES
GÉNIAL!
TAXI 2
9 MILLIONS D'ENTRÉES
SUPER!
TAXI 3
20 MILLIONS D'ENTRÉES
DÉLIRE!
TAXI 4
0 ENTRÉE
...
CHARB.

> N° 414 - 24.05.2000 - Wolinski - La Terre > N° 403 - 08.03.2000 - Willem - Lolo Ferrari > N° 405 - 22.03.2000 - Gébé - Internet
> N° 413 - 17.05.2000 - Charb - Pape > N° 414 - 24.05.2000 - Charb - Taxi 2

RAPPORT DES PARLEMENTAIRES SUR LES PRISONS
ON VEUT PAS Y ALLER.
CHARB.

1 PRISONNIER SE SUICIDE, TOUS LES 3 JOURS !
ON NE COMPTE PLUS LES JOURS COMME AVANT !
TIGNOUS

LUZ

DEVENEZ RICHE !
PHOTOGRAPHIEZ DES CONCORDE EN FLAMMES
PÉPÉ, À TROIS, TU SAUTES !
LUZ

> N° 421 - 12.07.2000 - Charb - Prison > N° 424 - 02.08.2000 - Tignous - Prison > N° 425 - 09.08.2000 - Luz - Pitbull
> N° 424 - 02.08.2000 - Luz - Concorde

LE DALAÏ-LAMA VA-T-IL ENFIN S'IMMOLER ?
J'ATTENDS QUE L'ESSENCE BAISSE !
RISS

LES FRANÇAIS LES PLUS POPULAIRES
SUPER
1
2
3
C.

FIÈVRE PORCINE À LONDRES
FIÈVRE CUL-BÉNIT À ROME
RISS
LA MALBOUFFE ENVAHIT L'EUROPE !

PAUVRES DE TOUS LES PAYS, UNISSEZ-VOUS !!

> N° 428 - 30.08.2000 - Riss - Dalaï-lama > N° 431 - 20.09.2000 - Cabu - Populaires > N° 426 - 16.08.2000 - Riss - Malbouffe
> N° 428 - 30.08.2000 - Riss - Pauvres

VIRENQUE DANS 10 ANS...
Festina
ALLEZ VIRENQUE
VIRENQUE

UN TOUR SANS EPO

L'EPO INOFFENSIF ?
À PART LES MIGRAINES, ÇA VA !

L'AUTOMOBILE RESPONSABLE DU RECHAUFFEMENT DE LA TERRE
IL EST URGENT DE FAIRE DU VÉLO !

> N° 437 - 31.10.2000 - Cabu - Virenque > N° 420 - 05.07.2000 - Charb - EPO > N° 437 - 31.10.2000 - Riss - EPO
> N° 430 - 13.09.2000 - Willem - Réchauffement

UN AMÉRICAIN PRODUIT 3 FOIS PLUS DE GAZ À EFFET DE SERRE QU'UN FRANÇAIS
TIGNOUS

APRÈS LE NAUFRAGE DE L'ÉRIKA:
PLAGE NUDISTE
CHARB.

HONORÉ
DÉCHARGE

1er NOËL SANS LE BŒUF!
MEUH!
RISS.

> N° 440 - 22.11.2000 - Tignous - Effet de serre > N° 417 - 14.06.2000 - Charb - Erika > N° 438 - 08.11.2000 - Honoré - Décharge > N° 438 - 08.11.2000 - Riss - Bœuf

LE VIRUS DU SIDA SE PORTE BIEN:
JE REVIENS D'AFRIQUE: J'AI ATTRAPÉ UNE CHAUDE-PISSE!
RISS

LISTÉRIOSE:
QUE PEUT-ON ENCORE BOUFFER SANS AVOIR LA CHIASSE?
GNONF GLEUF BLU
CHARB.

LE CANCER DE L'UTÈRUS MAL DÈPISTÈ
CHERCHE!
CHARB.

L'AFRIQUE N'AURA PAS LA COUPE DU MONDE
ILS ONT LE SIDA, PEUVENT PAS TOUT AVOIR
FIFA

> N° 421 - 12.07.2000 - Riss - Sida > N° 401 - 23.02.2000 - Charb - Listériose > N° 408 - 12.04.2000 - Charb - Utérus
> N° 421 - 12.07.2000 - Gébé - Afrique sida

TCHERNOBYL :
MESSE ANNIVERSAIRE
CECI EST MON CORPS...
CECI EST MON SANG...
CECI EST MA THYROÏDE
Jul.

LE PRINTEMPS À TCHERNOBYL
TOI, TU AS DÉJÀ REÇU, MAINTENANT C'EST À TON TOUR !
KAMAGURKA

## Inauguration de la place de la Commune

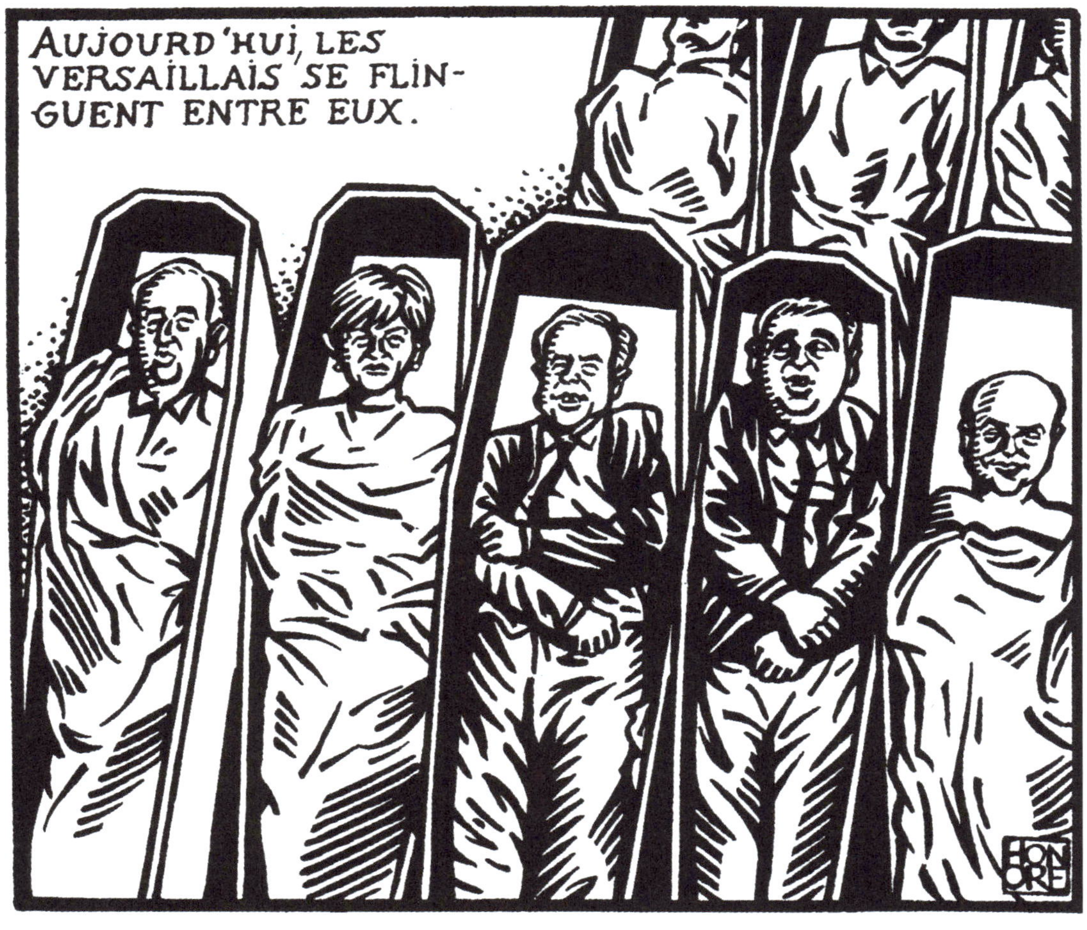
AUJOURD'HUI, LES VERSAILLAIS SE FLINGUENT ENTRE EUX.
HONORÉ

CONGÉLATEURS EN PANNE
FAUT TOUT JETER !
XXe SIÈCLE
C.

> N° 411 - 03.05.2000 - Jul - Tchernobyl > N° 414 - 24.05.2000 - Kamagurka - Tchernobyl > N° 410 - 26.04.2000 - Honoré - Versaillais
> N° 394 - 05.01.2000 - Cabu - Chirac

LA BASTILLE
SACCAGE
OU
DÉMONTAGE?
cabu

QUAND LA CORSE S'ÉVEILLERA...
...LE MONDE ENTIER S'EN FOUTRA!
C.

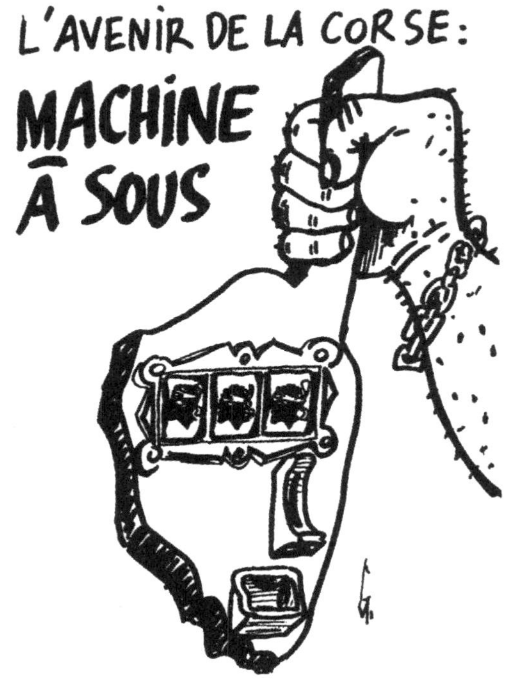
L'AVENIR DE LA CORSE:
MACHINE
À SOUS

121 EXÉCUTIONS CAPITALES AU TEXAS
JE BÂTIRAI
MON EMPIRE SUR
UN MONCEAU DE
CADAVRES !
G.W. BUSH
cabu

> N° 420 - 05.07.2000 - Cabu - Bové > N° 422 - 19.07.2000 - Cabu - Corse > N° 425 - 09.08.2000 - Gébé - Corse > N° 404 - 15.03.2000 - Cabu - Bush

SELON LES MÉDECINS, SON ÉTAT DE SANTÉ NE LE PERMETTRAIT PAS...

# 20 BONNES RAISONS DE NE PAS JUGER PINOCHET

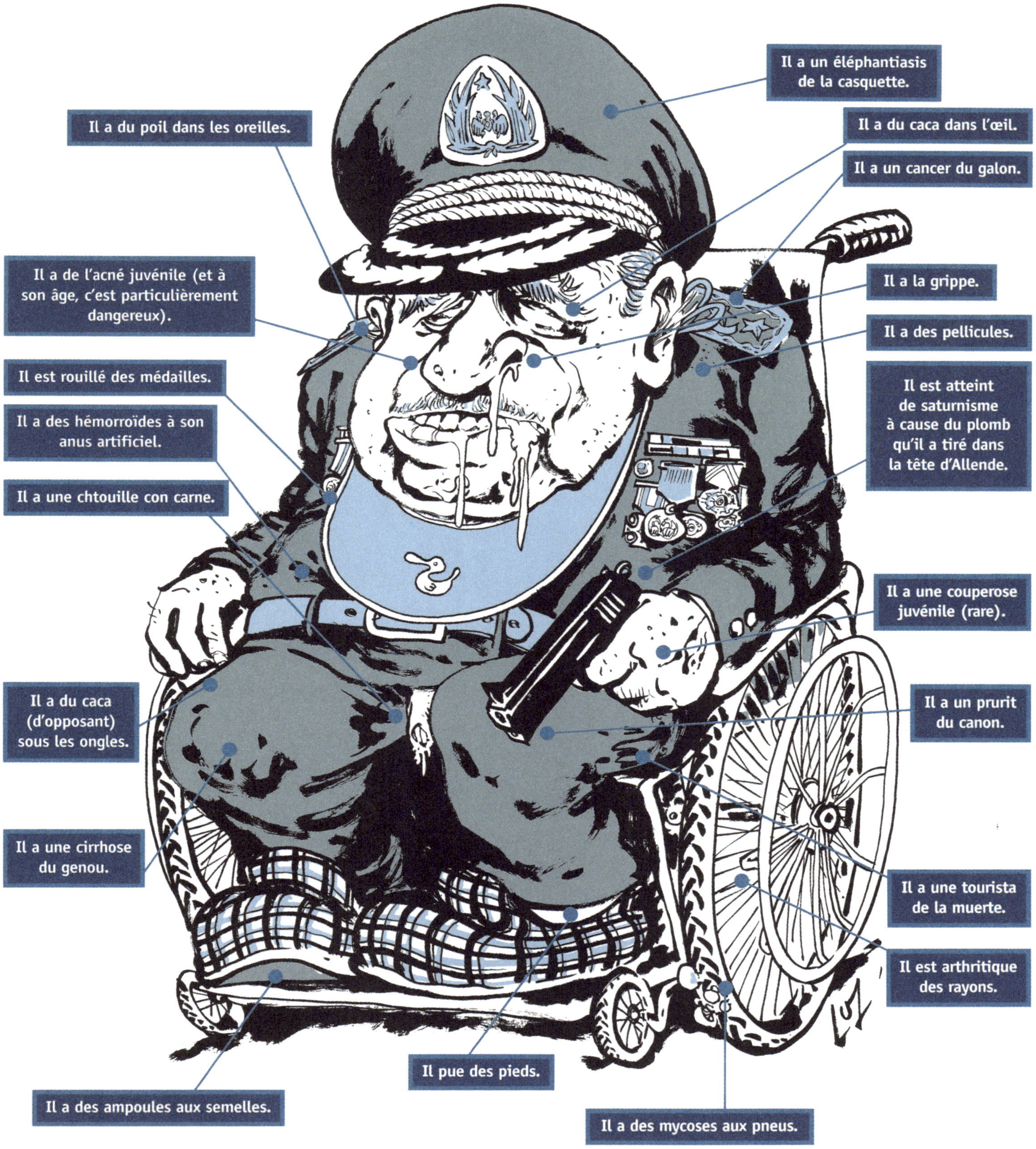

Il a un éléphantiasis de la casquette.
Il a du poil dans les oreilles.
Il a du caca dans l'œil.
Il a un cancer du galon.
Il a de l'acné juvénile (et à son âge, c'est particulièrement dangereux).
Il a la grippe.
Il a des pellicules.
Il est rouillé des médailles.
Il a des hémorroïdes à son anus artificiel.
Il est atteint de saturnisme à cause du plomb qu'il a tiré dans la tête d'Allende.
Il a une chtouille con carne.
Il a une couperose juvénile (rare).
Il a du caca (d'opposant) sous les ongles.
Il a un prurit du canon.
Il a une cirrhose du genou.
Il a une tourista de la muerte.
Il est arthritique des rayons.
Il pue des pieds.
Il a des ampoules aux semelles.
Il a des mycoses aux pneus.
LUZ

HAIDER PRÊTE SERMENT DE FIDÉLITÉ À LA DÉMOCRATIE
JE LE JURE
RISS

LA SUISSE VEUT ENTRER DANS L'EUROPE...
... ALORS QUE L'EUROPE EST DÉJÀ DANS LA SUISSE DEPUIS LONGTEMPS !

LE PRINCE RAINIER MOURANT
MONACO INCONSOLABLE
SNIF SNIF SNIF
LUZ

ENFIN!
L'ÉTAT PALESTINIEN BIENTÔT PROCLAMÉ !
AVEC
SA CAPITALE
palestine jerusalem est
SON PRESIDENT
SA ~~CHAINE DE~~ TÉLÉ
SON CHEF DE L'OPPOSITION
SON GRAND STADE
POUSSEZ PAS!
SES RESSOURCES NATURELLES
ON ESSAIE D'EXPORTER EN ISRAËL
GARDEZ LA MONNAIE!
SES RÉSERVES D'EAU
...QUAND ISRAËL VEUT BIEN TIRER LA CHASSE...
SA COMPAGNIE DE POMPIERS
SA COMPAGNIE AÉRIENNE
VAS-Y.. SURVOLE MON ESPACE AÉRIEN, TOI...
CHARB.

HAIDER
C'EST LE NAZISME PLUS LA CLASSE !
Merci pour moi
LUZ

> N° 399 - 09.02.2000 - Riss - Haider > N° 414 - 24.05.2000 - Riss - Suisse > N° 399 - 09.02.2000 - Luz - Monaco
> N° 421 - 12.07.2000 - Charb - Palestine > N° 398 - 02.02.2000 - Luz - Haider

CHARTER
SIERRA-LEONE
PARIS
TIGNOUS

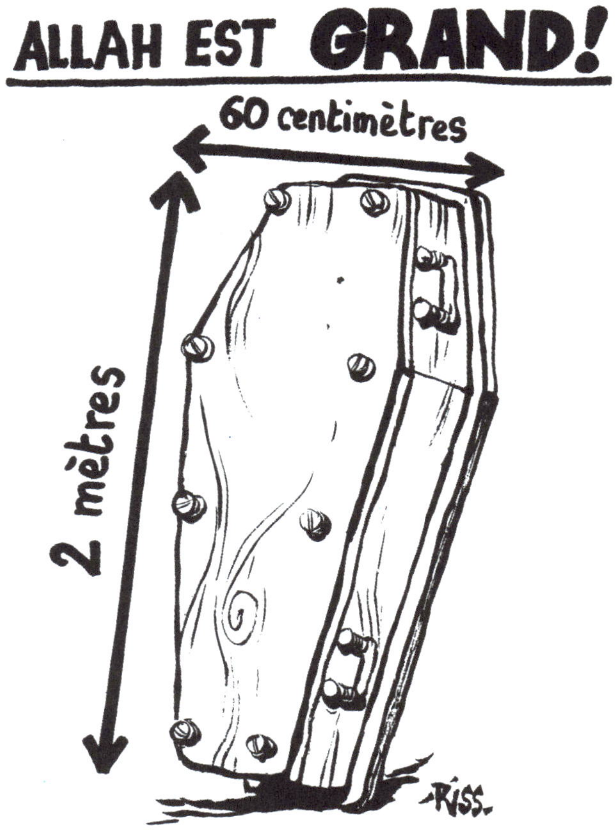
ALLAH EST GRAND!
60 centimètres
2 mètres
RISS

L'AUTOMNE AU SOUDAN
ON VIENT DE SIGNALER QU'UNE FEUILLE EST TOMBÉE QUELQUE PART DE CE CÔTÉ-LÀ !
KAMAGURKA

RACISME À ABIDJAN
LES NOIRS, JE NE PEUX PAS LES PIFFER !

ÉTHIOPIE:
LA TRADITION EST RESPECTÉE
LES ŒUFS DE PÂQUES SONT ARRIVÉS !

> N° 413 - 17.05.2000 - Tignous - Sierra Leone > N° 434 - 11.10.2000 - Riss - Allah > N° 431 - 20.09.2000 - Kamagurka - Soudan > N° 438 - 08.11.2000 - Willem - Abidjan > N° 408 - 12.04.2000 - Riss - Ethiopie

LE KAMIKAZE GAGNE 70 VIERGES -
VIERGES, J'AI DANS L'IDÉE QU'ON VA LE RESTER !
TIGNOUS

# 2001

## CHARLIE HEBDO

Il n'est arrivé qu'une chose en 2001 : deux avions ont traversé sans y avoir été invités les tours du World Trade Center de New York. L'image est tellement incroyable qu'on a presque oublié qu'au même moment d'autres avions pilotés par d'autres VRP de la mort se crashaient dans le pays. Ces images sont moins sidérantes, on ne voit pas les appareils pénétrer en direct les mottes de beurre qu'étaient finalement les tours jumelles. Les caméras n'ont pu filmer que des carcasses fumantes au sol. Nul. Dans le terrorisme comme ailleurs, la concurrence est rude. On suppose que les tarés qui pilotaient les avions qui ont ravagé New York se sont vu allouer quelques vierges de plus que leurs malheureux collègues. Si c'est pas le cas, faut réclamer !

spécial ça va chier!
CHARLIE HEBDO
VENDEZ!

Les attentats du 11 septembre ont supplanté une autre catastrophe. Qui se souvient que c'est en 2001 que l'émission "Loft Story" est diffusée pour la première fois à la télé ? "Loft Story" : une poignée d'ados pubères, qu'on croit tout d'abord attardés mentaux, se chamaillent et s'enfilent sous le regard des caméras de M6. Devant des scènes tout à la fois insignifiantes et d'une rare vulgarité, on reste scotché. Il a fallu un petit moment pour qu'on se mette à rigoler. On nous montrait soi-disant la jeunesse d'aujourd'hui. Ce n'était pas la jeunesse d'aujourd'hui que M6 exhibait, mais la connerie éternelle. Collez dans la même pièce et pendant des semaines un groupe de pompiers, de sportifs, de journalistes, de philosophes ou de terroristes islamistes, vous obtiendrez à peu près le même résultat. Pour les terroristes islamistes, prenez soin de les filmer dans une piscine plutôt que dans un avion.

Le minotaure
DANS LES ANNÉES 50, JE FAISAIS DES DESSINS DE CUL.
EN L'AN 2001, JE CONTINUE À FAIRE DES DESSINS DE CUL.
ON NE VOIT RIEN, À CAUSE DES POILS.
AUJOURD'HUI, LES FEMMES S'ÉPILENT.
REGARDE COMME C'EST BEAU!
SI JE COMPRENDS BIEN, PLUS TARD, JE SERAI UN VIEUX DÉGUEULASSE!
TU ES AUSSI CON QUE LES JOURNALISTES QUI DÉCOUVRENT AUJOURD'HUI QUE L'ART DE PICASSO, C'EST AVANT TOUT LE SEXE.
J'AIME PAS SA PÉRIODE BLEUE. C'EST MOU!
J'AIME BIEN QUAND IL PEINT UNE FEMME EN MÊME TEMPS SUR LE DOS ET SUR LE VENTRE. QU'ON LUI VOIT LE CON, ET QU'ON LUI VOIT LES FESSES!
PICASSO N'EST INIMITABLE QUE LORS QU'IL N'IMITE PERSONNE, QU'IL EST SAUVAGE, DÉCHAÎNÉ, LUBRIQUE, COCHON INSPIRÉ!
LES ARTISTES N'ONT PAS INVENTÉ LA BEAUTÉ DES FEMMES. MAIS ILS L'ONT PRISE EN PLEINE GUEULE!
J'EN AI MARRE DES ANNÉES 50. LES GENS ONT DES IDÉES ÉTROITES. LES FILLES RÊVENT DE L'AMOUR, MAIS ONT PEUR DU SEXE.
AUJOURD'HUI, ON FAIT L'AMOUR SANS PASSION. "LA PORNOGRAPHIE EST LE DOMAINE OÙ RIEN N'EST TABOU, OÙ TOUT EST POSSIBLE, TOUT EST PERMIS, SAUF L'AMOUR!" ÉCRIVAIT VAL LA SEMAINE DERNIÈRE. TOPOR DISAIT: "LA TENDRESSE TUE LE SEXE."
JE RÊVE D'AVOIR UNE FEMME ET DE LA PRENDRE DANS TOUTES LES POSITIONS, MÊME SI JE L'AIME!
CONTINUE À RÊVER. IL Y A UNE PÉRIODE OÙ LES FEMMES FONT TOUT CE QUE NOUS VOULONS, ET UNE AUTRE OÙ NOUS NE FAISONS QUE CE QU'ELLES ACCEPTENT.
FINALEMENT, VOUS ÊTES COMME MOI. VOUS DESSINEZ CE QUI VOUS FAIT RÊVER.
JE ME FOUS DE TOUTES VOS HISTOIRES! JE SUIS COMME LE MINOTAURE DE PICASSO, JE NE PENSE QU'À ÇA!
À TON ÉPOQUE, ON CACHAIT TOUT. À NOTRE ÉPOQUE, ON MONTRE TOUT, MAIS L'HOMME ET LA FEMME N'ONT PAS BEAUCOUP CHANGÉ, SAUF QUE L'HOMME A DÉCOUVERT QU'IL ÉTAIT PLUS FRAGILE QUE LES FEMMES.
ET J'AI 50 ANS DEVANT MOI POUR ME TAPER PLEIN DE NANAS AVANT DE DÉCOUVRIR QUE JE SUIS PLUS FRAGILE QU'ELLES!
TU AS RAISON, PETIT CON! PROFITES-EN, AMUSE-TOI, AVANT DE DÉCOUVRIR QUE LES CHEFS-D'ŒUVRE ÉROTIQUES DES MUSÉES SONT PLUS INSPIRÉS PAR LES DÉSIRS INASSOUVIS QUE PAR LES PLAISIRS SATISFAITS.
PICASSO ÉROTIQUE – GALERIE DU JEU DE PAUME.
WOLINSKI

MOROSITÉ SUR LES MARCHÉS BOURSIERS
UNE AUTRE JOURNÉE BOURSIÈRE COMME CELLE-LÀ ET JE ME JETTE PAR LA FENÊTRE!
UNE AUTRE JOURNÉE BOURSIÈRE COMME CELLE-LÀ ET J'ACHÈTE TA MAISON!
KAMAGURKA

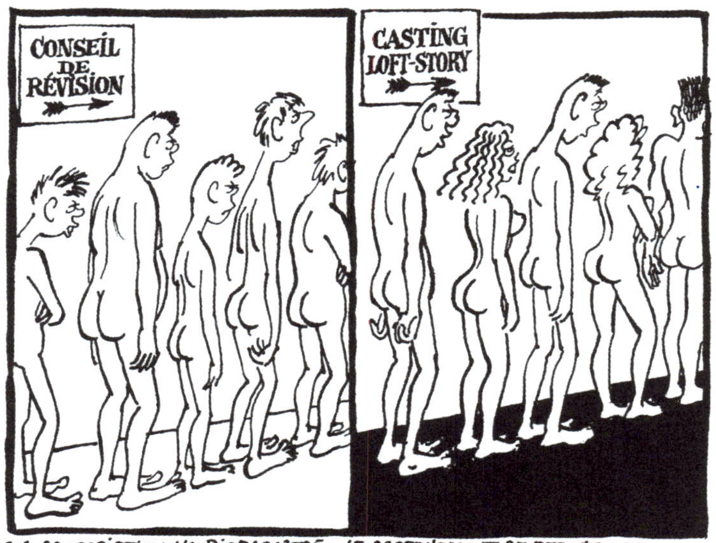
CONSEIL DE RÉVISION
CASTING LOFT-STORY
LA CONSCRIPTION VA DISPARAITRE... LE CASERNEMENT SE PERPÉTUERA

RAVE-PARTIES POUR UN ANGÉLUS QUI DURE 4 JOURS ET 4 NUITS!
BOUM
BOUM

> N° 453 - 21.02.2001 - Wolinski - Minotaure > N° 458 - 28.03.2001 - Kamagurka - Bourse > N° 468 - 06.06.2001 - Cabu - Conscription
> N° 467 - 30.05.2001 - Cabu - Rave-parties

LOFT STORY À KABOUL
JE SENS QUE JE SERAI ÉLIMINÉE...

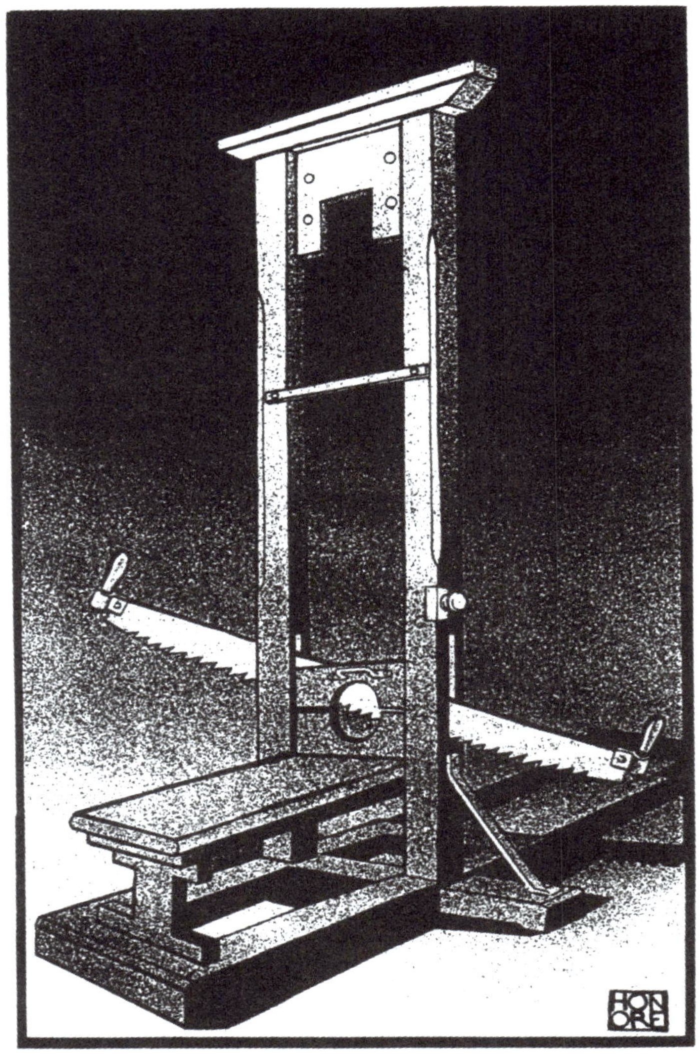

Je reste optimiste...

TRENET EST MORT
JOEY STARR INCONSOLABLE
IL M'AVAIT APPRIS LE RESPECT DU PUBLIC!

LA GRANDE MISÈRE DES COMMISSARIATS FRANÇAIS
ON RECHERCHE
PÉDOPHILE
ON RECHERCHE
PÉDOPHILE
ON RECHERCHE
PÉDOPHILE
ON MANQUE DE MOYENS!

> N° 465 - 16.05.2001 - Willem - Loft Story > N° 470 - 20.06.2001 - Honoré - Guillotine > N° 458 - 28.03.2001 - Honoré - Marché
> N° 453 - 21.02.2001 - Riss - Trenet > N° 469 - 13.06.2001 - Cabu - Police

RÉSISTANCE ! ©
LIEBIG
CANAL +
MATRA
RICARD
COLGATE
NINTENDO
KANGOL
NIKE
REEBOK
CALVIN KLEIN
Jul.

VACANCES À RISQUES
ATTENTION EN TRAVERSANT...
LE TOUR DE FRANCE EST PASSÉ...

Voilà ce que j'appelle de l'ajustement structurel
HONORÉ

UNE 2e MOSQUÉE À PARIS
Y EN A MARRE DES BARBUS!
CHARB

BOUDÉ PAR CANNES
LE FABULEUX DESTIN D'AMÉLIE POULICHE !
RISS

> N° 471 - 27.06.2001 - Jul - Résistance > N° 473 - 11.07.2001 - Charb - Vacances > N° 475 - 25.07.2001 - Honoré - Ajustement
> N° 474 - 18.07.2001 - Charb - Mosquée > N° 466 - 23.05.2001 - Riss - Amélie Poulain

Moulinex libère la femme
RENTREZ CHEZ VOUS !
NON AUX LICENCIEMENTS

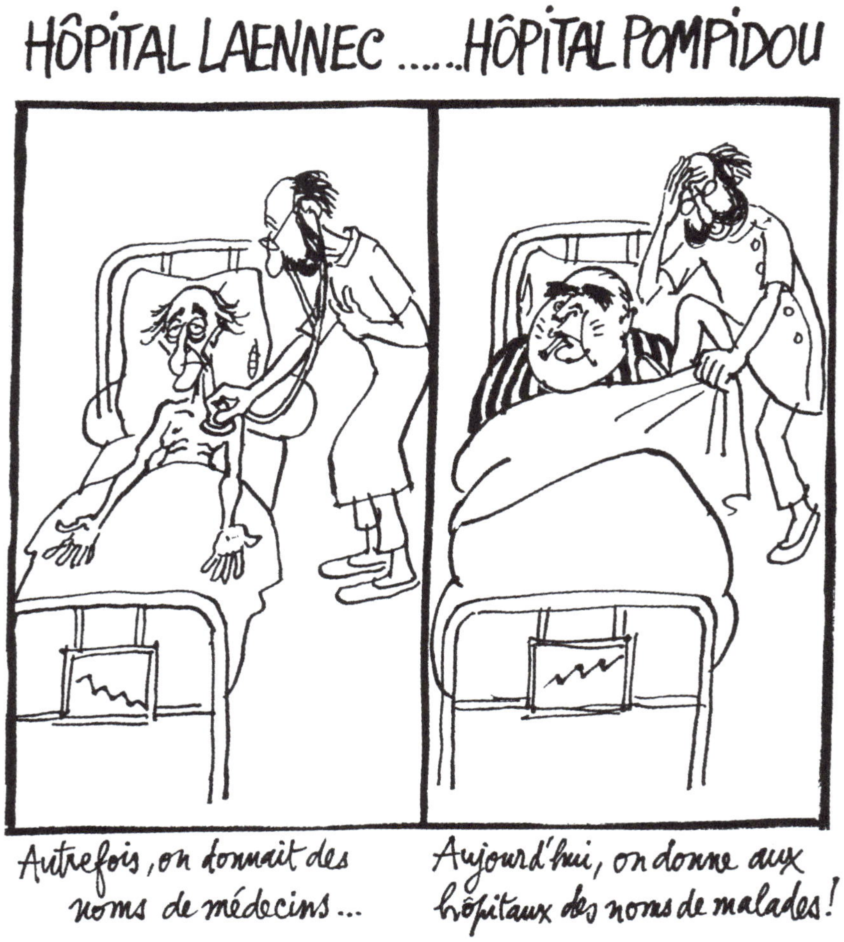
HÔPITAL LAENNEC ……HÔPITAL POMPIDOU
Autrefois, on donnait des noms de médecins…
Aujourd'hui, on donne aux hôpitaux des noms de malades !

DISPARITIONS DE JEUNES FILLES
LA FRANCE A PEUR !
T'ÉLOIGNE PAS TROP…
J'AI PAS ENVIE QUE TU NOUS FOUTES LA HONTE AVEC TA GUEULE SUR DES PACKS DE LAIT !
LUZ.

HAUSSE DES BRAQUAGES
LE MONSIEUR ÉTAIT AVANT VOUS…
CHARB.

> N° 482 - 12.09.2001 - Gébé - Moulinex > N° 478 - 14.08.2001 - Cabu - Pompidou > N° 476 - 01.08.2001 - Luz - Disparitions
> N° 480 - 29.08.2001 - Charb - Braquages

TEMPÊTES, ACCIDENTS, NOYADES… ILS SONT LES PREMIERS SUR LES LIEUX DU DRAME POUR RASSURER ET ÉCOUTER
CE SONT…
Les PSYS
CHUTE DE TÉLÉPHÉRIQUE
CE QU'IL FAUT DIRE: «Ils ont voulu décrocher le ciel mais se sont brûlé les ailes»
CE QU'IL NE FAUT PAS DIRE: «Un vin chaud vous attend en bas à l'auberge»
ENSEVELIS SOUS UNE AVALANCHE
CE QU'IL FAUT DIRE: «La neige étend son blanc manteau mais faut pas être dessous»
CE QU'IL NE FAUT PAS DIRE: «Flocons en juillet, chrysanthèmes en novembre»
LE GOSSE NOYÉ DANS LA PISCINE
CE QU'IL FAUT DIRE: «Il ne faut pas jeter le bébé avec l'eau du bain»
CE QU'IL NE FAUT PAS DIRE: «Ce petit con en a profité pour pisser dans la piscine»
LES SPÉLÉOS COINCÉS
CE QU'IL FAUT DIRE: «Tenez bon jusqu'au journal de 20 heures»
CE QU'IL NE FAUT PAS DIRE: «Hé Ho, les casse-couilles, si vous n'êtes pas remontés dans 5 minutes, on envoie du gaz anti-taupes!»
SCOUTS ÉCRASÉS PAR UNE MEULE DE FOIN
CE QU'IL FAUT DIRE: «Je suis sûr qu'ils sont mieux là où ils sont maintenant»
CE QU'IL NE FAUT PAS DIRE: «Mon p'tit, ça va te faire deux tours de vaisselle en plus»
TUÉE PAR UN ESSAIM
CE QU'IL FAUT DIRE: «C'était une Fleur qui ne demandait qu'à se faire butiner»
CE QU'IL NE FAUT PAS DIRE: «Mieux vaut dard que jamais»
LA TOURISTE AMÉRICAINE ENCORNÉE À PAMPELUNE
CE QU'IL FAUT DIRE: «Hemingway aurait été fier d'elle»
CE QU'IL NE FAUT PAS DIRE: «Ça se passe comme ça chez Mac Donald!»

de
CATASTROPHE
OUR SOULAGER LE COEUR DES VACANCIERS TOUCHÉS PAR LE MALHEUR, ILS SAVENT NONCER LES MOTS QU'IL FAUT ET TAIRE CEUX QU'IL NE FAUT PAS DIRE.
FOUDROYÉ À CAUSE DE SES PIERCINGS
CE QU'IL FAUT DIRE: «Dame Nature n'aime pas qu'on se mette en travers de son chemin»
CE QU'IL NE FAUT PAS DIRE: «Il a brûlé la vie par les deux bouts»
L'ACCIDENT DE CAR DE HANDICAPÉS
CE QU'IL FAUT DIRE: «Dieu leur a donné un chromosome en plus, Dieu l'a repris»
CE QU'IL NE FAUT PAS DIRE: «Des sandwichs aux crevettes vous attendent à la buvette»
LES FEUX DE FORÊT
CE QU'IL FAUT DIRE: «Il n'a pas eu le temps de souffrir»
CE QU'IL NE FAUT PAS DIRE: «Ça lui apprendra à faire des pets flambés dans une pinède!»
OLEUR
NG
RE: «Elle fut
t dans un champ
uchée par une
e-batteuse»
PAS DIRE: «Leur
uré qu'un été»
DÉCAPITÉ PAR UN HORS-BORD
CE QU'IL FAUT DIRE: «Un homme s'éteint, un sushi renaît»
CE QU'IL NE FAUT PAS DIRE: «B6-C4, contre-torpilleur coulé!»
ÉCRASÉ PAR LA FALAISE
CE QU'IL FAUT DIRE: «Au paradis des bigorneaux, sa place était prête mais il ne le savait pas»
CE QU'IL NE FAUT PAS DIRE: «Ça fait cher le kilo de berniques»
NOYÉ DANS UN FERRY
CE QU'IL FAUT DIRE: «Malheur à ceux qui osent affronter la colère de Neptune»
CE QU'IL NE FAUT PAS DIRE: «Pour mes honoraires, y a pas de duty-free»
RISS

> N° 475 - 25.07.2001 - Riss - Psys de catastrophe

LA METEO À NEW YORK...

ÎL FAUT RETROUVER BEN LADEN AVANT NOËL!

COMMENT EMPÊCHER LES DÉTOURNEMENTS D'AVIONS ?
JAMBON pur porc
MERCI OLIDA!

PLUS RIEN NE SERA JAMAIS COMME AVANT
US

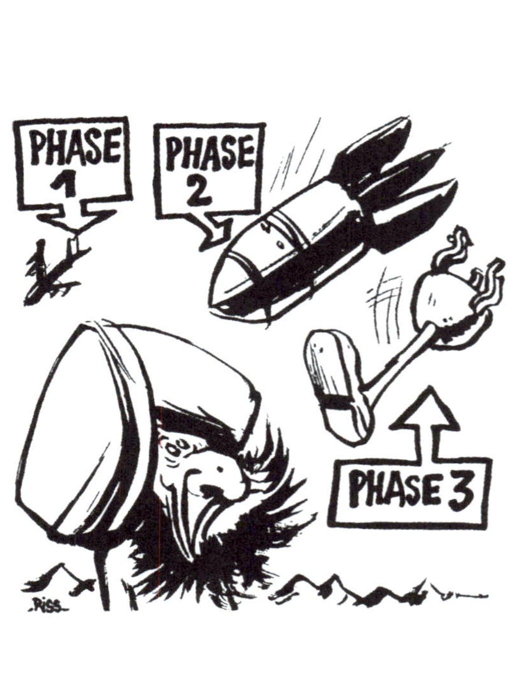
PHASE 1
PHASE 2
PHASE 3

> N° 491 - 14.11.2001 - Willem - Météo New York > N° 484 - 26.09.2001 - Luz - Ben Laden > N° 484 - 26.09.2001 - Cabu - Détournement > N° 483 - 19.09.2001 - Cabu - Bush > N° 488 - 24.10.2001 - Riss - Phase 1

OÙ SE CACHE BEN LADEN?
J'AURAIS DÛ ME FAIRE LE MAILLOT!
LUZ

FRAPPE CHIRURGICALE
MARTEAU PIQUEUR.

L'ÉTAU SE RESSERRE
AUTOUR DE BEN LADEN

LE KAMIKAZE GAGNE 70 VIERGES.
VIERGES, J'AI DANS L'IDÉE QU'ON VA LE RESTER!
TIGNOUS

CONTRE LES BARBUS, LES SURPLUS DU VIETNAM...
ENVOYEZ LE DÉSHERBANT!

> N° 484 - 26.09.2001 - Luz - Ben Laden > N° 486 - 10.10.2001 - Willem - Frappe > N° 496 - 19.12.2001 - Gébé - Ben Laden
> N° 483 - 19.09.2001 - Tignous - Kamikaze > N° 486 - 10.10.2001 - Cabu - Barbus

LA FORÊT TROPICALE RECULE
– "BONJOUR, NOUS SOMMES LES LAMBERT, VOS NOUVEAUX VOISINS"
JUL

Je vends mon droit de polluer.
DAKAR
TIGNOUS

Le bon côté des inondations

JE PEUX PISSER À CÔTÉ DE LA CUVETTE SANS ME FAIRE ENGUEULER
CHARB.

LES FRANÇAIS MANGENT TROP DE SEL
ON EST OBLIGÉ, SINON ILS SE PLAIGNENT QUE C'EST FADE
CHARB.

> N° 450 - 31.01.2001 - Jul - Forêt tropicale > N° 448 - 17.01.2001 - Tignous - Droit de polluer > N° 461 - 18.04.2001 - Charb - Inondations > N° 461 - 18.04.2001 - Willem - Bouffe > N° 453 - 21.02.2001 - Charb - Sel

ENFIN UN MAIRE HOMO À PARIS !
ÉDOUARD !! KIKI FAIT SON OUTING !
LUZ

LES FRANÇAIS PARTAGÉS...
...ENTRE TRIANGULAIRE
...ET BALLOTTAGE
LUZ.

LIPIETZ FAIT SON AUTO CRITIQUE
J'AI RAISON

ENCORE UN LIVRE SUR MITTERRAND !
ON NE S'EN LASSE PAS

LES RATÉS DE LA PARITÉ
UN NOEUD, UNE NONNE, UN NOEUD, UNE NONNE, UN NOEUD..
LUZ

NON SEULEMENT
"JOSPIN SE BALLADURISE"*
MAIS IL Y A BIEN PIRE...
IL SE MITTERRANDISE...
IL SE DOUSTE-BLAZYSE...
IL SE LEPÉNISE...
IL SE BAYROUISE...
IL SE PASQUAÏSE...
IL SE GISCARDISE...
IL SE ROCARDISE...
IL SE FABIUSISE...
IL SE MÉGRÉTISE...
IL SE JUPPÉISE...
IL SE BARRISE...
IL SE TIBÉRISE...
IL SE MADELINISE...
IL SE HUEÏSE...
IL SE VOYNETISE...
IL SE BERNADETTE-CHIRAQUISE...
IL SE BÉRÉGOVOYISE...
...ET EN PLUS JOSPIN SE JOSPINISE !
ARRÊTEZ TOUT DE SUITE, C'EST TRÈS MAUVAIS POUR VOTRE IMAGE !
* SELON L'EXPRESSION DU NOUVEAU SECRÉTAIRE NATIONAL DU RPR, SERGE LEPELTIER.
LUZ !

2001

> N° 458 - 28.03.2001 - Luz - Maire de Paris > N° 456 - 14.03.2001 - Luz - Triangulaires > N° 481 - 05.09.2001 - Charb - Lipietz
> N° 459 - 04.04.2001 - Willem - Mitterrand > N° 458 - 28.03.2001 - Luz - Parité > N° 461 - 18.04.2001 - Luz - Jospin

WASHINGTON
AVANT
APRÈS

USA : LE TICKET GAGNANT
CON PRÉSIDENT
CO2 VICE-PRÉSIDENT
LUZ.

LE VRAI VISAGE DU SOUS-COMMANDANT MARCOS
AH AH
AH
CE QUI COMPTE, C'EST PAS LE PHYSIQUE, C'EST LA BEAUTÉ INTÉRIEURE !
RISS.

ISRAËL-PALESTINE
ESCALADE DE LA VIOLENCE
GNNN !
CHARB

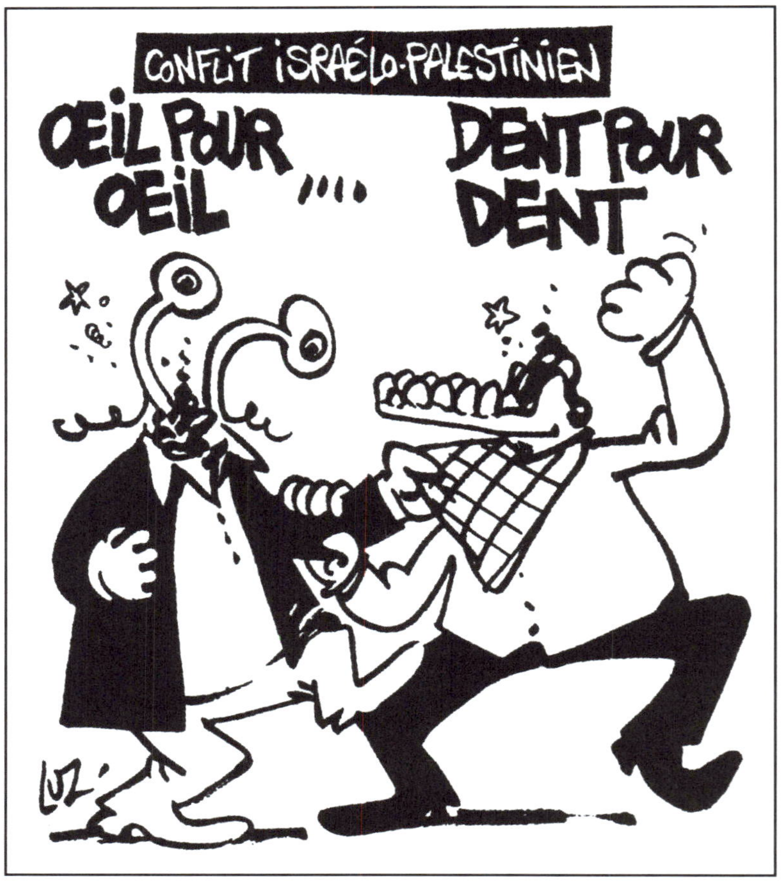
CONFLIT ISRAÉLO-PALESTINIEN
OEIL POUR OEIL .... DENT POUR DENT
LUZ.

LES TYRANS VOYAGENT
El-assad à Paris
Milosevic à La Haye

BOUTEFLIKA VEUT RASSURER LES KABYLES
CALMEZ-VOUS, SALES BOUGNOULES !
LUZ

APRÈS LA GUERRE DU PÉTROLE...
...LA GUERRE DE L'EAU
Cabu

> N° 449 - 24.01.2001 - Willem - Washington > N° 459 - 04.04.2001 - Luz - Bush > N° 456 - 14.03.2001 - Riss - Marcos
> N° 466 - 23.05.2001 - Charb - Palestine > N° 494 - 05.12.2001 - Luz - Israël
> N° 471 - 27.06.2001 - Gébé - Tyrans > N° 467 - 30.05.2001 - Luz - Bouteflika > N° 494 - 05.12.2001 - Cabu - Guerre de l'eau

Les taliban lapident les pierres
Commencée avec les bouddhas pré-islamiques, leur
LA CÈNE DE VINCI
croisade, s'ils le pouvaient, n'aurait pas de limite. Ils se verraient bien mettre au pas tout ce que l'humanité compte de chefs-
L'ANGÉLUS DE MILLET
LA JOCONDE
HONORÉ
d'oeuvre. Humanité et chefs-d'oeuvre, des mots inconnus de tous les intégristes.
LA VÉNUS DE MILO
LE PENSEUR DE RODIN
LE DISCOBOLE
LES STATUES DE L'ÎLE DE PÂQUES
ET MÊME LA PETITE SIRÈNE
LE SPHINX
Etc.

POURQUOI ALLAH N'A-T-IL JAMAIS ÉTÉ SCULPTÉ ?
PARCE QU'IL EST TROP LAID !
CHARB

LES TALIBAN ÉLIMINENT LES BOUDDHAS
ON A DÉJÀ ÉLIMINÉ LES BOUDINS...
HI!
CHARB.

LES TALIBAN MALTRAITENT LES FEMMES
TOUTE UNE VIE À FAIRE DES MOTS CROISÉS!
RISS.

> N° 456 - 14.03.2001 - Honoré - Taliban > N° 455 - 07.03.2001 - Charb - Allah > N° 455 - 07.03.2001 - Charb - Taliban > N° 455 - 07.03.2001 - Riss - Taliban

JE NE VAIS TOUT DE MÊME PAS GOUVERNER AVEC DES CONNARDS DE DROITE !
W.

# 2002

## CHARLIE HEBDO

Quand une catastrophe arrive, on rigole jaune et on fait semblant de se rassurer en se disant que dans dix ans on en rira. Dix ans après la participation de Jean-Marie Le Pen au second tour de la présidentielle, on n'a pas rigolé. Ça n'a fait rire personne de voir sa fille obtenir 18 % des voix au premier tour de la présidentielle. Personne n'a ri, mais personne n'est descendu dans la rue en hurlant au péril brun. Que sont devenus tous ces gens qu'on a croisés, les yeux rougis, traumatisés de constater que le FN était la deuxième force politique du pays ? Qu'est-ce qu'ils ont fait, le soir du premier tour de la présidentielle de 2012, tous ceux qui ont eu l'impression de se couper un bras en votant Chirac en 2002 ? Ils sont restés tranquillement chez eux. Le "vote utile" a fait que Marine Le Pen n'est arrivée "que" troisième de la présidentielle. On peut dire que c'est en 2002 qu'a été inventée la notion de "vote utile". Le danger de voir un ou une Le Pen participer au second tour de la présidentielle fait que les électeurs votent pour le vainqueur du second tour dès le premier…

CHARLIE HEBDO
PRENDRE L'UN
POUR TAPER SUR L'AUTRE

Comment connaître le vainqueur du second tour avant même le premier tour ? Il suffit de lire les sondages. Voter au premier tour pour celui ou celle qui représente le mieux ses idées est un risque trop énorme pour qu'on le prenne. Bon. Du coup, ce sont les sondages qui décident de l'élection… Fini les nuances, fini les débats, il n'y aura bientôt plus qu'un parti de gauche.

Le front républicain, qui a porté Chirac au pouvoir avec plus de 80 % des voix, est désormais permanent. Il est permanent à gauche, évidemment. La droite, qui a applaudi le front républicain de 2002, l'a boudé en 2012. En 2012, la droite a inventé le fameux "ni-ni". Ni front républicain ni Front national. "Ni-niiiiii", c'est le grincement de la porte de la forteresse UMP qui s'ouvre aux troupes du FN qui l'assiègent.

PASSAGE SANS PROBLÈME À L'EURO
TU VOIS BIEN QU'ON SE FAISAIT DU SOUCI POUR RIEN !
MERCI
KAMAGURKA

L'APRÈS-BOURDIEU:
QUI SERA LE PROCHAIN PAPE DE LA SOCIOLOGIE ?
-RISS-

CAMPAGNE NATIONALE POUR LA CONTRACEPTION
UN ENFANT? POUR QU'IL FINISSE À STAR ACADEMY...
CHARB.

LA PEINE DE MORT REVIENT À LA MODE !
ON L'A RELOOKÉE!
CLIC !
-RISS-

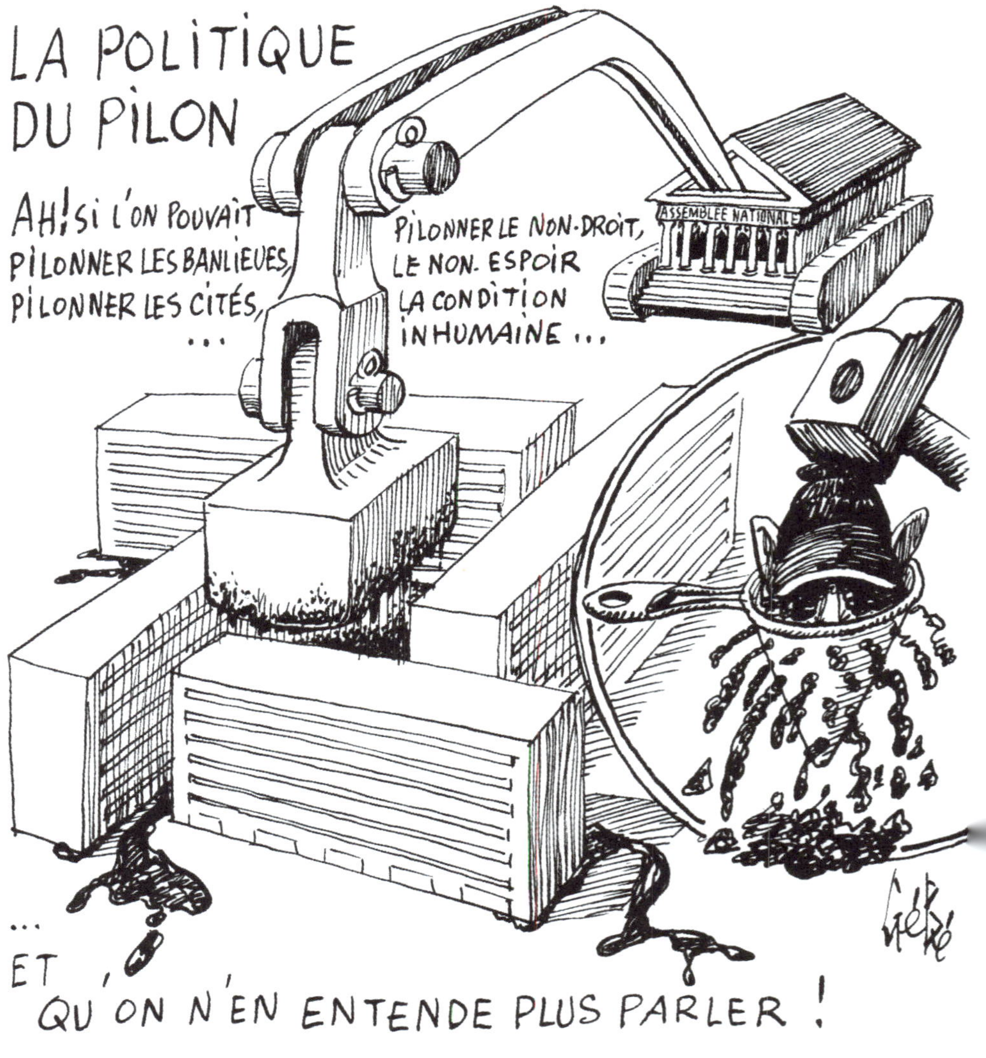
LA POLITIQUE DU PILON
AH! SI L'ON POUVAIT PILONNER LES BANLIEUES, PILONNER LES CITÉS, ...
PILONNER LE NON-DROIT, LE NON-ESPOIR LA CONDITION INHUMAINE ...
ASSEMBLÉE NATIONALE
... ET, QU'ON N'EN ENTENDE PLUS PARLER !
GéBé

> N° 500 - 16.01.2002 - Kamagurka - Euro > N° 502 - 30.01.2002 - Riss - Bourdieu > N° 500 - 16.01.2002 - Charb - Star Academy
> N° 506 - 27.02.2002 - Riss - Guillotine > N° 527 - 24.07.2002 - Gébé - Banlieues

ANTISÉMITISME EN BANLIEUE : QUE FAIT LA POLICE ?
MON GRAND-PÈRE RAFLAIT DES JUIFS, MON PÈRE NOYAIT DES ARABES...
C'EST DUR DE SE FAIRE UN PRÉNOM !
JUL.

DOPAGE à SALT LAKE CITY
?
SCHVARTZ

CANNES LES RICHES REGARDENT LES PAUVRES
MONDIAL LES PAUVRES REGARDENT LES RICHES
cabu

GLOCK et Smith 357 MAGNUM Wesson
Merci aux 2 grandes marques de pistolets et revolvers fournisseuses de la tuerie de Nanterre
JE DOIS CREVER EN ME SENTANT LIBRE
C'EST POUR CELA QUE JE DOIS TUER DES GENS
Chambré 9mm. Recommandé pour un travail de deuil sans recul.
Célébrissime et mythique dague John EK
aussi nommée "Désert Dagger" en référence à la guerre du Golfe.
« Cela faisait bien longtemps que nous n'avions découvert autant d'armes nouvelles, une vraie bouffée d'oxygène ! » extrait du magazine "CIBLES" avril 2002
Armes de poing, Armes d'épaule, Armes à feu, Armes blanches : n'en parler qu'avec respect ! Les vrais hommes aiment les Armes, les femmes les craignent, Dieu les bénit.
Gébé
Chaussures de combat « SUPER FORCE » 151 € Essential équipement GK® professional
Association Nationale de défense des Tireurs Amateurs et Collectionneurs d'armes : L'ANTAC regroupe les tireurs désireux de se "serrer les coudes", fait entendre la voix des amateurs d'armes auprès des ministères et services ayant à connaître des armes. Tireurs isolés, rejoignez l'ANTAC (pub vue sur "CIBLES")
CHIRAC de comptoir
L'INSÉCURITÉ ÇA VA DE L'INCIVILITÉ ORDINAIRE (1) AU DRAME QUE NOUS AVONS CONNU CETTE NUIT (2).
(1) Calibre 22 long rifle. (2) 357 Magnum (de gauche)
QUI EST RESPONSABLE DE LA VIOLENCE DANS CE PAYS ? LA PHILOSOPHIE LIBERTAIRE DE MAI 68 (3). "Il est interdit d'interdire" VOILÀ OÙ ÇA MÈNE ! (4)
(3) Philosophie dont se réclame journellement la gauche plurielle, contestataire de la société, dresseuse de barricades et lanceuse de pavés.
(4) Slogan attribué au leader enragé Lionel J.
BOUTIN de charcuterie

2002

> N° 513 - 17.04.2002 - Jul - Antisémitisme > N° 506 - 27.02.2002 - Schvartz - Dopage > N° 519 - 29.05.2002 - Cabu - Foot
> N° 511 - 03.04.2002 - Gébé - Tuerie Nanterre

À TORT OU À RAISON
CE SOIR, PREMIER DOSSIER : LA PROSTITUTION. JE DÉFENDRAI LE RÉGIME DE L'INTERDICTION.
Claire Carthonnet
ON A VOULU UN DÉBAT CONTRADICTOIRE, AVEC D'UN CÔTÉ DES ACTEURS, DES TÉMOINS, ET DE L'AUTRE MOI, QUI PARTAGERAI UNE OPINION DIFFÉRENTE ET CARRÉMENT CONTRAIRE...
Tapie
JE SUIS PRESTATAIRE DE SERVICES SEXUELS. J'UTILISE MON SEXE COMME LES INTELLOS LEUR CERVEAU.
CERTAINES UTILISENT LE MARIAGE COMME UNE FORME DE PROSTITUTION. REGARDEZ SULITZER...
Me Juramy
LE RÉGIME FRANÇAIS RECONNAÎT LE DROIT À LA PROSTITUTION MAIS INTERDIT LE RACOLAGE !
LA PROSTITUTION, C'EST PLUS CE QUE C'ÉTAIT AVANT LA CHUTE DU MUR DE BERLIN : C'EST 10% DE PROFESSIONNELLES ET 90% D'ESCLAVES. LE THÈME DU DÉBAT, JE VOUS EN SUPPLIE, C'EST « EST-CE QU'ON VA VERS LA RÉGLEMENTATION OU VERS L'INTERDICTION ? » ... SI VOUS VOULEZ PARTICIPER À L'ÉMISSION, TAPEZ TAPIE EN ENVOI SMS.
MISÈRE SEXUELLE ! MISÈRE SEXUELLE !... MERDE, MOI AUSSI J'AI CONNU DE TRÈS JOLIES FEMMES QUI N'ONT PAS VOULU DE MOI : JE M'SUIS PAS JETÉ SUR UNE PUTE POUR AUTANT !
QUAND ON A VU DÉBARQUER CES ÉTRANGÈRES QUI MANIAIENT MAL LA LANGUE (ricanements dans le public), MES PROPRES COLLABORATEURS ONT ÉTÉ INTERPELLÉS PAR LES PROSTITUÉES FRANCO-FRANÇAISES EN PLACE.
D. Rigourd, chef de la brigade pour la répression du proxénétisme
M'ENFIN, C'EST PAS LA DISPARITION DES PROSTITUÉES QUI FAIT LES VIOLS, C'EST LES VIOLS QUI FAIT (sic) LES PROSTITUÉES !...
Philippe Sollers :
IL Y A EU, DANS LES ANNÉES 60/70, CE QU'IL FAUT BIEN APPELER "L'ÂGE D'OR DES MUQUEUSES" : LA PILULE ANTICONSTITUTIONNELLE, L'IMMACULÉE CONTRACEPTION VENAIT D'ARRIVER...
LA VISION QUE VOUS AVEZ DEVRAIT AVOIR ANÉANTI TOUTE MISÈRE SEXUELLE ! ALORS LÀ, PHILIPPE, JE BOIS DU P'TIT-LAIT, ENFIN... QUAND JE DIS DU P'TIT-LAIT...! (rires)
TF1
bernar
VU À LA TÉLÉ

ÉLECTION DE MISS SAC À PATATES
ORGANISÉE PAR MAHOMET
JE CHOISIS LA BELLE-DE-FONTENAY !
cabu

LE VER SOLITAIRE PROTESTE
LE SEIGNEUR DES ANNEAUX
VOUS SALISSEZ MON IMAGE !
cabu

LA PORNOGRAPHIE, C'EST OBSCÈNE !

> N° 535 - 18.09.2002 - Bernar - Prostitution > N° 545 - 27.11.2002 - Cabu - Mahomet > N° 549 - 24.12.2002 - Cabu - Anneaux
> N° 539 - 16.10.2002 - Luz - Pornographie

COMMENT LUTTER CONTRE LES JOURNAUX GRATUITS ?
EN FAISANT DES JOURNAUX GRATUITS
PRESSE
GRATUIT

MOURIR DU SIDA OU DE LA FAIM ?
EN TOUT CAS PAS DU CHOLESTÉROL
MOUGEY

SAUVER LA TERRE
entreprise Johannesburg
IL EST BIEN TARD !
IL ÉTAIT TEMPS !

APRÈS JOHANNESBURG
LAISSEZ VOTRE ADRESSE, ON VOUS ENCULERA
cabu

2002

> N° 505 - 20.02.2002 - Gébé - Gratuits > N° 532 - 28.08.2002 - Gébé - Terre > N° 525 - 10.07.2002 - Mougey - Sida
> N° 534 - 11.09.2002 - Cabu - Chirac

LE NOUVEAU PARTAGE DU MONDE
HONORÉ

L'ARMÉE AFGHANE FORMÉE PAR DES FRANÇAIS
QUI SAIT PARLER LE PACHTOUNE?
CORVÉE DE PLUCHES!
CHARB.

KARACHI
DÉGUISÉ EN MICHÈLE ALLIOT-MARIE, JE NE RISQUE RIEN.
BEN LADEN?

LES ÉTATS-UNIS CONTRE LA COUR PÉNALE INTERNATIONALE
MAIS ON VEUT BIEN S'OCCUPER DE RÉCUSER LES JURÉS
CHARB.

UNE PALESTINIENNE SE FAIT SAUTER À JÉRUSALEM
SAAAALOOOOPE
CHARB.

> N° 498 - 02.01.2002 - Honoré - Partage du monde > N° 521 - 12.06.2002 - Charb - Afghanistan > N° 517 - 15.05.2002 - Willem - Ben Laden > N° 524 - 03.07.2002 - Charb - CPI > N° 502 - 30.01.2002 - Charb - Attentat

PAIX À LA CÔTE D'IVOIRE !

ARAFAT PEUT VOYAGER

2003 - QUELLE HEURE EST-IL ?
GUERRE MOINS UNE

TOUJOURS LA MÊME HISTOIRE !
GOT MIT UNS !
IN GOD WE TRUST !
ALLAH AKBAR !

ISLAMISTES MODÉRÉS EN TURQUIE
ALLAH UN PEU AKBAR !

BUFFALO GRILL
Bientôt en IRAK

SELON BUSH, LA GUERRE EST INÉLUCTABLE
JE SAIS PAS CE QUE ÇA VEUT DIRE...
MAIS J'AIME BIEN LE MOT
TEXAS
TEXAS

2002

> N° 548 - 18.12.2002 - Willem - Côte d'Ivoire > N° 510 - 27.03.2002 - Charb - Arafat > N° 550 - 31.12.2002 - Gébé - Guerre
> N° 539 - 16.10.2002 - Riss - Dieu > N° 542 - 06.11.2002 - Charb - Turquie > N° 549 - 24.12.2002 - Riss - Irak > N° 549 - 24.12.2002 - Gébé - Bush

POUR QUI VA VOTER L'ARLÉSIENNE DE VAN GOGH ?
J'ai toujours vote socialiste, mais là ...
Programme Jospin

SONDAGES
PLEIN L'CUL

RÉSULTATS DU PREMIER TOUR À "CHARLIE HEBDO"

> N° 506 - 27.02.2002 - Willem - Chirac > N° 509 - 20.03.2002 - Gébé - Voter socialiste > N° 510 - 27.03.2002 - Gébé - Sondages
> N° 514 - 24.04.2002 - Gébé - Premier tour

ESCLAVE ! CHOISIS TON MAÎTRE !
cabu

QUI SERA MON GOEBBELS ?
2
TF1
cabu

PRÉSIDER AUTREMENT
SANS ÊTRE PRÉSIDENT

HOMMES : 40
CHEVAUX : 8
ABSTENTION : 28%
RISS

OFFENSÉS, HUMILIÉS, TOUS AVEC LE PEN !
NOUS, LES PETITS ...
... NOUS, LES OBSCURS
... NOUS, LES SANS-GRADE
cabu

> N° 514 - 24.04.2002 - Cabu - Chirac Le Pen > N° 514 - 24.04.2002 - Cabu - Goebbels > N° 514 - 24.04.2002 - Riss - Abstention
> N° 514 - 24.04.2002 - Gébé - Jospin > N° 514 - 24.04.2002 - Cabu - Le Pen Humiliés

RISS
EST-CE QUE VOUS CROYEZ QU'À 74 ANS JE VAIS COMMENCER UNE CARRIÈRE DE DÉMOCRATE ?

PLUTÔT BAISÉS PAR CHIRAC
LUZ
QUE VIOLÉS PAR LE PEN

5 MAI
SOMBRE DIMANCHE
CHIRAC
QUI EÛT CRU QUE LE NOM CHIRAC DEVIENDRAIT SYNONYME DE SACRÉE VIEILLE BRANCHE (1), FIL DE LA VIE (2), PRISE DE LA DERNIÈRE CHANCE (3), PLANCHE DE SALUT ET CANOT DE SAUVETAGE (4), DERNIER BARREAU (5), CACTUS DE LA MORT (6), TIENS BON LE PINCEAU (7), ET SAINTE MERDE, PRIEZ POUR NOUS (8) ?
1
2
3
4
5
6
7
8
CHIRAC

> N° 514 · 24.04.2002 · Riss · Le Pen > N° 515 · 30.04.2002 · Luz · Le Pen > N° 515 · 30.04.2002 · Gébé · Chirac

CHIRAC PRÊT À COHABITER.
JE NE VAIS TOUT DE MÊME PAS GOUVERNER AVEC DES CONNARDS DE DROITE !
W.

SI SÉGUÉLA AVAIT RELOOKÉ DE GAULLE
JE VOUS AI COMPRIS
NIKE
Z'Y VA
cabu
J'VOUS AI PRIS CON

LE VOTE BLANC...
cabu
...C'EST UN VOTE POUR LES BLANCS !

LA RÉPUBLIQUE EST SAUVÉE
RF
Gébé

> N° 516 - 07.05.2002 - Wolinski - Chirac > N° 515 - 30.04.2002 - Cabu - Vote blanc > N° 517 - 15.05.2002 - Cabu - De Gaulle
> N° 516 - 07.05.2002 - Gébé - République

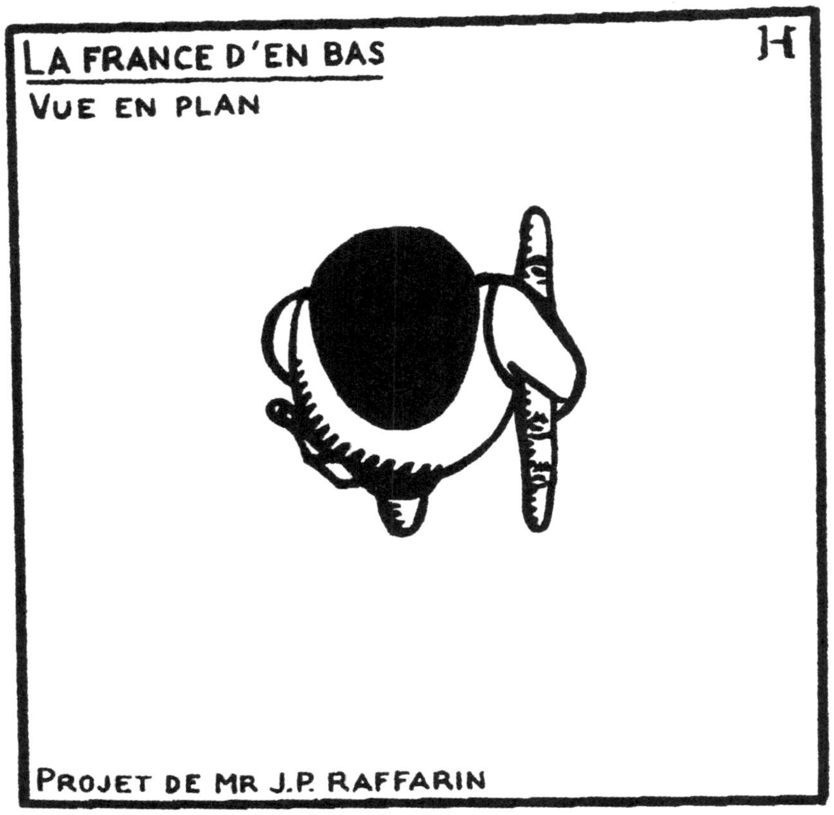
LA FRANCE D'EN BAS
VUE EN PLAN
H
PROJET DE MR J.P. RAFFARIN

VINGT DIEUX !
TANT QUE J'SERAI PREMIER MINISSE Y'AURA POINT D'RAVE DANS MON CHAMP !

LES PARTIS À LA DÉCOUVERTE DE LA FRANCE D'EN BAS
Y'A BON BANANIA
– J'AI DÛ DESCENDRE UN ÉTAGE DE TROP.

> N° 517 - 15.05.2002 - Honoré - France d'en bas > N° 530 - 14.08.2002 - Gébé - Rave > N° 517 - 15.05.2002 - Gébé - France d'en bas

LES VERTS ENFIN D'ACCORD
...POUR SE FOUTRE SUR LA GUEULE !
LUZ.

UNE SEMAINE SANS UNE CONNERIE DE ROSELYNE BACHELOT

SARKOZY, C'EST L'AVENIR
CHARB.

Si vous savez bomber...
SANGATTE
... vous savez faire du social

PARIS-PLAGE
ATTENTION REQUINS
LUZ.

> N° 548 - 18.12.2002 - Luz - Les Verts > N° 518 - 22.05.2002 - Willem - Bachelot > N° 537 - 02.10.2002 - Charb - Sarkozy
> N° 543 - 13.11.2002 - Gébé - Sangatte > N° 527 - 24.07.2002 - Luz - Paris-Plage

UNE GUERRE, VITE !
ON A SOIF !

# 2003

## CHARLIE HEBDO

Les Américains partent à la chasse aux armes de destruction massive en Irak. Ils ne trouveront finalement qu'un dictateur puant et hirsute qui se planquait dans un trou de taupe. La guerre qu'ils livrent là-bas, les Américains l'appellent "Iraqi Freedom". C'est plus joli que War against the bougnoules.

Le journal de la France d'en haut !
CHARLIE HEBDO
2€
VIRGIN : le labo du Medef pour dissoudre le droit du travail
PRESSE GRATUITE : « Charlie » vous offre deux pages pires que « Métro »
DOUAI : la délation avec les « citoyens-relais »
L'HOMME DE L'ANNÉE
2003

Dans le même temps, en France, on part à la chasse aux signes ostentatoires dans les écoles. "Signe ostentatoire", c'est le nom de code pour ne pas dire "voile islamique". À *Charlie*, on est divisés en deux parts absolument pas égales. Le plus grand nombre est pour le vote d'une loi qui interdirait le voi... pardon, qui interdirait tout signe ostentatoire dans les établissements scolaires. Bon, en fait, je reste tout seul à trouver l'opération voile freedom un peu con. Et, pour tout dire, je suis pour les signes ostentatoires. Voilà, je l'ai dit. Les signes religieux ne me dérangent pas. Les kippas, les croix, les foulards, vous pouvez vous en coller jusque-là, je m'en fous. Si des couillons veulent s'étiqueter comme les péquenots étiquettent leurs veaux, qu'ils le fassent. Et si les parents forcent leurs enfants à porter telle ou telle tenue grotesque ? Soyons optimistes, avec le temps, ça fera des athées de plus !

Je pensais qu'il ne fallait pas tomber dans le piège des croyants en donnant de l'importance à leurs colifichets, accessoires, bouts de tissu... En revanche, je n'en reviens toujours pas qu'il soit autorisé de circoncire des enfants, des bébés, pour des raisons religieuses. On les marque de manière indélébile. On les charcute au nom de Dieu et tout le monde s'en fout. Adulte, le juif peut renoncer à sa kippa, le chrétien à sa croix et la musulmane à son voile, mais quel juif ou musulman peut se faire repousser le bout du zob ? On y réfléchit et on se rappelle.

PARIS-DAKAR
LE BRUIT!
...ET L'ODEUR!
Jul

GBAGBO: LA RÉCONCILIATION EN CÔTE D'IVOIRE
GRÂCE À NOS ANCÊTRES LES GAULOIS
MOUGEY

ET SURTOUT: BONNE SANTÉ!

LA VENTE BRETON
PAPE DU SURRÉALISME DURANT 50 ANS DANS UN DEUX-PIÈCES DE 60 M², LE POÈTE ANDRÉ BRETON A COUVERT SES MURS D'ŒUVRES D'ART ACCROCHABLES ET SES PLAFONDS D'ŒUVRES SUSPENDABLES. IL A SURCHARGÉ SES ÉTAGÈRES, BOURRÉ DES VITRINES, AMASSÉ ET ENTASSÉ. L'HÉTÉROCLITE COLLECTION SERA DISPERSÉE À DROUOT. CE SERA LA VENTE BRETON.
« Tout porte à croire qu'il existe un certain point de l'esprit d'où la vie et la mort, le réel et l'imaginaire, le passé et le futur, le communicable et l'incommunicable, le haut et le bas cessent d'être perçus contradictoirement »
REPRÉSENTATION IMAGINAIRE AUTORISÉE PAR A. BRETON
A. Breton – "SECOND MANIFESTE DU SURRÉALISME"
LA VENTE RAFFARIN
PAPE, DEPUIS BIENTÔT UN AN, DE LA DÉBLATÉRATION BONHOMME OU DE L'ÉRUCTATION MARCHAND DE VIN : "NOUS N'AVONS PAS ÉTÉ ÉLUS POUR LE RETOUR DU – CRACHE! CRACHE! – RÉGIME DES PARTIS." (Assemblée nationale, le 15-02), JEAN-PIERRE RAFFARIN A DÉJÀ ACCUMULÉ ASSEZ D'ŒUVRES D'ART POUR INTÉRESSER LE MARTEAU D'UN COMMISSAIRE-PRISEUR. VENTE RAFFARIN.
LE CROC DE BOUCHER qui donne au premier ministre cet air d'être toujours en train de livrer un demi-boeuf.
MACHINE À MODIFIER LA LOI ÉLECTORALE
VASE À RECUEILLIR L'IMPÔT DES RICHES
49-3
LE SURRÉALISME SE PORTE BIEN → "PARIS-LONDRES" de Joann SFAR – L'Association – et les femmes iraniennes? toujours indomptables! → "BRODERIES" par Marjane SATRAPI : L'Association aussi
Gébé

> N° 551 - 08.01.2003 - Jul - Dakar > N° 554 - 29.01.2003 - Mougey - Gbagbo > N° 551 - 08.01.2003 - Willem - Bonne année
> N° 557 - 19.02.2003 - Gébé - Breton

LES GRILLES DE LOTO CHANGENT DE LOOK
MAIS LES JOUEURS GARDENT LE MÊME
CHARB.

FRANÇOISE GIROUD N'EST PLUS
LE JOURNALISME EN DEUIL
ON PEUT ÉCRIRE MAL

60 JOURS AVEC JOEY STARR
MÊME EN CLAIR, C'EST DU CRYPTÉ...
EUAH.. GROMF TU VOIS
CHARB.

VOIÀ LA TÉLÉ
Benjamin CASTALDI
"À LA RECHERCHE DE LA NOUVELLE STAR !"
VOUS LE SAVEZ, NOUS AVONS LANCÉ LE PLUS GRAND CONCOURS MUSICAL JAMAIS ORGANISÉ À TRAVERS LA FRANCE, LA BELGIQUE, LE QUÉBEC. AU TOTAL, VINGT MILLE CANDIDATS AUDITIONNÉS POUR UNE VRAIE RAISON : DEVENIR UNE STAR.
« UNE NOUVELLE VAGUE DE FRAÎCHEUR ENVAHIT LA MUSIQUE AVEC SEVEN UP, SUR M6 ! »
JE M'APPELLE JULIE, J'HABITE LONFREVILLE-L'ARCHER, J'AI VINGT ANS, JE SUIS INTÉRIMAIRE, ET JE PEUX VOUS DIRE QUE J'AI DES BRAS ET DE LA VOIX ! J'AI ENVIE DE FAIRE QUELQUE CHOSE QUI CHANGE : DANS LA FAMILLE TOUT LE MONDE EST OUVRIER... TOUT LE MONDE EST... J'SAIS PAS, J'AI ENVIE DE...
Star
...REDEVENIR LA REBELLE, ET LA BÊÊTE VAINCUE PAR L'ENFANT, MAIS J'Y CROIS ENCOOORE ON EST VIVANT, TANT QU'ON EST FOOORT...
PARIS 9972
JE TROUVE QUELQUE CHOSE D'INSTINCTIF ET DIRECT... VOUS ENVOYEZ UN TRUC SURPRENANT, JULIE. RENDEZ-VOUS À PARIS !...
Lionel FLORENCE
André MANOUKIAN
LES JURÉS : Dove Attia, Varda Kakon
8e ARRt RUE BAYARD
C'EST VRAI ? T'AS GAGNÉ, MA FILLE ?!... TU MÉRITES, TU MÉRITES !...
(À SUIVRE...)
Bernar

QU'EST-CE QU'ON SE FAIT CHIER DANS LE MÉDOC !
TIGNOUS

"FALLAIT PAS L'INVITER !"
(réminiscence canalienne)
Marc-Olivier FOGIEL A BEAU JOUER LES VIERGES EFFAROUCHÉES (DANS LES QUINZE DERNIÈRES MINUTES D'UNE ÉMISSION DU SERVICE PUBLIC – F3 – CONSACRÉE À BRIGITTE BARDOT), COMMENT CROIRE UNE SECONDE QUE MARC-O. (MARCO, DANS L'INTIMITÉ, APPELLE AFFECTUEUSEMENT BARDOT "BRI", CONFESSE-T-IL SUR FRANCE-INTER...) IGNORAIT TOUT DES PENSÉES (LE MOT EST FORT) NAUSÉABONDES (LE MOT EST FAIBLE) DE CELLE QUI EST PERSUADÉE « DIRE TOUT HAUT CE QUE TOUT LE MONDE PENSE TOUT BAS. »
FOGIEL : « JE N'AURAIS PAS LU CE LIVRE* S'IL N'ÉTAIT PAS SORTI POUR L'ÉMISSION (sic) ». « ON NE SAVAIT PAS !.. »
(vieil air connu...)
VU À LA TÉLÉ
Bri-Bri est venue sur le plateau avec sa claque
ON NE PEUT PAS PLAIRE À TO... M...
ON A PU LIRE UN PEU PARTOUT DES EXTRAITS DE LA PROSE À BRI-BRI.
CETTE CHRONIQUE PRÉFÉRERA MONTRER UNE BARDOT MUETTE, CE QU'ELLE NE FUT PAS, HÉLAS, CE SOIR-LÀ.
BRIGITTE, COMME ALAIN (Delon), VOUS ÊTES UNE ÉCORCHÉE-VIVE-FRAGILE-SOLITAIRE-QUI-A-BESOIN-D'ÊTRE-AIMÉE-COÛTE-QUE-COÛTE-SANS-CESSE-À-LA-RECHERCHE-DE-L'AMOUR... MAIS CETTE ÉMISSION N'ÉTAIT PAS FAITE POUR PARLER DE VOTRE LIVRE*
Ben voyons. Voilà en tout cas un prime-time bien réussi avec audience du même métal.
Fogiel
Le fan club, dans la foule, hurle : « Brigitte, tu t'es fait piéger ! Sors !!... »
(On se croirait à "Fort-Boyard" !)
Vient s'installer à une place vacante (tiens ?!..) au premier rang du public de dévots B. d'Ormale, ami de Le Pen et mari de Bardot.
Il marmonne comme un vieux cinglé édenté, mâchonnant sa haine et sa bouillie pour les chats...
Bardot DÉRAPE
bernar.
(* VOIR LES "PUCES" DE LUCE, "CHARLIE" 569)

BIENTÔT LA BURQA ?
HONORÉ

LES 30 ANS DU LARZAC :
SÉCHERESSE DE 76
MEC DE 68
POLICE DE 1940
Jul

LE PAPE CANONISE UN PRÊTRE FUSILLÉ PENDANT LA GUERRE CIVILE ESPAGNOLE
HONORÉ

CONNAIS-TOI TOI-MÊME !
RISS

LA POLOGNE ENTRE DANS L'U.E.
MERDE! ON VA NOUS BAISSER NOS QUOTAS D'ANTISÉMITISME
CHARB.

PLAN SOCIAL À KINDY
LUZ.

POLICE
CHEF, ON LAISSE PASSER?

> N° 573 - 11.06.2003 - Charb - Pologne > N° 557 - 19.02.2003 - Luz - Kindy > N° 571 - 28.05.2003 - Luz - G8

BURALISTES EN COLÈRE
NI PUTES
NICOTINE

RENTRÉE MATTEI FAIT L'APPEL
PAPY MOUGEOT
PRÉSENT

POLLUTION À PARIS
BON, OK, JE PRENDS LE MÉTRO !
MÉTRO
CENSIER-DAUBENTON

COMMENT ÉCHAPPER À LA CANICULE ?
MARIE TRINTIGNANT

LES PETITS VIEUX AU CONGÉLO

JOURNÉE DU PATRIMOINE.

> N° 597 - 26.11.2003 - Riss - Buralistes > N° 584 - 27.08.2003 - Luz - Papy Mougeot > N° 588 - 24.09.2003 - Charb - Pollution
> N° 581 - 06.08.2003 - Riss - Canicule > N° 584 - 27.08.2003 - Charb - Canicule > N° 588 - 24.09.2003 - Wolinski - Patrimoine

DOUBLE NATIONALITÉ
RÉPUBLICAIN À L'ÉLYSÉE
FÉODAL EN CORRÈZE

MONSIEUR CHIRAC, LE SALON DE L'AGRICULTURE FERME...

"CULTURE ET DÉPENDANCES"
présenté par F.-O. Giesbert
VOIÀ LA TÉLÉ
2 ANS APRÈS LES ATTENTATS, L'ANTIAMÉRICANISME EST-IL LE SOCIALISME DES IMBÉCILES OU L'ANTISÉMITISME DU PAUVRE ?
MAIS LES USA, PENDANT DES DÉCENNIES, ONT SOUTENU LES « FRÈRES MUSULMANS », LES TALIBANS, TOUS LES ISLAMISTES : BEN LADEN EST UNE CRÉATURE QUI A ÉCHAPPÉ À SON CRÉATEUR !
Védrine
L'ARME DE DESTRUCTION MASSIVE EXISTE EN IRAK : C'EST SADDAM HUSSEIN ! IL FALLAIT ENCERCLER L'ARABIE SÉOUDITE EN PRENANT BAGDAD : OPÉRATION DISSUASIVE POUR TEMPÉRER LA FIÈVRE ISLAMISTE ! BIEN SÛR, LA CLASSE POLITICO-MILITANTE DE BESANCENOT À LE PEN, DE HOLLANDE À CHIRAC, EST L'UNION ABSOLUE CONTRE BUSH !
MAIS DITES VOUS QUAND MÊME QU'ENTRE 30 ET 43% DES FRANÇAIS SONT DE MON AVIS EN PENSANT QUE BUSH A EU RAISON DE FAIRE TOMBER SADDAM !
LA DÉMOCRATIE EST CONSUBSTANTIELLE À L'AMÉRIQUE !...
Glucksmann
VOUS REPROCHEZ AUX AMÉRICAINS DE NE RIEN COMPRENDRE AU MONDE ? D'AVOIR CRÉÉ L'ISLAMISME ? QUAND ON VOIT SE RÉPANDRE CET ANTISÉMITISME VIOLENT, ON VA NOUS DIRE QUE C'EST UNE CRÉATION AMÉRICANO-SIONISTE ?
(Nous expliquera-t-on un jour pourquoi « antisémitisme » s'applique désormais – Larousse à l'appui – à l'hostilité à l'égard des Juifs, alors que Juifs, Arabes, Araméens, etc. furent tous fils de Sem, "sémites" ? Mais Cavanna a, un jour, posé mieux que moi cette question dans "Charlie")
Finkelkraut («VOTRE TEXTE EST TAILLÉ DANS LE DIAMANT !» lui dit F.-O.G.)
A-T-ON LE DROIT DE NE PAS SE METTRE AU GARDE-À-VOUS DEVANT BUSH SANS ÊTRE TAXÉ D'AMI DES ISLAMISTES OU DES DICTATEURS ?
Besancenot
C'EST VOTRE COPAIN, SADDAM, HEIN ?...
LA GUERRE DU KOWEIT A ÉTÉ UNE BELLE GUERRE ! AIMONS LES AMÉRICAINS DE L'AVOIR FAITE !
Yves Berger, auteur du "Dictionnaire amoureux des USA", «AMÉRICANOPHILE COMME UN PHOQUE» dixit F.-O.G.
bernar.


2003

LES ÉLECTEURS BOIVENT...
N
... LES JEUNES TRINQUENT
Cabu

SI PAR MALCHANCE IL M'ARRIVE UN JOUR DE VIEILLIR...
...MA SUCCESSION EST ASSURÉE...
...MES IDÉES SUR L'INSÉCURITÉ, L'IMMIGRATION...
...ME SURVIVRONT!

MARINE LEPEN: SON PÈRE L'A CONÇUE ..
..LES MÉDIAS LUI ONT DONNÉ LA VIE!
CHARB.

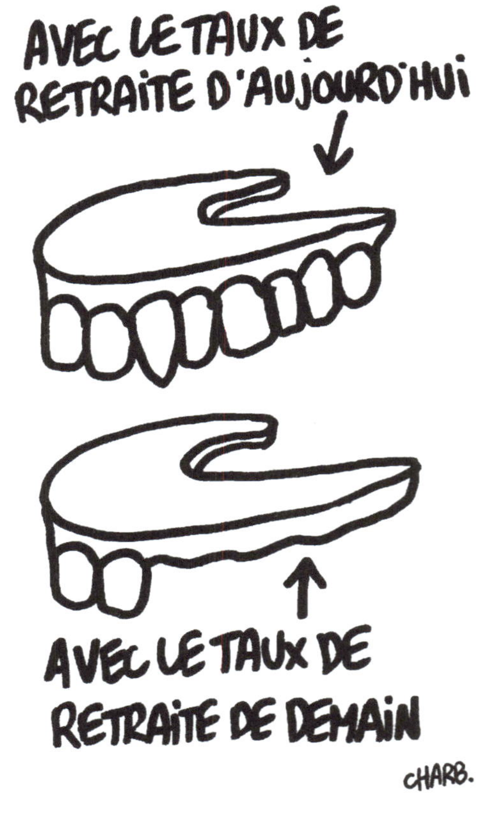
AVEC LE TAUX DE RETRAITE D'AUJOURD'HUI
AVEC LE TAUX DE RETRAITE DE DEMAIN
CHARB.

> N° 568 - 07.05.2003 - Cabu - Sarkozy > N° 568 - 07.05.2003 - Willem - Le Pen > N° 566 - 23.04.2003 - Charb - Marine Le Pen
> N° 568 - 07.05.2003 - Charb - Retraite

ATTENTION FERRY
LUZ

35H
IL Y A DES MILLIONS D'ANNÉES, DÉJÀ...
CHARB.

TOUCHEZ MA BOSSE...
...POUR AVOIR UNE RETRAITE PAR CAPITALISATION
cabu

TINTIN AU POUVOIR
FAUDRA BOSSER DE 7 À 77 ANS.
RISS

RAFFARIN = THIERS
C'EST PAS LA RUE QUI GOUVERNE
FEU!

> N° 585 - 03.09.2003 - Luz - Ferry > N° 590 - 08.10.2003 - Charb - 35 heures > N° 568 - 07.05.2003 - Cabu - Retraite
> N° 570 - 21.05.2003 - Riss - Tintin > N° 569 - 14.05.2003 - Gébé - Raffarin

QU'AURAIT FAIT JOHNNY WALKER À MA PLACE ?
RISS

NOUS FERONS DE LA MECQUE UN LAS VEGAS !
Cabu

CONNARDS
DE DESTRUCTION MASSIVE
RISS

GASPARD
BALTHAZAR
MELCHIOR
IRAK
Jul

UNE GUERRE, VITE ! ON A SOIF !

> N° 560 - 12.03.2003 - Riss - Bush > N° 559 - 05.03.2003 - Cabu - Mecque > N° 556 - 12.02.2003 - Riss - Connards
> N° 551 - 08.01.2003 - Jul - Rois mages > N° 556 - 12.02.2003 - Willem - Guerre

LES SOLDATS U.S. S'INSTALLENT DANS LA GUERRE
home sweet home
TIGNOUS

IRAK: LES SOLDATS AMÉRICAINS SE SUICIDENT
ILS PIQUENT LE BOULOT DES ARABES!
CHARB.

12:03
FOX NEWS
PRESS
ÉCRAN PLASMA
ÉCRAN HÉMOGLOBINE

> N° 563 - 02.04.2003 - Tignous - Soldats US > N° 593 - 29.10.2003 - Charb - Suicides > N° 562 - 26.03.2003 - Jul - Plasma

> N° 564 - 09.04.2003 - Cabu - Irak

DEUX ANS APRÈS LE 11 SEPTEMBRE :
AL-QAIDA RECRUTE...
CHEZ LES PYGMÉES
ALLAH EST PETIT !
CHEZ LES FAKIRS
ÇA VOUS DIRAIT DE FAIRE LA MÊME CHOSE SUR UNE HÔTESSE DE L'AIR ?
CHEZ LES ABORIGÈNES
MANIABLE, INDÉTECTABLE, PUISSANTE...
CETTE ARME DOIT BIEN AVOIR UN INCONVÉNIENT, MAIS LEQUEL ?
CHEZ LES ESQUIMAUX
PÔLE NORD
LA MECQUE
LA MECQUE
LA MECQUE
JUL.

OÙ SE CACHE DONC SADDAM ?
ternar.

2 ANS APRÈS LES TWIN TOWERS :
USA
JE VIENS DE PERDRE MES TWIN COUILLES.
RISS

BAGDADIS ! VOS 70 VIERGES ARRIVENT !
cabu

2003

> N° 586 - 10.09.2003 - Jul - Al-Qaida > N° 565 - 16.04.2003 - Bernar - Saddam > N° 586 - 10.09.2003 - Riss - Twin Towers
> N° 564 - 09.04.2003 - Cabu - Vierges

# L'AXE DU BIEN DANS L'IMPASSE

# 2004

## CHARLIE HEBDO

Les touristes en vacances en Thaïlande ont eu marée haute cette année-là. Les Indonésiens, qui n'ont pas souvent l'occasion de glander à la plage, ont eu le short mouillé. Et les Sri Lankais aussi, et puis plein d'autres… Un mur d'eau allant jusqu'à 35 mètres de haut a lessivé les côtes de l'océan Indien. Plus de 230 000 morts. *Charlie Hebdo*, qui ne voit que le bon côté des choses, a publié en "une" un dessin de Cabu représentant un beauf en train de baisser son froc devant une gamine thaïlandaise. Une vague arrive, qui va les submerger. Le titre : "Un seau d'eau froide sur le tourisme sexuel". C'était la "une" à ne pas faire. Quatre-vingt-quinze Français sont morts dans la catastrophe. On peut rigoler de tout, sauf quand des Français sont impliqués… On a reçu plein de courrier de gens outrés.

CHARLIE HEBDO
UN SEAU D'EAU FROIDE SUR LE TOURISME SEXUEL !

Les gens qui ne lisent pas *Charlie Hebdo*, dans ces cas-là, pensent qu'on se fout gratuitement de la gueule des victimes. Gratuitement, non ! À l'époque, c'était 2 euros. Ce que les abrutis ne comprennent pas, c'est que ce n'est pas la catastrophe qui nous fait marrer, c'est la faux cuterie de nos confrères de la presse sérieuse et compassionnelle. L'information sur le tsunami n'a occupé autant de place dans les journaux que parce qu'il y avait des Français parmi les victimes. Des reportages sur le drame des bronzés à Phuket ont évidemment été plus nombreux que les reportages sur les victimes indonésiennes (quelque 170 000 morts). En France, les ONG ont recueilli 330 millions d'euros ! Les victimes françaises ont servi d'attachées de presse à la catastrophe. Les Français se sentaient d'un coup solidaires de crève-la-faim, parce que quatre-vingt-quinze des leurs avaient connu le même funeste sort qu'eux. En attendant, les petites Thaïlandaises continuent d'essuyer des tsunamis de foutre bien français. Du foutre aux normes NF, ça ne peut pas être mauvais !

La même année disparaissait Gébé. Une catastrophe pour le dessin de presse, mais ça, tout le monde s'en fout.

PAS DE REVENDICATION
TERRORISME
ATTENTATS SANGLANTS
VOUS DÉSIREZ UN ATTENTAT DANS LES COMBIEN DE VICTIMES, MONSIEUR ?
UNE CENTAINE AU MOINS.
UNE BOMBE SUFFIT POUR UN AVION. MAIS POUR UN TRAIN, OU UN MÉTRO, IL FAUT COMPTER DEUX OU TROIS BOMBES.
NON, PAS UN MÉTRO. IL Y A TROP D'AFRICAINS. JE VEUX TUER DES GENS COMME VOUS ET MOI.
C'EST LE TRAIN, LE PLUS MEURTRIER. L'IDÉAL C'EST LE RER, VERS 8H. BOURRÉ DE FEMMES, D'ENFANTS, D'ÉTUDIANTS...
ÇA, ÇA SERAIT PARFAIT !
JE VAIS VOUS ÉTABLIR UN DEVIS. L'ATTENTAT SERA REVENDIQUÉ PAR QUI ?
PAR PERSONNE.
C'EST ENNUYEUX. NOUS AVONS BESOIN D'UNE REVENDICATION.
ON N'A PAS LE DROIT DE TUER DES GENS SANS REVENDIQUER QUOI QUE CE SOIT ?
C'EST CONTRAIRE À NOTRE RÈGLEMENT. ON NE TUE PAS POUR RIEN. VOUS AVEZ BIEN UNE MOTIVATION ?
OUI, JE HAIS LES GENS, LA FOULE, LE PUBLIC, LE PEUPLE !
C'EST VAGUE ! NOUS TRAVAILLONS POUR DES SÉPARATISTES, DES NATIONALISTES, DES ISLAMISTES, DES RÉSEAUX D'ADEPTES CONVAINCUS, QUE DIEU SOUTIENT DANS LEUR COMBAT. LA MORT EST UNE CHOSE SÉRIEUSE, UN ACTE DE FOI DANS LA JUSTESSE DES LUTTES.
JE VEUX ME VENGER DE LA SOCIÉTÉ POUR DES RAISONS PERSONNELLES.
JE RESPECTE VOTRE ATTITUDE, MONSIEUR. MAIS SANS REVENDICATION CRÉDIBLE, UN ATTENTAT N'EST QU'UN MALHEUR SANS SIGNIFICATION.
VOUS AVEZ BESOIN, POUR TUER, D'UNE CAUSE, AFIN DE SOULAGER VOTRE MAUVAISE CONSCIENCE !
EXCUSEZ-MOI, MONSIEUR. MAIS J'AI BEAUCOUP DE TRAVAIL.
SALOPARD !
TIENS ! IL A OUBLIÉ SON SAC ?
BOUM
ENCORE UN ATTENTAT ! MAIS QU'EST-CE QU'ON A FAIT AU BON DIEU ?
DIEU A BESOIN DE LA MORT POUR EXISTER.
CAFÉ
WOLINSKI

LE VOILE
FAIT BANDER LES BARBUS
?

POURQUOI LE VOILE ?
PARCE QUE J'AI DU POIL AUX PATTES
LUZ

10 NOUVEAUX PAYS
DANS L'EUROPE
...ET PAS UN SEUL POUR NOUS ACCUEILLIR

«LE CRI» de MUNCH DÉROBÉ
LE CRI
HEUREUSEMENT, IL NOUS RESTE SES MEILLEURES TOILES !
LE PET
LE ROT

> N° 613 · 17.03.2004 · Wolinski · Attentat > N° 605 · 21.01.2004 · Willem · Voile > N° 605 · 21.01.2004 · Luz · Voile
> N° 619 · 28.04.2004 · Cabu · Roms > N° 636 · 25.08.2004 · Riss · Munch

MARIAGE HOMO
LE MARIAGE EST RÉSERVÉ À CEUX QUI PEUVENT AVOIR DES ENFANTS !
J'EN AI FAIT UN À TA FEMME, CONNARD !
CHARB.

POUR OU CONTRE LE MARIAGE HOMO ?
POUR
CONTRE
LUZ

"FEMMES, VOUS ÊTES LES SENTINELLES DE L'INVISIBLE"
TRACES DE FREINAGE DE LA MISÉRICORDE
MOISISSURE DE LA TRANSFIGURATION
ACARIENS DE L'INDICIBLE
JUS DE BIDET DE LA RÉDEMPTION
CAFARDS DE LA RÉVÉLATION
LUZ

2004

> N° 622 - 19.05.2004 - Charb - Homo mariage > N° 624 - 02.06.2004 - Luz - Mariage homo > N° 635 - 18.08.2004 - Luz - Pape

LA HAUTE COUTURE
... D'EN BAS
LE PULL À COL ROULÉ QUI GRATTE...
... C'ÉTAIT LUI.
LE T-SHIRT DANS LE...
... JOGGING DE VOTRE VOISIN, C'ÉTAIT LUI.
LE BLEU DE TRAVAIL, C'ÉTAIT LUI.
Z'EST LA LUTTE VINALE
LA TACHE DE SAUCE SUR LA CHEMISE DE VOTRE COLLÈGUE DE BUREAU, C'ÉTAIT LUI.
ACH! ZATANÉE JOUCROU-TE!
LE SLIP KANGOUROU, C'ÉTAIT LUI.
ZATANÉS MORBIONS
LE PEIGNOIR DE LA CONCIERGE, C'ÉTAIT LUI.
LES BATINS, Z'EST BOUR LES JIENS?
LAGERFELD STYLISTE POUR H&M? ET ALORS? CE N'EST PAS LA PREMIÈRE FOIS QUE LE GRAND COUTURIER HABILLE LA FRANCE D'EN BAS. LA PREUVE...
REMBOURSEZ!
LES ROBES À FLEURS DES PERSONNAGES DE CHARB, C'ÉTAIT LUI.
MAIS SURTOUT...
... LE COL QUI DÉPASSE DE LA VESTE, C'ÉTAIT LUI!
LES FEMMES GIRAFES, C'ÉTAIT LUI...
GUTEN TAG, BWANA!
LUZ

CE COUP-CI C'EST PAS MOI...
Ben Laden
... C'EST MON PATRON ALLAH!
Cabu

SUPER
SANS PLOMB 98
DIESEL
Jul.

> N° 649 - 24.11.2004 - Luz - Lagerfeld > N° 654 - 29.12.2004 - Cabu - Tsunami > N° 643 - 13.10.2004 - Jul - Mecque

LA LIBERTÉ DE LA PRESSE MENACÉE PAR LES JOURNAUX GRATUITS
CORAN
CORAN
CORAN
CORAN
CORAN
RISS

LA CFDT A 40 ANS
ON PEUT PAS M'ACCUSER DE PÉDOPHILIE!
TIGNOUS

OTAGES : L'INTERMINABLE ATTENTE !
ON N'A PLUS DE SLIPS PROPRES.
RISS

LE MESSAGE DE SERGE DASSAULT, PRÉSIDENT DU "FIGARO"
« CE QUI FAIT LA FORCE ET L'INDÉPENDANCE D'UN JOURNAL C'EST AVANT TOUT LA CONFIANCE DE SES LECTEURS » *
LES LECTEURS SONT DES CONS. METTONS-NOUS À LEUR NIVEAU.
« C'EST D'ABORD AU SERVICE DES LECTEURS QUE DOIVENT ÊTRE LES JOURNALISTES » *
AU SERVICE DES LECTEURS, ÇA VEUT DIRE À MON SERVICE ET AU SERVICE DES ANNONCEURS.
« J'AIME LES CHOSES BIEN FAITES, FACILES À LIRE.. »
PAR EXEMPLE, "LE CARNET DU JOUR" « LES LIGNES COMPORTANT DES CARACTÈRES GRAS SONT FACTURÉES SUR LA BASE DE DEUX LIGNES : LES EFFETS DE COMPOSITION SONT PAYANTS. CHAQUE TEXTE DOIT COMPORTER UN MINIMUM DE DIX LIGNES. »
ÇA C'EST DE L'INFO !
« CE QUI FAIT LA FORCE ET L'INDÉPENDANCE D'UN JOURNAL, C'EST LE TRAVAIL DE CHACUN, SES JOURNALISTES, BIEN SÛR, MAIS AUSSI TOUTES LES AUTRES CATÉGORIES DE PERSONNEL, LES CADRES, LES EMPLOYÉS ET LES OUVRIERS. » *
ET MON FILS !
JE SAIS QUE CERTAINS SE POSENT DES QUESTIONS. JE SAIS QUE VOUS FAITES UN MÉTIER DIFFICILE. MAIS JE SAIS AUSSI QUE DANS TOUTES LES ENTREPRISES QUE J'AI DIRIGÉES, CEUX QUI M'ONT LÉCHÉ LE CUL ONT TOUJOURS AMÉLIORÉ LEUR SITUATION PERSONNELLE.
« CE QUI FAIT LA FORCE ET L'INDÉPENDANCE D'UN JOURNAL, C'EST SA BONNE SANTÉ FINANCIÈRE. » *
UN BON JOURNAL, C'EST UN JOURNAL QUI GAGNE DE L'ARGENT.
« CE QUI FAIT LA FORCE ET L'INDÉPENDANCE D'UN JOURNAL, C'EST ENFIN SON UNITÉ AUTOUR DE VALEURS PARTAGÉES. » *
LE PRINCIPE QUI DOIT GUIDER LES RÉFLEXIONS DE CHAQUE JOURNALISTE DU "FIGARO", C'EST DE NE JAMAIS ÉCRIRE QUELQUE CHOSE QUI ME DÉPLAISE.
LA DEVISE DU "FIGARO" : "SANS LA LIBERTÉ DE BLÂMER IL N'EST PAS D'ÉLOGES FLATTEURS." (BEAUMARCHAIS) VA ÊTRE REMPLACÉE PAR : « RECETTES MOINS DÉPENSES = PROFITS. DÉPENSES MOINS RECETTES = DÉFICIT. » (SERGE DASSAULT)
BONNE CHANCE À TOUS !
* "LE FIGARO" VENDREDI 9 JUILLET.
WOLINSKI

> N° 637 - 01.09.2004 - Riss - Coran > N° 647 - 10.11.2004 - Tignous - CFDT > N° 638 - 08.09.2004 - Riss - Otages
> N° 630 - 13.07.2004 - Wolinski - Dassault

L'ARME
DE DESTRUCTION MASSIVE
CE N'EST PAS :
LA PESTE, LE CHOLÉRA...
...LE SIDA, EBOLA...
Cabu
NI LE RÉCHAUFFEMENT DU CLIMAT...
LA "QQ" CHINOISE, SORTE DE "LADA", EST DESTINÉE À DEVENIR LA VOITURE DE CHAQUE FAMILLE CHINOISE. EN FRANCE, IL Y A 30 MILLIONS DE BAGNOLES POUR 60 MILLIONS D'HABITANTS... EN CHINE, LORSQU'IL Y AURA 750 MILLIONS DE BAGNOLES POUR 1 MILLIARD 300 MILLIONS DE CHINOIS, CE SERA LA FIN DU MONDE.
...C'EST LA "QQ" CHINOISE !

COMMENT PERDRE DU POIDS AVANT LES VACANCES
EURO 2004
ET HOP ! 1 KILO EN MOINS
LUZ

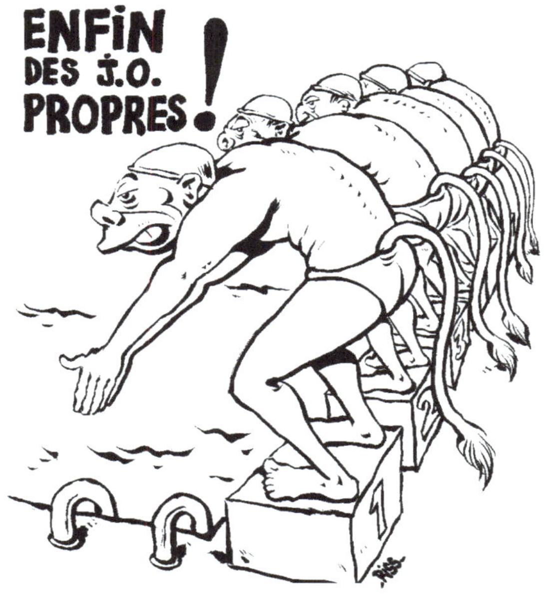
ENFIN DES J.O. PROPRES !
1

OGM
C'EST PARTI !
Cabu

NON, VOUS N'AVEZ PAS ACHETÉ UN...
...CLIMATISEUR POUR RIEN
LUZ

LA GRANDE MISÈRE DE LA RECHERCHE FRANÇAISE
JE VAIS ÊTRE OBLIGÉ DE M'INSTALLER AUX ÉTATS-UNIS.
RISS

HON ORÉ
Chercheur découvrant le budget de son labo.

DEPUIS QUE J'AI FAIT VENIR DE LA MAIN-D'OEUVRE DE ROUMANIE, J'AI FAIT BAISSER MES COÛTS DE 60% !
RISS

> N° 630 - 13.07.2004 - Luz - Climatiseur > N° 606 - 28.01.2004 - Riss - Recherche > N° 612 - 10.03.2004 - Honoré - Chercheur
> N° 643 - 13.10.2004 - Riss - Chirurgie

DU VIAGRA ?
POUR QUOI FAIRE ?
RISS

REGARDE, CHÉRI, UN PAPILLON !
4x4
RISS

LES FRUITS ET LÉGUMES TROP CHERS
30 EUROS LA PIPE 120 EUROS L'AMOUR...
LAISSE TOMBER
HÔTEL
CHARB.

LA GRIPPE DU POULET TRANSMISSIBLE AU COCHON...
GROUIK, MON MARI !
LUZ

> N° 608 - 11.02.2004 - Riss - Viagra > N° 626 - 16.06.2004 - Riss - Papillon > N° 633 - 04.08.2004 - Charb - Fruits
> N° 636 - 25.08.2004 - Luz - Grippe

QUE DU BONHEUR !
C'EST MAINTENANT UN SUJET DE RIGOLADE BIEN CONNU : LE SOIR DES EUROPÉENNES, LE PREMIER MINISTRE S'EST CONTENTÉ DE COMMENTER LES RÉSULTATS DU FOOT. PASSION SOUDAINE POUR LA BALLE AU PIED, LUI QUI SEMBLE PLUTÔT AVOIR RATÉ UNE VOCATION DE RUGBYMAN MALADROIT...*
PAS PLUS GÊNÉ, LE VOICI AU J.T. DE TF1, TROIS JOURS PLUS TARD
VU À LA TÉLÉ
POURQUOI VOUS ACROCHER ?... CE PAYS EST-IL RÉFORMABLE ?
Toute la réponse est dans le poing potelé-serré, qui martèle énergie, bon sens terrien, connerie obstinée...
TF1
J'AI UNE DOUBLE MISSION À REMPLIR : CELLE DU PRÉSIDENT DE LA RÉPUBLIQUE, CELLE DE LA MAJORITÉ PARLEMENTAIRE. IL N'Y AURA PAS DE RECUL : ÉCOUTE MAIS NON FAIBLESSE...
DES RUPTURES DE COURANT ÇÀ ET LÀ NE NOUS ARRÊTERONT PAS : OUI AU DIALOGUE SOCIAL, OUI À LA GRÈVE, NON À LA GRÈVE DE LA DÉMOCRATIE.
(?!!!!)
LA MORT RECULE : QUE CETTE VIE GAGNÉE SOIT DU BONHEUR !
Quelques heures avant, c'est à main levée et ouverte que des agents EDF décidaient de représailles sur la résidence de Raffarin et sa trogne de compteur cabossé.
Bernar

LANCER DE NAIN RÉUSSI
RF
ELY SÉE
cabu

SARKOZY N'A PAS FAIT BAISSER LE FN
IL TUE SON FILS CROYANT TUER SA FEMME
cabu

PARITÉ AU SÉNAT
1 DOSE DE FEMME
5 DOSES DE RICAR
cabu

> N° 627 - 23.06.2004 - Bernar - Raffarin > N° 650 - 01.12.2004 - Cabu - Lancer de nain > N° 614 - 24.03.2004 - Cabu - Sarkozy > N° 641 - 29.09.2004 - Cabu - Parité

VOiÀ LA TÉLÉ
Pfc Lynndie England
372 nd Military Police Company
L'IMAGE QUI A BOULEVERSÉ L'AMÉRIQUE PURITAINE :
CETTE FEMME A FUMÉ DANS UN LIEU PUBLIC !
À 21 ANS, L. ENGLAND FAIT PARTIE DES SEPT SOLDATS AMÉRICAINS INCULPÉS DE SÉVICES ET HUMILIATIONS SUR DES PRISONNIERS IRAKIENS. RÉSERVISTE, AFFECTÉE À LA PRISON D'ABOU GHRAIB, ELLE NE NIE PAS, MAIS DÉCLARE AVOIR ÉTÉ CONTRAINTE DE POSER SUR CES PHOTOS.
POUR LES PROGRÈS DE LA LIBERTÉ EN IRAK, COMME DIT GEORGE BONOBO BUSH, LES CHEFS REGARDAIENT LES PHOTOS, DISAIENT : «O.K.!»
«O.K.! KEEP DOIN'»
«WE WERE INSTRUCTED TO DO THIS, TO DO THAT»
LES CHEFS COMPTAIENT UTILISER CES CLICHÉS ...
... POUR FAIRE PRESSION SUR LES DÉTENUS.
KCNC-TV
(Caroline du Nord)
- EST-IL ARRIVÉ AUX PRISONNIERS DE SUBIR PLUS QUE CE QU'ON VOIT SUR LES PHOTOS ?
YES !
-VOUS POUVEZ EN DIRE PLUS ?
No !
enceinte de 4 mois, notre amie a pris quelques kilos..
Bernar.

L'AXE DU BIEN
DANS L'IMPASSE
Cabu

SIGNES AVANT-COUREURS
LES AMÉRICAINS VONT QUITTER L'IRAK
LA DINDE DU THANKSGIVING EST EN AVANCE !
Cabu

SOLDES EN IRAK
PAYEZ CECI
PAS CELA
CHARB.

> N° 622 - 19.05.2004 - Bernar - Irak > N° 621 - 12.05.2004 - Cabu - Axe du Bien > N° 622 - 19.05.2004 - Cabu - Irak > N° 628 - 30.06.2004 - Charb - Irak

BUSH OU KERRY ?
JE SUIS PARTAGÉ

RAMADAN À BAGDAD
MAIS LE SOIR, ON SE RATTRAPE !

UNE AUTRE TORTURE EST POSSIBLE !
ET MAINTENANT Y'É VÉ VOUS INTERPRÉTER OUNE CHANSON DE MON PAYS !

> N° 645 - 27.10.2004 - Charb - Bush ou Kerry > N° 645 - 27.10.2004 - Cabu - Ramadan > N° 646 - 03.11.2004 - Willem - Ben Laden
> N° 622 - 19.05.2004 - Riss - Torture

BUSH
BORN AGAIN
Cabu

OÙ ENTERRER ARAFAT ?
C'EST PAS UN PEU TROP GRAND COMME STÈLE ?
YASSER ARAFAT
TIGNOUS

SHARON-NÉTANYAHOU :
QUE LE MEILLEUR BULLDOZER GAGNE

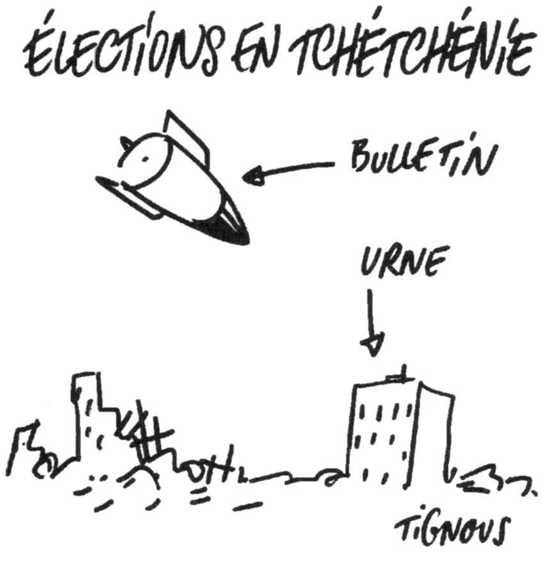
ÉLECTIONS EN TCHÉTCHÉNIE
BULLETIN
URNE
TIGNOUS

ARAFAT, ÉTAT STABLE
État ?
HONORÉ

> N° 645 - 27.10.2004 - Cabu - Bush > N° 647 - 10.11.2004 - Tignous - Arafat > N° 625 - 09.06.2004 - Willem - Israël
> N° 637 - 01.09.2004 - Tignous - Tchétchénie > N° 646 - 03.11.2004 - Honoré - Sharon

PLUS D'ARAFAT
MAINTENANT, POUR TROUVER LA SORTIE.....

> N° 648 - 17.11.2004 - Willem - Sharon

LA BANLIEUE EN FEU
ENFIN !
TIGNOUS

# 2005

## CHARLIE HEBDO

On s'est fait chier, mais chiiiiieeer ! C'était l'année du référendum européen.

Si l'on votait non, l'Europe allait exploser, les nazis et les camps de concentration allaient revenir. Le non, c'était l'apocalypse.

Si l'on votait oui, l'Europe serait dirigée par les banques, les peuples seraient dissous dans une grande marmite libérale. Le oui, c'était l'apocalypse.

CHARLIE HEBDO
3€
HEU... YA QUELQU'UN?
LUZ

Le non a gagné dans les urnes. Mais c'est le oui qui a gagné dans les faits, puisque le gouvernement a fait semblant d'oublier qu'il avait organisé et perdu un référendum. Après cet épisode grotesque, certains en France continuent de donner des leçons de démocratie au reste du monde. Il y a des régimes politiques qui, rendez-vous compte, continuent de bourrer les urnes ! Ah, ah ! Ils font ça à l'ancienne, les cons ! C'est totalement dépassé ! Il suffit de faire voter les gens et de ne pas tenir compte de leur bulletin... À quoi bon maquiller les résultats ? C'est d'une vulgarité !

Heureusement qu'il y a eu d'autres événements pour égayer cette année 2005. Le pape est mort. Notre pape, Jean-Paul II. On a commenté ses blagues homophobes, capotophobes, communistophobes et autres pendant presque treize ans. On avait prévu de sortir un hors-série pour le jour où ce pape à la santé chancelante mourrait. On s'y est pris bien trop tôt. Plusieurs de nos collaborateurs qui avaient participé à cet hommage qu'on voulait posthume sont morts avant lui. Il nous aura fait chier jusqu'au bout, lui. C'est à se demander si Dieu n'est pas polonais et catholique... Mais bon, de 2005, retenons que le pape est mort et que l'Europe est vivante.

Tiens, l'Europe, il faudrait peut-être qu'on prévoie de sortir un hors-série pour sa disparition...

ESSENCE TROP CHÈRE
UN NOUVEAU RICHE!
Jul.

LES ACQUITTÉS D'OUTREAU N'OSENT PLUS FOURRER LA DINDE.
JE VEUX PAS RETOURNER EN PRISON!
RISS

10 FOIS PLUS DE SUICIDÉS CHEZ LES HOMOS
LES HÉTÉROS SE MARIENT
CHARB.

MONICA BELLUCCI DU CÔTÉ DES PAUVRES...
...L'AUTRE CÔTÉ C'EST POUR LES RICHES!
WOLINSKI

LE DIVORCE PLUS FACILE
SALUT CONNARD!
SALUT CONNASSE!
CHARB.

AFFREUX, BITE ET MÉCHANT
CATHERINE

> N° 689 - 31.08.2005 - Jul - Essence > N° 664 - 09.03.2005 - Charb - Homos > N° 703 - 07.12.2005 - Riss - Outreau
> N° 697 - 26.10.2005 - Wolinski - Bellucci > N° 666 - 23.03.2005 - Charb - Divorce > N° 659 - 02.02.2005 - Catherine - Jackson

Le nouveau Harry Potter est arrivé !
LIBRAIRIE
on ouvre à minuit
DONG DONG DONG DONG
OUAAIIIIS ! HARRY !
AAAAAAAAAAHH HOUELLEBECQ !
CATHERINE

CONTRE LA GRIPPE AVIAIRE… PAS DE PRISONNIERS !
cabu

GRIPPE AVIAIRE :
DES CANARDS ROUMAINS MALADES
PAS MANGER PAS TRAVAIL 1 EURO SIVOPLÉ…
CHARB.

LA GRIPPE AVIAIRE ARRIVE !
SCHVARTZ

2005

> N° 694 - 05.10.2005 - Catherine - Harry Potter > N° 695 - 12.10.2005 - Cabu - Grippe aviaire > N° 695 - 12.10.2005 - Charb - Canards roumains
> N° 689 - 31.08.2005 - Schvartz - Grippe aviaire

FRANCE RACISTE
LA CHASSE EST OUVERTE
YOU YOU !
COIN-COIN !
CHARB.

DEPUIS QUE JE PORTE LE VOILE, JE SUIS ENFIN RESPECTÉ PAR LES HOMMES.
RISS.

UNE VOITURE QUI MEURT...
...C'EST PIRE QU'UNE BIBLIOTHÈQUE QUI DISPARAÎT !
cabu

FAUT-IL LAISSER LES CHIMPANZÉS DE MOINS DE 16 ANS TRAÎNER EN BAS DES IMMEUBLES ?
RISS

DES PISTOLETS ÉLECTRIQUES POUR LA POLICE
PLUS ÉCONOMIQUES QUE LES PISTOLETS À ESSENCE !
BIZZ
CHARB.

> N° 703 - 07.12.2005 - Charb - Racisme > N° 699 - 09.11.2005 - Riss - Voile > N° 700 - 16.11.2005 - Cabu - Voiture
> N° 703 - 07.12.2005 - Riss - Jeunes > N° 693 - 28.09.2005 - Charb - Police

LA POLYGAMIE MENACE LA FRANCE !
LA FOIRE FOUILLE
MONDIAL MOQUETTE
LA HALLE AUX CHAUSSURES
PARMI CETTE RACAILLE...
...Y AURA BIEN UN P'TIT ZIDANE !
RISS

> N° 701 - 23.11.2005 - Riss - Polygamie

NON A L'AVORTEMENT
NON A LA CONTRACEPTION
ENFANTS ABANDONNÉS
DANS LES PAYS CATHOS
DU
TIERS MONDE
NON A L'USAGE DU PRESERVATIF
S.I.D.A
TARDI

SUCCESSEUR DU PAPE :
ENTRETIENS D'EMBAUCHE
EST-CE QUE VOUS ÊTES PRÊT À BOSSER LE DIMANCHE ?
CHARB

POPEYE
A CASSÉ SA PIPE
RISS

JMJ
UN VIEILLARD SE RÉGÉNÈRE AVEC DU SANG DE JEUNES VIERGES !
cabu

FUMÉE NOIRE SUR PARIS
BIENTÔT UN PAPE AFRICAIN ?

> N° 668 - 06.04.2005 - Tardi - Pape > N° 668 - 06.04.2005 - Charb - Pape
> N° 668 - 06.04.2005 - Riss - Popeye > N° 687 - 17.08.2005 - Cabu - JMJ > N° 670 - 20.04.2005 - Cabu - Incendie

VOUS PRENEZ UNE BOÎTE ...
...VOUS FAITES UN TROU...
...ET COUIC !
C'ÉTAIT LA DERNIÈRE FICHE BRICOLAGE DU PROFESSEUR CHORON

DEPARDIEU NOUS PRÉSENTE SA FILLE CACHÉE
MAZARINE BEAUJO

HOUELLEBECQ
LE NIHILISTE
AVANT
JE VOUS ENCULE TOUS TAS DE CONS TOUT EST POURRI !
RIEN À BRANLER DE RIEN !
APRÈS
CES ENCULÉS Y M'ONT PAS DONNÉ LE GONCOURT !... SEULEMENT L'INTERALLIÉ DE MERDE !

QUE RESTE-T-IL DE SARTRE ?
L'ENFER, C'EST LES AUTRES
OUAIS, BEIN, ÇA VOUS FERAIT MAL D'ARRÊTER DE FUMER LA PIPE DANS LES LIEUX PUBLICS ?

> N° 656 - 12.01.2005 - Luz - Choron > N° 690 - 07.09.2005 - Luz - Depardieu > N° 700 - 16.11.2005 - Cabu - Houellebecq
> N° 664 - 09.03.2005 - Jul - Sartre

Le prochain déplacement à l'étranger de Nicolas Sarkozy aura lieu les 9, 10 et 11 février en Ukraine et en Pologne, où il ira notamment à Auschwitz.
Le Parisien, 29/01/05
Sarkozy à Auschwitz
DEUXIÈME TOUR PRÉSIDENTIELLE 2007
82%
18%
ÉLYSÉE
TGV
PREMIÈRE MESURE DU PRÉSIDENT SARKOZY: CHANGER LE PAPIER DE L'ÉLYSÉE
MON CHER DE VILLEPIN, ÇA VOUS DIRAIT UN POSTE DE... ...VICE-CONSUL À FALLOUJA ?
METTEZ TOUJOURS EN ÉVIDENCE VOTRE MEILLEUR PROFIL
ET SI JE ME FAISAIS CLONER 40 FOIS ?
À L'ÎLE DE RÉ AVEC JOSPIN, OUSTE !
HOMMES 40
CHEVAUX 7
... LE DEVOIR DE MÉMOIRE ...
LUZ

LES FRANÇAIS
ONT PEUR DE L'AVENIR
PLUS TARD, JE SERAI GROS
PLUS TARD, JE SERAI FONCTIONNAIRE
PLUS TARD, JE SERAI DIVORCÉE
PLUS TARD, JE ME PISSERAI DESSUS.
WOLINSKI

L'ATTAQUE DES PLOMBIERS POLONAIS

SARKOZY
DÉCORÉ
PAR
CHIRAC
CHARB.

DES QUOTAS D'IMMIGRÉS
NOUS SOMMES PRÊTS A RECEVOIR LES PARTIES EN GRISÉ...
CHARB.

APRÈS LA FRANCE DES LUMIÈRES
LA FRANCE DES QUOTAS
BON POUR REPEUPLER LA FRANCE!
cabu

2005

> N° 664 - 09.03.2005 - Wolinski - Avenir > N° 676 - 01.06.2005 - Willem - Plombiers > N° 661 - 16.02.2005 - Charb - Sarkozy
> N° 678 - 15.06.2005 - Charb - Quotas > N° 678 - 15.06.2005 - Cabu - Quotas

TF1
TROUVE-MOI UNE NANA
TROUVEZ-MOI UNE NANA POUR L'ÉLYSÉE
UNE PRÉSENTATRICE, ÇA SERAIT BIEN...
CELLE-LÀ?
AH! NON NICOLAS! CELLE-LÀ, ELLE EST SUR LA 2
CELLE-LÀ ELLE EST DÉJÀ MARIÉE
AH! CELLE-LÀ ELLE ÉTAIT BALLADURIENNE
TROP TARD! ELLE EST PRISE!
T'AURAIS DÛ TE MARIER AVEC MIMIE MATHY
...TROP TARD!
◀CELLE-LÀ EST MARIÉE AUSSI
DOMMAGE C'EST UNE FEMME À POIGNE...
COMME MAÏTÉ... IL TE FAUDRAIT UNE MÉNAGÈRE DE MOINS DE 50 ANS
...IL TE FAUDRAIT ANGELA MERKEL!
Cabu

LA BANLIEUE EN FEU
ENFIN!
TIGNOUS

LA LOI DE 1905 A 100 ANS!
QUI PEUT BIEN AVOIR ENCORE ENVIE DE BAISER UNE VIEILLE COMME MOI?

LES 24 HEURES DU MANS DES SOCIALISTES
MAIS MOI, JE ROULE POUR MOI
NON SÉGOLÈNE!

LE PEN REPART EN CAMPAGNE
J'veux mes 500 signatures!
HONORÉ

> N° 692 - 21.09.2005 - Cabu - Sarkozy > N° 699 - 09.11.2005 - Tignous - Banlieue > N° 702 - 30.11.2005 - Riss - Loi 1905
> N° 701 - 23.11.2005 - Cabu - Ségolène > N° 695 - 12.10.2005 - Honoré - Le Pen

L'UMP CONVAINCUE DES BIENFAITS DE LA COLONISATION :
ON LEUR A APPRIS À COMPTER LES VALISES DE FRIC.
UMP
RISS

MONACO
LE TROU DU CUL DU MONDE A INTRONISÉ SUPPO II
LUZ

VU À LA TÉLÉ
PROCÈS EN APPEL DE L'AFFAIRE D'OUTREAU À PARIS. LES MINEURS, EN 2002, ACCUSAIENT PLUS DE 70 PERSONNES. ILS RECONNAISSENT AUJOURD'HUI AVOIR MENTI...
L'EXPERT À GROS NOEUD
(DE CRAVATE)
Le "Professeur" J.-Luc Viaux, expert en psychologie.
UNE EXPERTISE PSY, C'EST PAYÉ DANS LES 15 € DE L'HEURE. ALORS, QUAND ON PAIE UNE EXPERTISE...
(À Saint-Omer, l'expert avait défendu haut et fort la crédibilité des enfants accusateurs...)
Europe 1
... AU TARIF D'UNE FEMME DE MÉNAGE, ON A DES EXPERTISES DE FEMME DE MÉNAGE.
TÉLÉ
CELA MONTRE, ENTRE PARENTHÈSES, LA CONSIDÉRATION QU'UN EXPERT A POUR LES FEMMES DE MÉNAGE !... DEMAIN, CES GENS-LÀ FERONT DESSINER DES GOSSES ET ILS SOUTIENDRONT QUE CES ENFANTS ONT ÉTÉ VIOLÉS CAR ILS AURONT DESSINÉ UNE MUSARAIGNE À GROSSE QUEUE, OU UNE ARAIGNÉE À TÊTE NOIRE. VOUS COMPRENDREZ QUE LA MUSARAIGNE À GROSSE QUEUE PROUVE UN TRAUMATISME SEXUEL... ON EN EST LÀ : CRAMPONNÉS À LA BARRE, ILS VOUS DIRONT QUE C'EST UN TRAVAIL SCIENTIFIQUE. CE SONT LES DIAFOIRUS MODERNES !
Me Dupont-Moretti, avocat de D. Legrand, un accusé
Bernar

2005

LE RÉFÉRENDUM :
ENCORE PLUS CHIANT QUE "KOH-LANTA"
OUI
NON
CHARB.

DU RENFORT POUR LE NON
NAIN RIN DE RIN... NAIN JE NE REGRETTE RIN...
cabu

IRAN : LE MOT DE TROP
NOUS ALLONS RAYER ISRAËL DE LA CARTE...
... AU KÄRCHER
Jul

LOUISIANE
US GO HOME
CHARB.

APPELLE LE PLOMBIER !

> N° 671 - 27.04.2005 - Charb - Oui Non > N° 666 - 23.03.2005 - Cabu - Non > N° 698 - 02.11.2005 - Jul - Iran
> N° 690 - 07.09.2005 - Charb - Katrina > N° 691 - 14.09.2005 - Kamagurka - Inondation

MAHMOUD ABBAS
NOUVEAU PRÉSIDENT DE LA PALESTINE
RISS

KAMIKAZE PSYCHOLOGUE
RASSUREZ-VOUS, JE NE VOUS DEMANDERAI PAS D'ARGENT...
CHARB.

ALGÉRIE : LA RÉCONCILIATION
JE CROIS QUE CECI T'APPARTIENT ?..

PAS D'AMALGAME !
ISLAM RADICAL
ISLAM MODÉRÉ
RISS

ÉVACUATION DE GAZA :
LES COLONS RÉSISTENT
JE NE LAISSERAI JAMAIS LES ARABES VENIR SE FAIRE CHIER DANS CE TROU POURRI À NOTRE PLACE !
Jul

¡ISRAËL : LA CLASSE !
40 ANS D'OCCUPATION SANS LEUR FAIRE UN SEUL GOSSE !
GAZA
RISS

> N° 656 - 12.01.2005 - Riss - Abbas > N° 693 - 28.09.2005 - Bernar - Algérie > N° 683 - 20.07.2005 - Charb - Kamikaze
> N° 683 - 20.07.2005 - Riss - Islam > N° 685 - 03.08.2005 - Jul - Gaza > N° 686 - 10.08.2005 - Riss - Gaza

# 2006
## CHARLIE HEBDO

C'est la première fois qu'on a eu des ennuis avec Mahomet. (Je l'appellerais bien Mohammed ou Muhammad, puisque c'est son vrai nom, mais comme Mohammed/Muhammad est un prénom courant, il faut que je précise à chaque fois qu'il est prophète de profession… C'est fatigant. Faisons simple, appelons-le Mahomet.) Par solidarité avec les dessinateurs danois qui risquaient leur vie pour avoir osé représenter Mahomet, *Charlie Hebdo* a publié leurs dessins. Tollé, polémique, procès…

CHARLIE HEB
2e
NUMÉRO SPÉCIAL
MAHOMET DÉBORDÉ PAR LES INTÉGRISTES
C'EST DUR D'ÊTRE AIMÉ PAR DES CONS...

Procès à l'issue duquel la justice a confirmé qu'il n'y avait pas de délit de blasphème en France. On peut donc représenter à notre façon ce qui est sacré pour les autres sans risquer la prison, ni la lapidation.

Pourquoi certains musulmans tolèrent-ils mal qu'on représente leur prophète ? Parce que c'est interdit. Point. Interdit par qui ? Pas par le Coran en tout cas. C'est la Bible qui interdit rigoureusement de fabriquer *"aucun objet représentant ce qui est dans les cieux, sur la terre ou dans les eaux"*. Des juristes musulmans sunnites se sont basés sur des paroles du Prophète ne figurant pas dans le Coran (hadith) pour décréter qu'il était interdit de produire des images. S'il n'y a pas de débat à l'intérieur de l'islam sur l'authenticité du Coran, tous les musulmans ne sont pas d'accord sur la valeur de certains hadiths. Et, en Iran, même si c'est devenu rare, on trouve encore des représentations de Mahomet. Bref, tout ça pour dire que, avant de nous dire ce qu'il est ou non permis de dessiner par le Coran, certains musulmans feraient mieux de le lire. Ce n'est pas que ce soit très passionnant, mais, pendant ce temps-là, ils nous lâcheraient la grappe. Amen.

TOUT A CHANGÉ SAUF L'HOMME.
JE ME SOUVIENS, LORSQUE J'ÉTAIS JEUNE, ON NE SAVAIT PAS GARDER LE FEU. IL FALLAIT TOUT LE TEMPS LE RALLUMER. ON CREVAIT DE FROID DANS LES CAVERNES. MAIS ON SE SERRAIT LES UNS CONTRE LES AUTRES, ON SE TENAIT CHAUD.
ARRÊTE DE VIVRE DANS LE PASSÉ. LES HOMMES NE SONT PLUS DES BÊTES ERRANTES.
LES SAGAIES ÉTAIENT DE MAUVAISE QUALITÉ. ON NE SAVAIT PAS, COMME AUJOURD'HUI, TAILLER LE SILEX ET LE RENDRE POINTU. ALORS POUR TUER UN AUROCH TOUTE LA TRIBU S'Y METTAIT. APRÈS C'ÉTAIT LA FÊTE!
AUJOURD'HUI, TOUT LE MONDE MANGE À SA FAIM. MÊME LES VIEUX ET LES PLASTICIENS HUMORISTES COMME MOI. NOUS AVONS DROIT À UN MINIMUM SOCIAL, À LA RETRAITE...
AUJOURD'HUI, ON A INVENTÉ L'ÉLEVAGE, LA CULTURE, L'ARC, L'AIGUILLE EN OS POUR COUDRE LES FOURRURES. ALORS POURQUOI, CETTE MOROSITÉ, POURQUOI CETTE HAINE?
SALUT LES FILLES. VOUS NE VOULEZ PAS FAIRE UN PISSOU DANS MON OCRE POUR FIXER LA COULEUR?
ON NE CROIT PLUS AU PROGRÈS. ON N'A PLUS D'ESPOIR. ON A PEUR DE TOUT. ON ENTERRE LES MORTS EN CHANTANT DES PSAUMES!
C'EST À CAUSE DES SORCIERS, QUI ONT INVENTÉ DES DIVINITÉS MYSTÉRIEUSES POUR RENFORCER LE POUVOIR DES CHEFS ET OBSCURCIR LE CERVEAU ÉPAIS DE CES GROS CONS DE CHASSEURS.
MÉFIE-TOI DES CHASSEURS. ILS SONT DANGEREUX. ILS DÉTESTENT LA LIBERTÉ D'EXPRESSION. SI TU TE MOQUES D'EUX AVEC TES CARICATURES ILS TE FERONT DISPARAÎTRE EN TE JETANT DANS UN TROU SANS FOND.
DANS 15000 ANS NOUS AURONS TOUS DISPARU SAUF LA TRACE DE MES CARICATURES SUR LES PAROIS DES GROTTES.
WOLINSKI

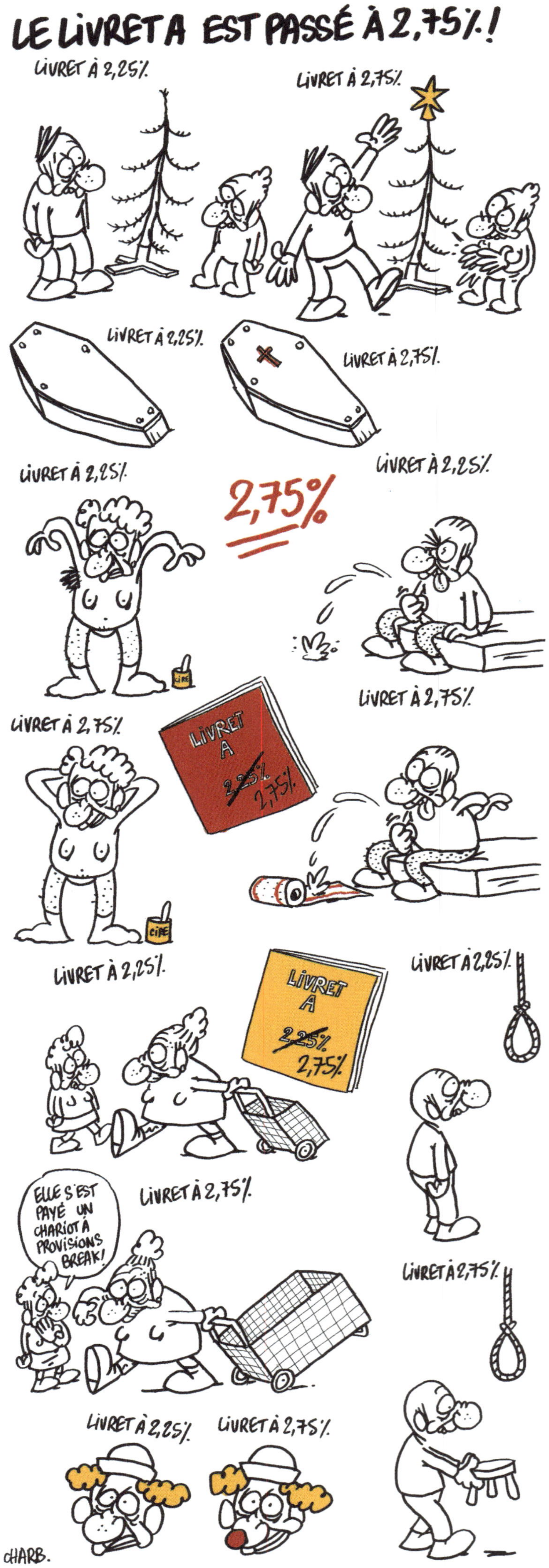
LE LIVRET A EST PASSÉ À 2,75%!
LIVRET À 2,25%
LIVRET À 2,75%
LIVRET À 2,25%
LIVRET À 2,75%
LIVRET À 2,25%
2,75%
LIVRET À 2,25%
LIVRET À 2,75%
LIVRET A 2,25% 2,75%
LIVRET À 2,75%
LIVRET À 2,25%
LIVRET A 2,25% 2,75%
LIVRET À 2,25%
ELLE S'EST PAYÉ UN CHARIOT À PROVISIONS BREAK!
LIVRET À 2,75%
LIVRET À 2,75%
LIVRET À 2,25%
LIVRET À 2,75%
CHARB.

> N° 714 - 22.02.2006 - Wolinski - L'Homme > N° 740 - 23.08.2006 - Charb - Livret A

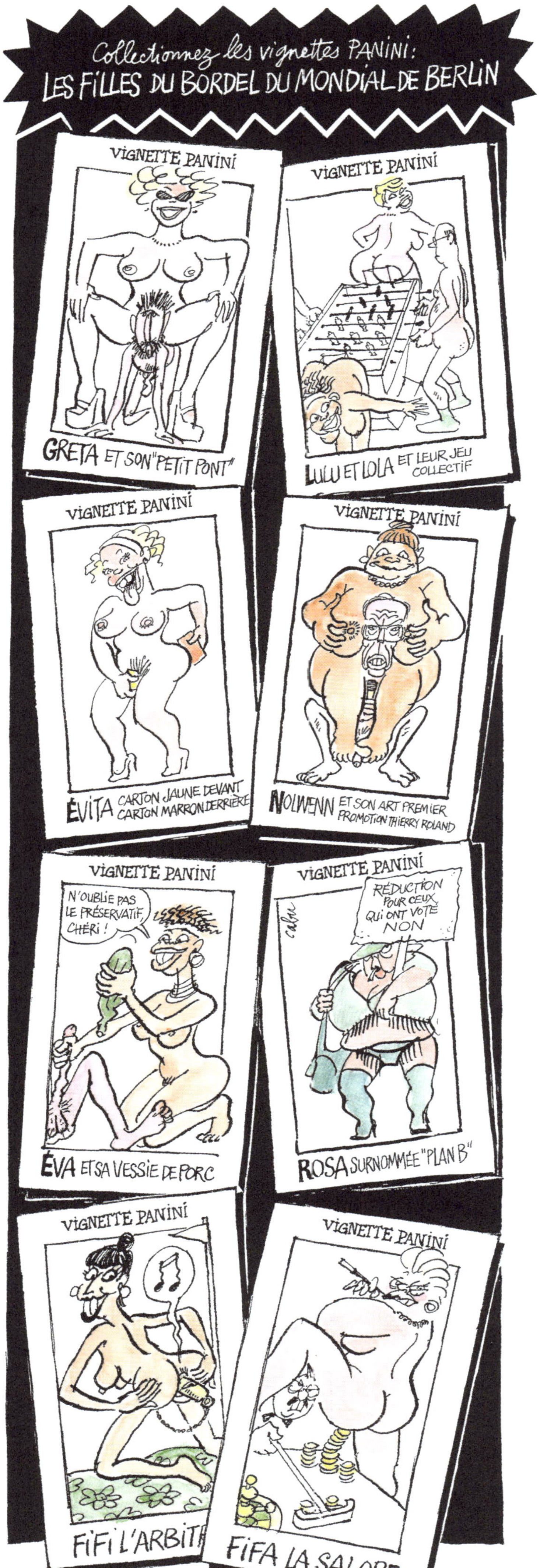
Collectionnez les vignettes PANINI:
LES FILLES DU BORDEL DU MONDIAL DE BERLIN
VIGNETTE PANINI
GRETA ET SON "PETIT PONT"
VIGNETTE PANINI
LULU ET LOLA ET LEUR JEU COLLECTIF
VIGNETTE PANINI
ÉVITA CARTON JAUNE DEVANT CARTON MARRON DERRIÈRE
VIGNETTE PANINI
NOLWENN ET SON ART PREMIER PROMOTION THIERRY ROLAND
VIGNETTE PANINI
N'OUBLIE PAS LE PRÉSERVATIF, CHÉRI !
ÉVA ET SA VESSIE DE PORC
VIGNETTE PANINI
RÉDUCTION POUR CEUX QUI ONT VOTÉ NON
ROSA SURNOMMÉE "PLAN B"
VIGNETTE PANINI
FIFI L'ARBIT
VIGNETTE PANINI
FIFA LA SALOPE

MONDIAL
ÉCRANS PLATS
POUR CERVEAUX PLATS
RISS.

UN NOIR PRÉSENTERA LE 20H DE TF1
ILS VEULENT NOUS FAIRE HONTE D'ÊTRE NOIRS ?
OU LE CONTRAIRE, J'AI PAS BIEN COMPRIS...
CHARB.

HIER L'IDIOT DU VILLAGE ÉTAIT AU RMI...
...AUJOURD'HUI IL EST MILLIARDAIRE !
GOOGLE
CAFÉ
PAPIER
JOUVENCE ABBÉ SOURY

GRIPPE AVIAIRE :
ENFERMEZ VOS VOLAILLES !
C'EST FAIT !
RISS.

> N° 731 - 21.06.2006 - Cabu - Bordel > N° 729 - 07.05.2006 - Riss - Foot > N° 717 - 15.03.2006 - Charb - Noir TF1
> N° 730 - 14.06.2006 - Cabu - Idiot du village > N° 714 - 22.02.2006 - Riss - Volailles

À BAS «L'ENFANT ROI»
RISS
VIVE «L'ENFANT FROID»!

ALERTE ÉCOLOGIE
LES OURS POLAIRES PERDENT LEURS POILS
cabu

CLIMATISEUR, MON AMI
CHARB.

Paris Plages
RÈGLEMENT :
Seins nus : 38 euros d'amende !
Naturisme : 100 euros
Fesses à l'air : 45 euros
Voyeurisme : 80 euros
CATHERINE

> N° 748 - 18.10.2006 - Riss - Enfants > N° 755 - 06.12.2006 - Cabu - Réchauffement > N° 736 - 26.07.2006 - Charb - Climatisation
> N° 737 - 02.08.2006 - Catherine - Paris-Plages

Si ÇA C'EST DIEU, JE SUIS PLUTÔT DÉÇU !

POURQUOI ZEMMOUR ÉCRIT-IL DES LIVRES ?
POUR ÊTRE À LA HAUTEUR
CHARB.

RÉVÉLATION SUR "DA VINCI CODE" N°2
JÉSUS AURAIT COUCHÉ AVEC MAHOMET
ET LEUR FILS S'APPELLERAIT JUDAS
cabu

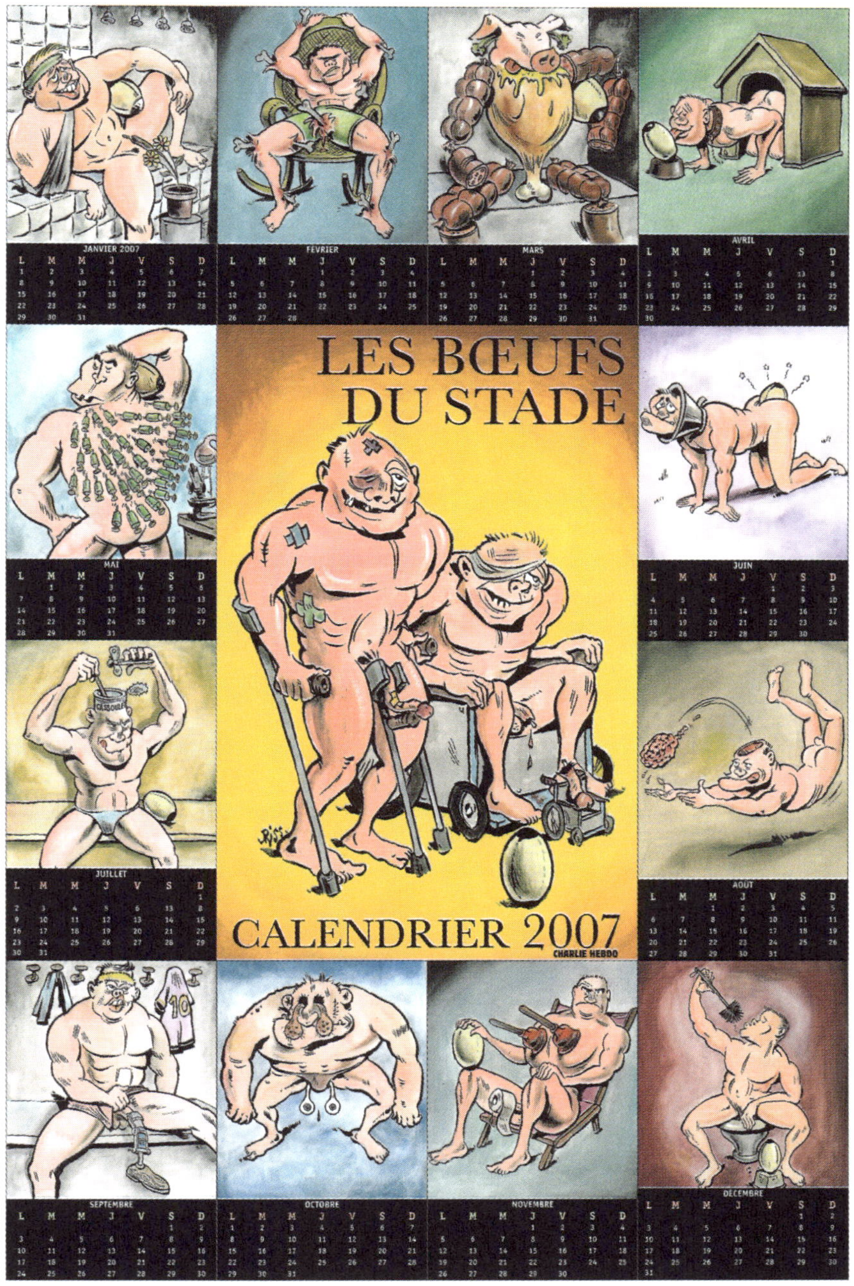
LES BŒUFS DU STADE
CALENDRIER 2007
CHARLIE HEBDO

LA VIE SOUS LA DROITE
CHÉRIE! Y A PLUS DE CODE DU TRAVAIL DANS LES TOILETTES!
CHARB.

SÉGOLÈNE ET... FRANÇOIS!
BRR... L'AMANT DE MADAME SARKOZY!
LE DÉODORANT DE BAYROU!
LE PROSTATE DU PRÉSIDENT!
DÉGUEULASSE, RIEN N'EST PLUS SACRÉ POUR LA PRESSE „PEOPLE".
MAINTENANT C'EST LÀ OÙ TOUT SE JOUE EN POLITIQUE.
FAUT MONTRER QUE NOUS SOMMES LES PLUS FORTS!

LE GANG DES BARBARES
L'HOMME DE MAIN
L'APPÂT
LE CERVEAU
Jul

SÉGOLÈNE ROYAL,
MÉFIEZ-VOUS DES CONTREFAÇONS
RISS

> N° 710 - 25.01.2006 - Charb - Code travail > N° 712 - 08.02.2006 - Willem - Hollande Royal > N° 714 - 22.02.2006 - Jul - Barbares
> N° 722 - 19.04.2006 - Riss - Ségolène

C'EST GENTIL, MES CHÉRIS...
POUR LA FÊTE DES MÈRES, MAMAN...
...ON T'OFFRE CE COLLIER DE NOUILLES !
Cabu

Ségolène
la dame du Catéchisme

NUANCIER SARKOZY
À COLLER SOUS L'OEILLETON DE VOTRE PORTE D'ENTRÉE
COUPABLE TRÈS FONCÉ
COUPABLE OBSCUR
COUPABLE MARRONNASSE
SUSPECT BASANÉ
SUSPECT GRIS FONCÉ
SUSPECT DOUTEUX CLAIR
TÉMOIN BRONZÉ
TÉMOIN ROUGEAUD
TÉMOIN ROSÉ
CITOYEN CLAIR
CITOYEN DE SOUCHE
FRANÇAIS
CHARB.

Éducation morale.
VU À LA TÉLÉ
AUCUN THÈME MORAL, POLITIQUE OU RELIGIEUX NE MOBILISE AUTANT CES PEUPLES DÉMOCRATIQUES QUE LE FOOT. C'EST RASSURANT CAR C'EST LA FIN DES FANATISMES ET INQUIÉTANT CAR SI AUCUN AUTRE THÈME NE MOBILISE, ON BAIGNE DANS L'ÈRE DU VIDE.
IL Y A QUELQUE CHOSE DE MÉDIOCRE AU SENS TOCQUEVILLIEN, DANS CETTE PASSION.
LUC FERRY
J.Fr. RABILLOUD, L.C.I.
JACQUES JULLIARD, JE VOUS CITE : « ZIZOU (...) EST QUELQU'UN DONT LA FORCE DE CARACTÈRE, LE GÉNIE, CONTRIBUENT À L'ÉDUCATION MORALE DE LA NATION (...) LA PASSE DE ZIDANE À HENRY EST UN GESTE DE HAUTE MORALITÉ. » (N.Obs., 6 Juillet)
OUI, IL N'A PAS FAIT ÇA POUR LA GLOIRE OU L'ARGENT, MÊME SI UN BUT DÉCISIF LE FERAIT PASSER À L'ÉTAT DE DEMI-DIEU. QUAND IL A DIT : « JE REVIENS » À UN MOMENT OÙ L'ÉQUIPE DE FRANCE ALLAIT MAL, CE N'ÉTAIT PAS SON INTÉRÊT PERSONNEL, JUSTE UNE CERTAINE IDÉE DE SA FONCTION DANS LA SOCIÉTÉ, EN QUELQUE SORTE UNE TRANSSUBSTANTIATION DE LA SOCIÉTÉ QUI FAIT QU'UN INDIVIDU DÉPASSE L'INTÉRÊT PERSONNEL DONT IL A INCONSCIEMMENT, SUBCONSCIEMMENT CONSCIENCE, DE LA MÉDIOCRITÉ AU NIVEAU DE QUELQUE CHOSE QUI EST DE L'INSIGNIFIANT, MAIS, EN MÊME TEMPS, DU SYMBOLIQUE À L'ÉTAT PUR...
ZIDANE EST NOTRE NOUVEL ABBÉ PIERRE, C'EST ÉVIDENT !
J. JULLIARD
...MAIS LE SPORT N'EST PAS MÉDIOCRE. JE SUIS UN GRAND ADMIRATEUR DES SPORTIFS, QUI ONT FORCÉMENT UNE INTELLIGENCE TRÈS GRANDE DANS LEUR SECTEUR. MON PÈRE ÉTAIT UN IMMENSE SPORTIF ET J'AVAIS LE PLUS GRAND RESPECT POUR LUI. IL A TOUJOURS ÉTÉ D'UNE INTELLIGENCE MANUELLE EXCEPTIONNELLE.
Bernar

> N° 728 - 31.05.2006 - Cabu - Ségolène > N° 714 - 22.02.2006 - Charb - Nuancier Sarko > N° 734 - 12.07.2006 - Bernar - Ferry Julliard

LE DERNIER GRAND CHANTIER DE CHIRAC :
ÉVITER LA TAULE
CHARB.

CHIRAC EST BIEN ENTOURÉ
SARKOZY
VILLEPIN
CHARB.

LE PROGRAMME DU PS
JE
CHARB.

12 ANS DÉJÀ...
VOUS, JE SAIS PAS ...
...MAIS MOI, JE ME SUIS BIEN MARRÉ
LUZ.

BAYROU PEUT CRÉER LA SURPRISE
LUZ

> N° 744 - 20.09.2006 - Charb - Chirac taule > N° 725 - 10.05.2006 - Charb - Chirac > N° 744 - 20.09.2006 - Charb - PS
> N° 758 - 25.12.2006 - Luz - Chirac > N° 752 - 15.11.2006 - Luz - Bayrou

L'ÉMIR DU KOWEÏT EST MORT.
bernar.

LE HAMAS A GAGNÉ
ELLES ONT VOTÉ COMME LEURS MARIS
cabu

SARKO. L'IMMIGRATION CHOISIE EXPLIQUÉE AUX AFRICAINS
Voilà, c'est pas compliqué!
HONORÉ

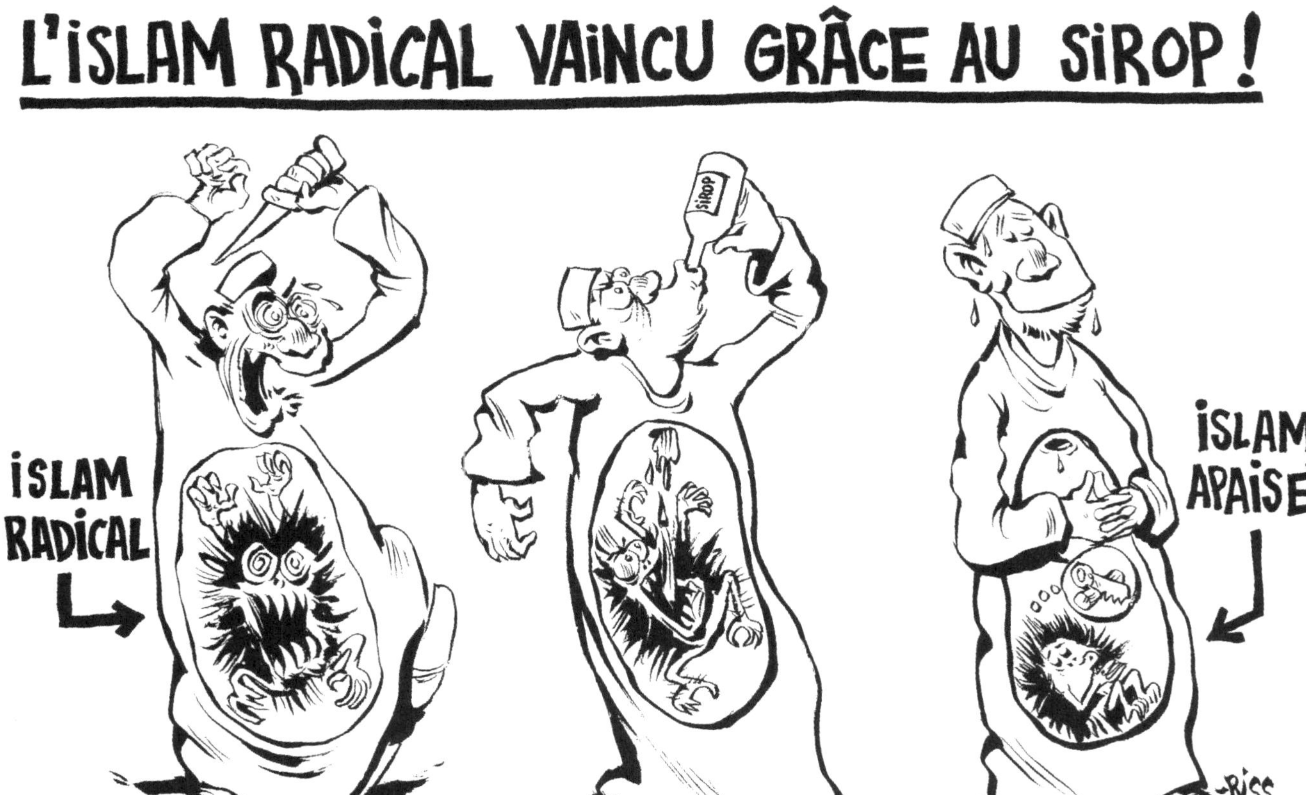
L'ISLAM RADICAL VAINCU GRÂCE AU SIROP!
SIROP
ISLAM RADICAL
ISLAM APAISÉ
RISS

La vie secrète des jeunes
Quand j'avais 8 ans, je vivais en Syrie et mes cousins et moi étions de bons musulmans. Cela signifiait surtout qu'on respectait toute une série de comportements superstitieux au jour le jour.
Majid mon cousin
"SI TU TROUVES UN MORCEAU DE PAIN PAR TERRE, PRENDS-LE ET METS-LE SUR UN MURET."
"SI TU VOIS UNE CHAUSSURE RETOURNÉE SUR LE DOS, REMETS-LA À L'ENDROIT. IL NE FAUT JAMAIS PRÉSENTER SA SEMELLE À DIEU."
QUAND QUELQU'UN FAIT SA PRIÈRE, PASSE DERRIÈRE LUI. SI TU PASSES DEVANT, TU IRAS EN ENFER.
Nous adorions dessiner, bien que cela soit plutôt déconseillé.
HÉ! ET SI ON DESSINAIT LE PROPHÈTE ?!?
AÏIIIE
C'EST INTERDIT! SI TU DESSINES LE PROPHÈTE, TU VAS IMMÉDIATEMENT EN ENFER! C'EST HARAM!
MAIS À QUOI IL RESSEMBLE À TON AVIS?
HAAN! ON M'A DIT QU'IL ÉTAIT TRÈS BEAU, TELLEMENT BEAU QU'ON NE POUVAIT LE REGARDER SANS PLEURER.
BON, ON A QU'À DESSINER UN TYPE QUI LUI RESSEMBLE! COMME ÇA, ON LE DESSINE PAS "LUI", MAIS SON SOSIE!
MMOUAIIIIIS... ÇA PEUT PEUT-ÊTRE PASSER...
Mon cousin dessina un mec qui faisait penser à son père...
...et moi un type qui ressemblait à Actarus.
Riad Sattouf

> N° 709 - 18.01.2006 - Bernar - Koweït > N° 727 - 24.05.2006 - Honoré - Sarkozy > N° 711 - 01.02.2006 - Cabu - Hamas
> N° 712 - 08.02.2006 - Riss - Islam apaisé > N° 712 - 08.02.2006 - Sattouf - Mahomet

HISTOIRE BRÈVE

Peut-on représenter Mahomet... tel qu'il est aujourd'hui ?

LA CORÉE DU NORD MENACE LE MONDE
CHARB.

LA VOGUE DES DOUDOUS POUR ADULTES

AUTOPSIE DU BOUCHER DES BALKANS
CROATIE
SERBIE
BOSNIE HERZEGOV.
MONTÉNÉGRO
KOSOVO
Bernar.

> N° 717 - 15.03.2006 - Willem - Histoire brève > N° 712 - 08.02.2006 - Honoré - Mahomet > N° 732 - 28.06.2006 - Charb - Corée du Nord
> N° 753 - 22.11.2006 - Charb - Corée > N° 717 - 15.03.2006 - Bernar - Milosevic

# LA SUISSE DURCIT SA LOI SUR LES ÉTRANGERS

ÇA VA PLUS ÊTRE POOOOSSIBLE!
DISCO
LUZ

# GUERRE AU PROCHE-ORIENT

CE QUI ME GÊNE, C'EST : "PROCHE"
TIGNOUS

ENFIN! DES FRONTIÈRES SÛRES POUR L'ISRAEL...

> N° 737 - 02.08.2006 - Jul - Liban

2000 SOLDATS FRANÇAIS AU LIBAN
JUSQUE-LÀ, TOUT VA BIEN ...
CHARB.

BEYROUTH DES QUARTIERS CHRÉTIENS PRIS POUR CIBLE
MAINTENANT, ON BOMBARDE L'AUTRE JOUE !
Jul

CLASSE MOYENNE
DÉBUT DE MANDAT DE BUSH
RISS
CLASSE MOYENNE
FIN DE MANDAT DE BUSH

> N° 741 - 30.08.2006 - Charb - Liban > N° 736 - 26.07.2006 - Jul - Beyrouth > N° 752 - 15.11.2006 - Riss - Classe moyenne

LE RÊVE
AMÉRICAIN
À NOTRE
PORTE
LUZ

# 2007

## CHARLIE HEBDO

Ne nous parlez plus de 2007 ! Comme 2001 restera à jamais l'année de l'attentat d'Al-Qaida contre le World Trade Center, 2007 restera dans nos mémoires comme l'année Sarkozy. Une année qui durera cinq ans... Cinq ans durant lesquels les dessinateurs de *Charlie* n'ont pu que régresser graphiquement. Il n'y avait qu'un personnage à dessiner : Sarkozy. Il était certes président de la République, mais il était aussi Premier ministre, ministre de l'Intérieur, ministre de la Défense, ministre... de tout. Il a aussi été président de toutes les chaînes publiques, il a été le roi des people, le nombril du monde politique, médiatique, comique... Même les nuages dans le ciel avaient la gueule de Sarkozy ! Et les taches de foutre sur les draps, et le marc de café au fond de la tasse, et les traces de pneu au fond des chiottes... Cinq ans à le voir partout, tout le temps. À tel point que, à la fin de son règne, Luz, excédé, décida de ne plus le représenter. Certains lecteurs nous reprochaient parfois de trop dessiner Sarkozy. En dire du mal, c'était quand même en parler. Le caricaturer, c'était quand même montrer sa gueule. Ils avaient raison. Alors, parfois, durant quelques numéros, on décidait de ne pas le mettre en couverture. Ces mêmes lecteurs finissaient alors par s'inquiéter : "Pourquoi vous ne dénoncez plus les saloperies de Sarkozy ?" Pour suivre le rythme des annonces du président, il aurait fallu sortir trois numéros par jour. Nous ne bénéficiions pas des mêmes produits dopants que lui, il nous a épuisés. Aujourd'hui, on nous demande si l'on ne regrette pas 2007 et "le bon client" qu'a été Sarkozy pour les caricaturistes. Non, on ne regrette rien. La présidence de Kim Jong-il, qui dura dix-sept ans, a dû paraître moins longue au peuple nord-coréen que la présidence de Sarkozy...

CHARLIE HEB
AMÉLIE NOTHOMB est dans CHARLIE HEBDO
JE CONTRÔLE TOUT
...SAUF MA FEMME !

JAMES BROWN EST MORT
RACCOMPAGNEZ TOUS LES ROIS DE LA SOUL FAIRE LEUR TRAVAIL DE DEUIL À LA FRONTIÈRE !
LUZ

LES SDF ONT PERDU LEUR DERNIÈRE DENT
RISS

LA DERNIÈRE VOLONTÉ DE L'ABBÉ PIERRE
ÊTRE ENTERRÉ HABILLÉ EN DOLCE & GABBANA ...
DG
LUZ

EUROPE :
L'EXTRÊME DROITE AURA UN GROUPE PARLEMENTAIRE
LA DÉMOCRATIE PERD UNE ÉTOILE AU MICHELIN !
CHARB.

SARKOZY DÉVOILE SON PROGRAMME
RISS

GLUCKSMANN : DE MAO À SARKO
LA LONGUE MARCHE ...

> N° 759 - 01.01.2007 - Luz - Reconduite > N° 762 - 24.01.2007 - Riss - Abbé Pierre > N° 762 - 24.01.2007 - Luz - Abbé Pierre
> N° 761 - 17.01.2007 - Charb - Europe > N° 761 - 17.01.2007 - Riss - Sarko Le Pen > N° 763 - 31.01.2007 - Charb - Gluksmann

C'EST DUR D'ÊTRE AIMÉ PAR UN EXCÈS DE CARICATURE !
RISS

UN BEAU PROCÈS
CHARLIE
CORAN
Cabu

SI LE PROPHÈTE REVENAIT :
MOHAMMED ! QU'EST-CE TU FOUS HABILLÉ EN GONZESSE !
IL PARAÎT QUE VOUS NE VOULEZ PLUS VOIR MA GUEULE !
CHARB.

القران
RIRE TUE
CHARB.

> N° 765 - 14.02.2007 - Riss - Caricature > N° 765 - 14.02.2007 - Cabu - Procès
> N° 764 - 07.02.2007 - Charb - Mahomet > N° 764 - 07.02.2007 - Charb - Coran

LE KAMA SUTRA DES ÉLECTIONS.
VOTRE CHOIX CORRESPOND À VOTRE POSITION PRÉFÉRÉE
SUR UNE CHAISE, VOUS VOTEZ SARKO
EN MARCHANT AU PAS, VOUS VOTEZ SÉGO.
VIVE LA FRANCE
SUR UN TRACTEUR, VOUS VOTEZ BAYROU.
DOS À DOS, VOUS VOTEZ LE PEN.
DEBOUT, VOUS VOTEZ BUFFET.
ASSIS, VOUS VOTEZ DE VILLIERS.
SON ET LUMIÈRES
CONTRE UN ARBRE, VOUS VOTEZ VOYNET.
À BICYCLETTE, VOUS VOTEZ BESANCENOT.
À GAUCHE, GAUCHE, VOUS VOTEZ ARLETTE.
CONTRE LE MUR DE LA MAIRIE, VOUS VOTEZ SCHIVARDI.
EN CHASSANT ET EN PÊCHANT, VOUS VOTEZ NIHOUS.
À LA PAPA, VOUS VOTEZ BOVÉ.
WOLINSKI

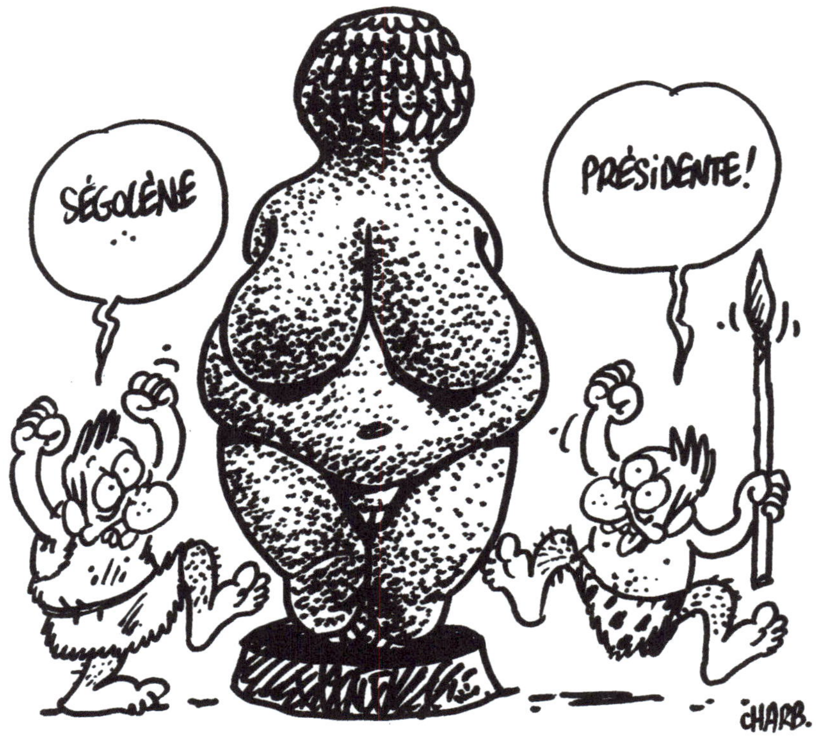
SÉGOLÈNE
PRÉSIDENTE!
CHARB.

QUE VA FAIRE CHIRAC, APRÈS ?
MANGER ET VOYAGER...
...COMME AVANT!
TIGNOUS

> N° 772 - 04.04.2007 - Wolinski - Kama-sutra > N° 765 - 14.02.2007 - Charb - Segolène > N° 769 - 14.03.2007 - Tignous - Chirac

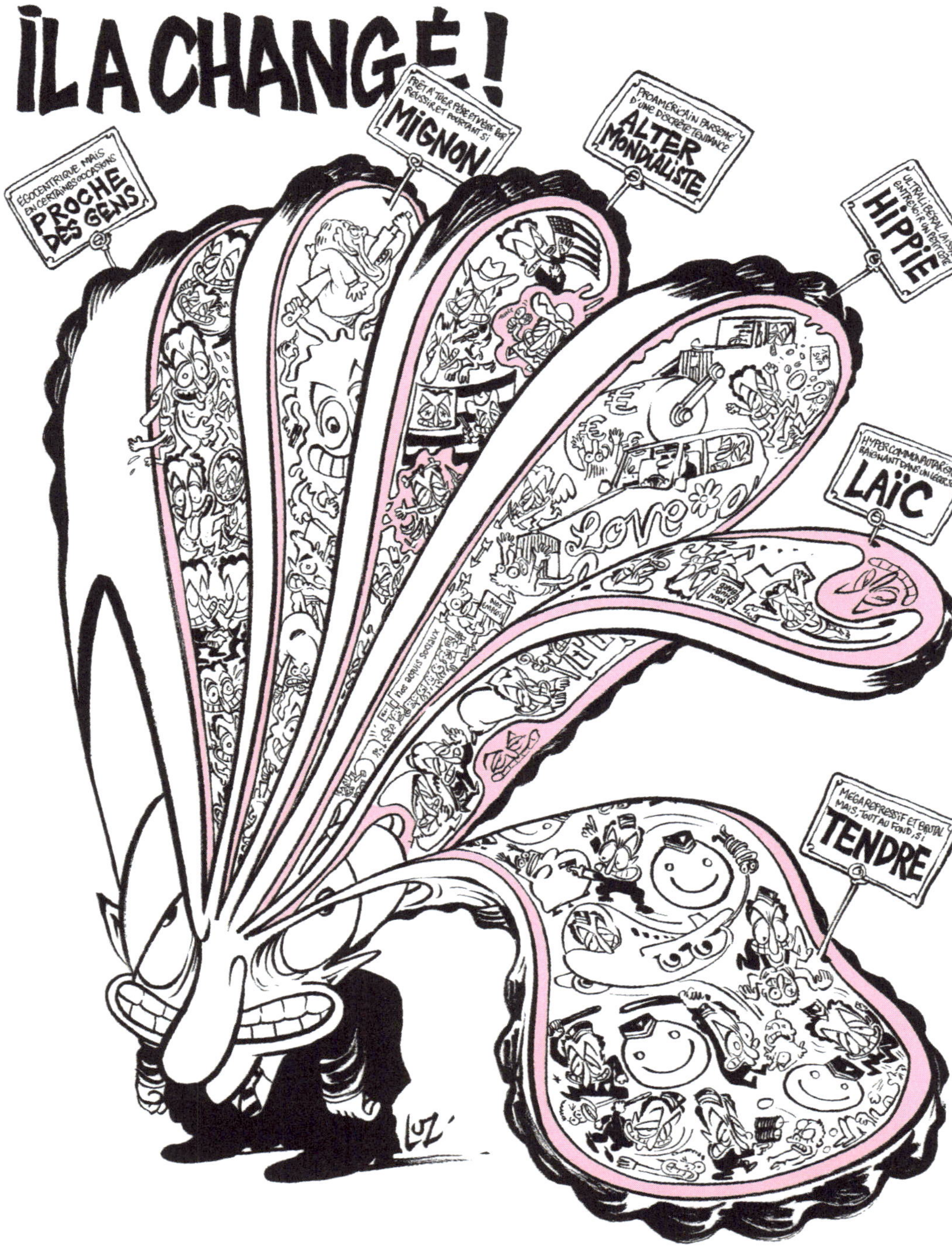
IL A CHANGÉ !
PROCHE DES GENS
MIGNON
ALTER MONDIALISTE
HIPPIE
LAÏC
TENDRE
LUZ

J'AI PAS CONNU LA GUERRE
... MAIS JE VAIS ME RATTRAPER !
Cabu
BANLIEUES
NEUILLY

UN FORCENÉ
PREND JAURÈS
EN OTAGE

LE RÊVE
AMÉRICAIN
À NOTRE
PORTE
LUZ

> N° 774 - 18.04.2007 - Luz - Sarkozy a changé > N° 775 - 25.04.2007 - Cabu - Sarkozy > N° 774 - 18.04.2007 - Honoré - Sarkozy Jaurès
> N° 773 - 11.04.2007 - Luz - Rêve américain

SARKOZY VEUT RASSEMBLER.
TIGNOUS

LA COMPOSITION DU GOUVERNEMENT? EUH... LÀ, JE NE PEUX PAS TE PARLER.. JE TE RAPPELLE...

PUTE ET SOUMISE
VIVE LA FRANCE!
RF

LES PHOTOS OFFICIELLES AUXQUELLES ON A ÉCHAPPÉ
DAVID LACHAPELLE
50 Cent (imètres)
ANDY WARHOL
Elvis 2007
MAN RAY
Cinq ans de Violon
JUST JAECKIN
Travailler plus pour gagner plus
WILLIAM WEGMAN
French america
JEAN-PAUL GOUDE
Clic-clac la France
SPIT SHIT REPUBLIC
Gilbert & Georges
TERRY RICHARDSON
Fuck'em all
SEBASTIÃO SALGADO
Travailler plus pour gagner plus II
H.R. GIGER
Alien 5
ROBERT DOISNEAU
Le baiser de l'Hôtel de Ville
ET TOI, TU CHOISIRAS LAQUELLE?
DÉPÊCHE-TOI DE T'INTÉRESSER, ON T'EXPULSE DANS DEUX HEURES!
LUZ

J'AI CHANGÉ
J'AI CHANGÉ
J'AI CHANGÉ
J'AI CHANGÉ
J'AI CHANGÉ
J'AI CHANGÉ
J'AI CHANGÉ
J'AI CHANGÉ
J'AI CHANGÉ

> N° 777 - 09.05.2007 - Tignous - CRS > N° 778 - 16.05.2007 - Riss - Sarkozy yacht > N° 777 - 09.05.2007 - Jul - Sarkozy
> N° 778 - 16.05.2007 - Luz - Photos Sarkozy > N° 776 - 02.05.2007 - Willem - Sarkozy

PLUS JAMAIS ÇA !...
POUR EN FINIR AVEC MAI 68
I ♥ NEW YORK
Quand le grand Charles allait draguer au bois de Boulogne en se déguisant en jogger...
Quand Couve de Murville montrait ses varices...
QUEEN
Quand tante Yvonne s'offrait une escapade amoureuse à New York avec un publicitaire de chez Publicis...
BONNE CHANCE MON PAPA !
Quand de Gaulle utilisait sa famille pour la ramener dans les médias...
Et quand la fille chérie de de Gaulle se penchait sur la grand-Croix de la Légion d'honneur...
Quand cette ruine de Malraux sniffait sur les marches de l'Elysée, devant tout le monde, pour pouvoir terminer son jogging...
cabu

2007

L'OUVERTURE CONTINUE!
LUZ

VAGUE VERTE À GAZA
C'EST L'ALGUE TUEUSE.
CHARB.

10 ANS TONY BLAIR

LES FARC ONT INVENTÉ LE GOULAG ITINÉRANT...
cabu

> N° 783 - 20.06.2007 - Luz - Segolène Hollande > N° 783 - 20.06.2007 - Charb - Gaza > N° 784 - 27.06.2007 - Willem - Tony Blair
> N° 807 - 05.12.2007 - Cabu - FARC

TRAVAILLER PLUS
POUR
BAISER MOINS

OÙ EST CÉCILIA ?
PAS BESOIN D'ADN !

RETOUR AU CÉLIBAT...

PERSONNE NE VEUT DU "RAFALE"
LE PORTE-CLÉS EST TROP NASE !

LA FRANCE NE PEUT PAS ACCUEILLIR TOUS LES ANOREXIQUES DU MONDE.

No-ADN

> N° 802 - 31.10.2007 - Cabu - Sarkozy > N° 799 - 10.10.2007 - Cabu - Cécilia > N° 801 - 24.10.2007 - Catherine - Célibat
> N° 802 - 31.10.2007 - Charb - Rafale > N° 801 - 24.10.2007 - Tignous - Anorexiques > N° 798 - 03.10.2007 - Catherine - ADN

LES POLYPHONIES DU PROCÈS COLONNA
CATHERINE

SARKOZY-BRUNI
CHANGEMENT DE MOBILIER
À L'ÉLYSÉE
CATHERINE

FESTIVAL D'AVIGNON
le programme officiel
BOEING-BOEING
avec Hortefeux
LES FOURBERIES DE VILLEPIN
AVEC DOC GYNECO
OH! LES BEAUX JOURS
avec "Miss Météo" de
CANAL+
LE PRINCE DE "ON BOURRE"
AVEC
BIGARD
EN ATTENDANT PERNAUT
POLICE
Reviens dormir à l'Élysée
ELLE COULE
ELLE COULE
LA MALADIE
DE LA MOULE
DRAME EN 5 ACTES
AVEC MICHEL
SARDOU
Cabu

> N° 804 - 14.11.2007 - Catherine - Colonna > N° 809 - 19.12.2007 - Catherine - Elysée > N° 807 - 05.12.2007 - Cabu - Festival d'Avignon

VOS LUNETTES, C'EST DES PRADA?

BONNE ANNÉE

IL FAUT RE-DIABOLISER LE PEN !

> N° 808 - 12.12.2007 - Luz - Kadhafi Sarkozy > N° 810 - 26.12.2007 - Cabu - Sarkozy > N° 807 - 05.12.2007 - Willem - Le Pen

LES SANS-PAP
TRAITÉS AU

SERONT
PAR CAS.

# 2008

## CHARLIE HEBDO

Sarkozy a encore occupé tout l'espace. C'est en 2008 (le 23 février exactement) que Sarkozy aurait pu faire fortune et se retirer de la vie politique. Il lui aurait suffi de déposer la marque "casse-toi, pauv' con". Sa formule est devenue plus populaire que lui. Et elle, elle traversera les siècles. Mais, non, Sarkozy n'a pas eu le temps de faire enregistrer sa trouvaille, il avait trop à faire.

CHARLIE HEBDO
CALME-TOI, RICHE CON!

Le 2 février, déjà, il épousait Carla Bruni. La légende dit que le président rencontra la chanteuse "plutôt de gauche" à une bouffe organisée par le publicitaire Séguéla… Le coup de foudre. Ce roman rose pour attardés mentaux, tout le monde l'a gobé. Un jour, on saura la vérité, et alors… ce sera l'occasion pour Séguéla de passer une dernière fois à la télé pour nous expliquer comment il a réussi à nous vendre cette belle histoire.

Aux municipales de mars, la droite se prend sa première petite claque. La droite ne gagnera plus une élection jusque… on attend encore.

La chasse aux fonctionnaires est lancée. Un sur trois ne sera pas remplacé, promet Sarkozy.

En juin, l'imbécile idée de faire parrainer par un élève de CM2 un enfant juif déporté est abandonnée, et la rumeur selon laquelle Carla est enceinte grossit plus vite que l'intéressée.

Toujours en juin, le centre de rétention de Vincennes part en fumée. Le ministre de l'Immigration et de l'Identité nationale, Brice Hortefeux, estime que le feu est une invention française qui fonde notre identité et que les sans-papiers ne devraient pas avoir accès à des allumettes… Passons sur les autres sarkozeries, il y en a une par jour jusqu'en novembre.

En novembre, Obama est élu. Sarkozy fait la gueule. Durant quelques jours, on ne parle plus que du grand Black amerloque. Il est beau, il est intelligent, il est moderne, et s'il s'était présenté en France il aurait été élu.

L'EXISTENCE DES FŒTUS RECONNUE PAR LA JUSTICE
JEUNE MARIN TROP TÔT DISPARU EN MER...
CHARB.

SEMAINE DU DÉVELOPPEMENT DURABLE
VIAGRA
cabu

PRIX DE L'ESSENCE :
COMMENT EMBALLER SUR LES PLAGES CET ÉTÉ
CHARB.

BONNE ANNÉE ! BONNE SANTÉ !
BONNE ANNÉE ! BONNE GOURMETTE !
BONNE CARTIER ! BONNE BREITLING !
BONNE BLING !
BONNE BLING !
BONNE DOLCE, BONNE GABBANA
BONN...
YOU TALKIN' TO ME ?
MOI ANNÉE MOI SANTÉ. MOI ! MOI, MOI MOI
BONNE ANNÉE, LES VICIEUSES !
HIN, HIN !
BON SILICONE ! BON VIAGRA !
BON COCKRING ! BONNE BACKROOM !
CETTE ANNÉE, PLUS DE POUVOIR D'ACHAT POUR LES MILITAIRES
CETTE ANNÉE, JE VOUS RENDRAI HEUREUX JUSQU'AU FOND DES CHIOTTES
EIN REICH ! EIN VOLK ! EIN BLING !
URBI ET BLING-BLING !
ET SURTOOOUT LA SAAANTÉÉÉ...
PAR LE POUVOIR DE LA GOURMETTE ANCESTRALE
JOYEUX COSMOBLING À TOUS LES GOURMETTIENS !
BONNE ANNÉE, LOUIS JUNIOR TROISIÈME DU NOM
BONNE CHANCE MON ARRIÈRE-ARRIÈRE-GRAND-PAPA.
LUZ

> N° 817 - 13.02.2008 - Charb - Fœtus > N° 824 - 02.04.2008 - Cabu - Viagra > N° 829 - 07.05.2008 - Charb - Essence
> N° 811 - 02.01.2008 - Luz - Vœux

LES GOSSES :
TOUT LE MONDE EN FAIT...
① La mère refile son gosse au père, pour aller travailler.
② Le père le refile à la nounou
③ La nounou le refile à la maîtresse d'école.
④ La maîtresse d'école le refile au prof de collège.
⑤ Le prof de collège le refile au prof de lycée.
⑥ Le prof de lycée le refile à l'ANPE.
... MAIS PERSONNE N'EN VEUT !
⑦ L'ANPE le refile à une entreprise pour un stage.
⑧ L'entreprise le refile à la maison de retraite
⑨ Et la maison de retraite le rend à sa famille !
PAPA MAMAN !
CAVEAU FAMILIAL
RISS

Yves Saint Laurent : sa dernière ligne de haute couture.
RISS

SŒUR EMMANUELLE †
C'EST L'HISTOIRE D'UN MEC
cabu

VIRÉ DE TF1
...TANT QU'ILS ME VIRENT PAS DES "GUIGNOLS"...
cabu

L'EUROPE POLITIQUE, NON..., L'EUROPE ÉCONOMIQUE, NON...
MAIS L'EUROPE DES PIEDS, ÇA MARCHE !
RIBERY
cabu

2008

> N° 831 - 21.05.2008 - Riss - Gosses > N° 833 - 04.06.2008 - Riss - Yves Saint Laurent > N° 853 - 22.10.2008 - Cabu - Sœur Emmanuelle > N° 834 - 11.06.2008 - Cabu - TF1 > N° 834 - 11.06.2008 - Cabu - Ribery

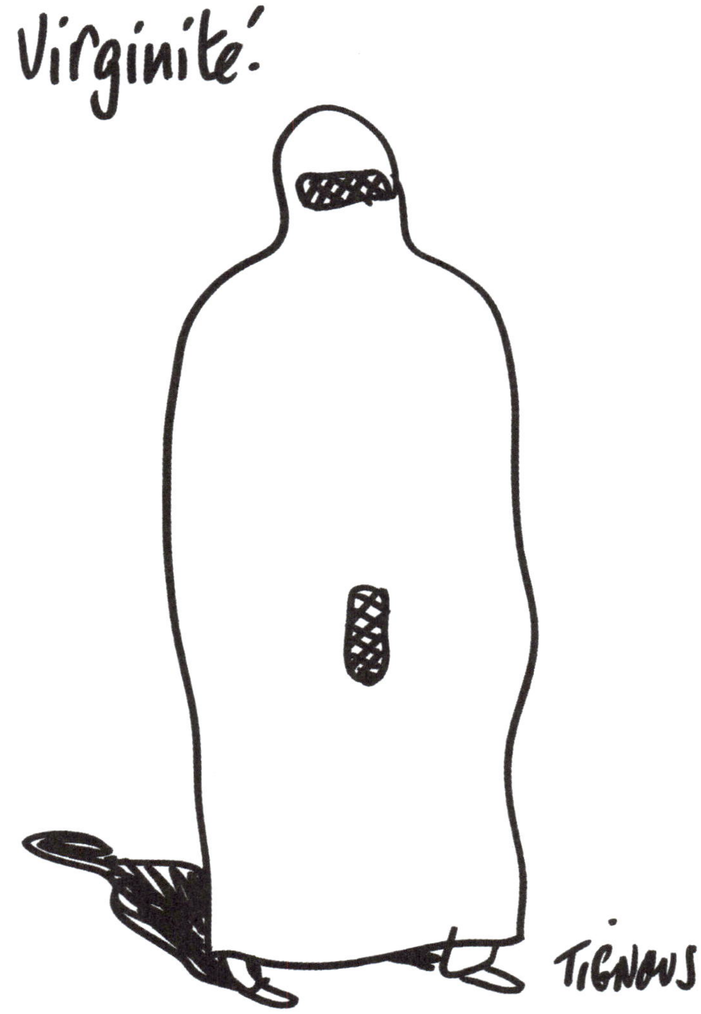

> N° 854 - 29.10.2008 - Tignous - Burqa > N° 834 - 11.06.2008 - Tignous - Virginité > N° 835 - 18.06.2008 - Riss - Burqa
> N° 814 - 23.01.2008 - Catherine - Vagin Munch

— Dégage! Trouve-toi un bout d'banquise, s'il en reste!

30000 FONCTIONNAIRES EN MOINS EN 2009
JE... JE SUIS FONCTIONNAIRE...
JE PEUX VOUS CACHER DANS LA GRANGE...
CHARB.

SUCEZ-MOI, JACQUELINE...
CAPITALISME NORMAL
PROFITEZ DONC DE VOTRE PAUSE DÉJEUNER POUR AVALER...
EXCÈS DU CAPITALISME
CHARB.

LA CRISE FRAPPE L'INDUSTRIE AUTOMOBILE
EUH... FINALEMENT...
...JE VAIS PRENDRE QUE L'AIR-BAG
Jul.

> N° 839 - 16.07.2008 - Honoré - Banquise > N° 839 - 16.07.2008 - Charb - Fonctionnaires > N° 851 - 08.10.2008 - Charb - Capitalisme
> N° 857 - 19.11.2008 - Jul - Crise auto

BETANCOURT À LOURDES
ON LA SORT D'UN TROU...
...ELLE RETOURNE DANS UN AUTRE !
LUZ

CRIME RACISTE EN CORSE
QU'EST-CE QUI VOUS CHOQUE ?
TIGNOUS

BRÛLEZ VOS GOSSES
RISS
OFFREZ-LEUR UNE GUIRLANDE MADE IN CHINA

PICASSO
AVAIT PRÉVU SARKOZY !
LES TABLEAUX AUXQUELS VOUS AVEZ ÉCHAPPÉ À L'EXPO PICASSO

> N° 838 - 09.07.2008 - Luz - Betancourt > N° 851 - 08.10.2008 - Tignous - Corse > N° 862 - 24.12.2008 - Riss - Guirlande Chine
> N° 853 - 22.10.2008 - Cabu - Sarkozy Picasso

BIENVENUE CHEZ LES CH'TIS :
6 MILLIARDS D'ENTRÉES
SALUT BILOUTE !
SALUT BILOUTE !
CHARB.

ENFIN LA NEIGE !
LES SANS-PAPIERS PEUVENT SORTIR DANS LA RUE SANS SE FAIRE CONTRÔLER
LUZ

SKI : LA SAISON DÉMARRE BIEN
ADIEU MONDE CRUEL À CRÉDIT
CATHERINE

ALLÔ, LE CENTRE POMPIDOU ? J'AI UNE ŒUVRE QUI POURRAIT VOUS INTÉRESSER.
RISS.

cabu
CARNETS SECRETS EX PATRON DES R.G
L'ENFER DE MATIGNON

> N° 825 - 09.04.2008 - Charb - Ch'tis > N° 858 - 26.11.2008 - Luz - Sans-papiers > N° 860 - 10.12.2008 - Catherine - Ski
> N° 837 - 02.07.2008 - Riss - Centre Pompidou

TU LE SENS, MON GROS POUVOIR D'ACHAT ?

NICOLAS! VIENS VOIR CE QUE J'AI TROUVÉ...
FORCE de FRAPPE
cabu

LES FRANÇAIS VEULENT QU'ON ACCÉLÈRE LES RÉFOOOORMES...
LUZ

CEUX QUI FONT LES POUBELLES POUR SURVIVRE
CHARB.

CORSE:
DES NATIONALISTES INCENDIENT L'ASSEMBLÉE
VITE! À L'ASSEMBLÉE!
CHARB.

AIMÉ CÉSAIRE EST MORT
ÇA TE DIRAIT UN WEEK-END EN MARTINIQUE ?
TIGNOUS

> N° 812 - 09.01.2008 - Cabu - Sarkozy > N° 816 - 06.02.2008 - Cabu - Carla > N° 822 - 19.03.2008 - Luz - Sarkozy
> N° 830 - 14.05.2008 - Charb - Sarkozy > N° 813 - 16.01.2008 - Charb - Corse > N° 827 - 23.04.2008 - Tignous - Aimé Césaire

PAS DE REGULIRASITIONS MASSIVES.
LES SANS-PAPIERS SERONT TRAITÉS AU CAS PAR CAS.

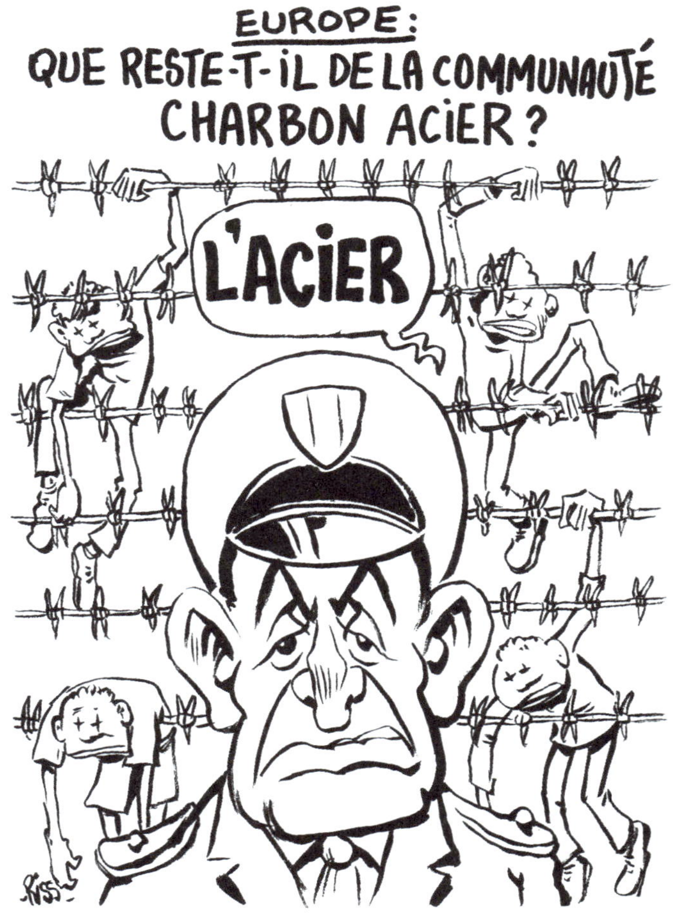
EUROPE:
QUE RESTE-T-IL DE LA COMMUNAUTÉ CHARBON ACIER ?
L'ACIER
RISS

LA DIVERSITÉ SELON SARKOZY
Black
Blanc
Beur
LUZ

DSK NE METTRA PAS SA VIE PRIVÉE EN AVANT
EN MÊME TEMPS, QUEL CHOIX J'AI...
CHARB.

> N° 828 - 30.04.2008 - Willem - Hortefeux > N° 837 - 02.07.2008 - Riss - Europe > N° 861 - 17.12.2008 - Luz - Sarkozy
> N° 853 - 22.10.2008 - Charb - DSK

BURGER KING
ANONYMOUS ALCOHOLICS
SAVING WORLD TRADE CENTER
FRATERNITY'S TREE
MOM & DAD
Souvenir from Dallas
JOHN KERRY
HOLIDAYS IN TEXAS
W & MINI ME
SUDOKU
WANTED DEAD OR ALIVE
MASSIVE DESTRUCTI
WEAPON
REWARD
2500 $
W & COLIN POWELL
WANTED DEAD OR ALIVE
REWARD
TEXAS
USA
WASHINGTON
IRAQ
Florida electors
VOTE BUSH
ABOU GHRAIB CALENDAR
IN APRIL NE TE DÉCOUVRE PAS D'UN FIL
2003
PIMP MY RIDE
BABY BANG
NEW
NRA mag
Barbara BUSH'S COOKING book
La Dernière Conneri

JE NE VAIS QUAND MÊME PAS PARTIR SANS SAVOIR À QUOI SERT CE BOUTON…
EXXON
GUANTANAMO
TEXAS RANGERS
Président BUSH by LUZ

Abu Dhabi
Après le Louvre, une base militaire !
Merci qui ?
HONORÉ

AFGHANISTAN

D'APRÈS LE TEST DE RORSCHACH, JE SERAIS UN MOYENÂGEUX…
cabu

LAPIDATIONS À MORT EN IRAN
TU LA VISES OU TU LA POINTES ?
cabu

> N° 815 - 30.01.2008 - Honoré - Joconde > N° 829 - 07.05.2008 - Willem - Afghanistan > N° 833 - 04.06.2008 - Cabu - Test
> N° 841 - 30.07.2008 - Cabu - Lapidation

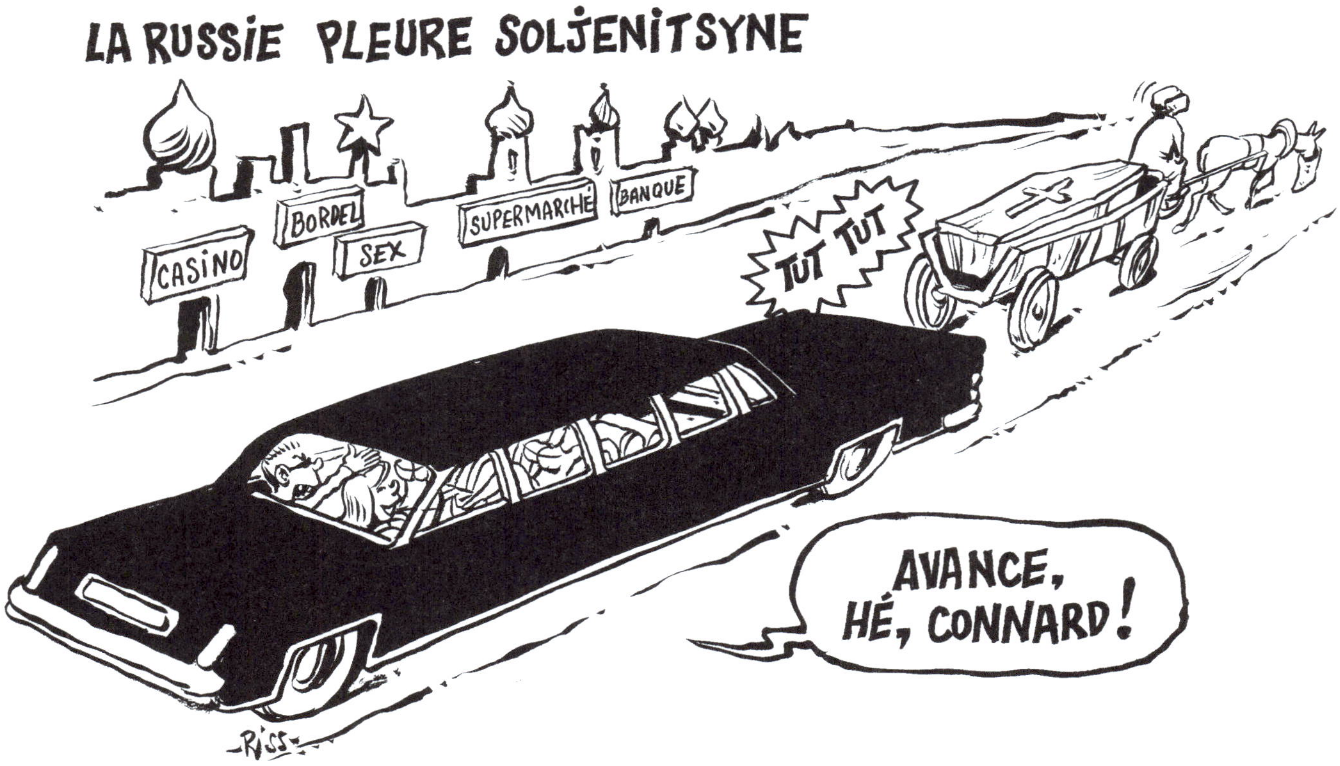
LA RUSSIE PLEURE SOLJENITSYNE
CASINO
BORDEL
SEX
SUPERMARCHÉ
BANQUE
TUT TUT
AVANCE, HÉ, CONNARD !
RISS

Obama
ENFIN UN PRÉSIDENT DE COULEUR !

IRAK
AFGHANISTAN

I HAVE A DREAM
KKK
Cabu

KOSOVO :
NAISSANCE D'UNE NATION
CHARB.

NOËL À MOITIÉ PRIX !
DESTINATION CHOLÉRA AU ZIMBABWE
Cabu

RÉVEILLON À GAZA
LUZ

> N° 842 - 06.08.2008 - Riss - Soljenitsyne > N° 838 - 09.07.2008 - Willem - Obama > N° 862 - 24.12.2008 - Willem - Irak
> N° 855 - 07.11.2008 - Cabu - Obama KKK > N° 818 - 20.02.2008 - Charb - Kosovo > N° 860 - 10.12.2008 - Cabu - Zimbabwe
> N° 863 - 31.12.2008 - Luz - Gaza

CLEARSTREAM
LES OREILLES & LA QUEUE

# 2009

## CHARLIE HEBDO

Besson lance le débat sur l'identité nationale. Quoi ? Vous ne vous rappelez déjà plus qui est Besson ? Éric Besson, le mec qui pour se venger d'avoir été traité comme une merde par Royal a rejoint Sarkozy. Éric Besson, une vie de frustration. C'est déjà pour se venger de n'avoir pas été admis à l'ENA qu'il a décidé de faire carrière au PS. Il allait leur montrer, à tous ces premiers de la classe, qu'il n'était pas nécessaire d'avoir fait l'ENA pour devenir Premier ministre et, qui sait, peut-être, un jour, président.

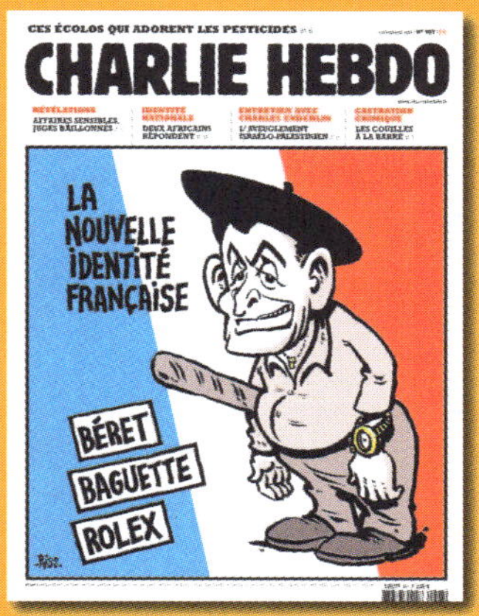
CES ÉCOLOS QUI ADORENT LES PESTICIDES
CHARLIE HEBDO
AFFAIRES SENSIBLES, JUGES BÂILLONNÉS
DEUX AFRICAINS RÉPONDENT
L'AVEUGLEMENT ISRAÉLO-PALESTINIEN
LES COUILLES À LA BARRE
LA NOUVELLE IDENTITÉ FRANÇAISE
BÉRET
BAGUETTE
ROLEX

Sarkozy a bizuté le nouveau venu en lui filant la responsabilité de lancer le débat sur l'identité nationale. "Passer pour un traître auprès de tes ex-amis socialistes, c'est une belle preuve de soumission, mais je vais te demander de passer aussi pour un salaud en jetant les bases d'un pont entre l'UMP et le FN", lui a dit Sarkozy. "À vos ordres, Lumière céleste", a répondu Besson. Besson a donc invité les fachos qui murmuraient leurs saloperies racistes au café à les exprimer publiquement, à haute voix et sous les applaudissements. Un pont entre l'UMP et le FN a bien vu le jour. De la belle ouvrage. Les électeurs de l'UMP s'y sont engouffrés pour rejoindre le FN. Il est très peu probable que l'Histoire garde une trace de Besson. Si toutefois cela devait arriver, ce serait sans doute sous la forme du trait d'union qui existe entre "national" et "socialiste".

L'exécuteur des basses œuvres de Sarkozy n'a pas été récompensé comme il croyait qu'il allait l'être. Il ne fut jamais Premier ministre. Encore moins président. Où est Besson aujourd'hui ? Un géant dont il encombrait la narine l'en a probablement extrait avant de le rouler et de le coller sous un bureau quelconque.

ENFIN!
1939-1945 en Couleurs!
SI NON, LA GUERRE RISQUE DE FAIRE CHIER LES JEUNES!
SUPER!
J'AI ENFIN COMPRIS LE NATIONAL SOCIALISME!
C'EST TOUT DE MÊME UN PEU OLÉ OLÉ, LES NUDITÉS.
C'EST DE L'ART

IL RESTE DES MÉDECINS POUR SOIGNER LES PAUVRES
VOUS AVEZ LA CMU? PAS DE PROBLÈME!
CHARB.

LES FRANÇAIS: LES PIRES TOURISTES AU MONDE?
P'T'ÊTRE. MAIS ÇA FAIT DU BIEN DE CHIER

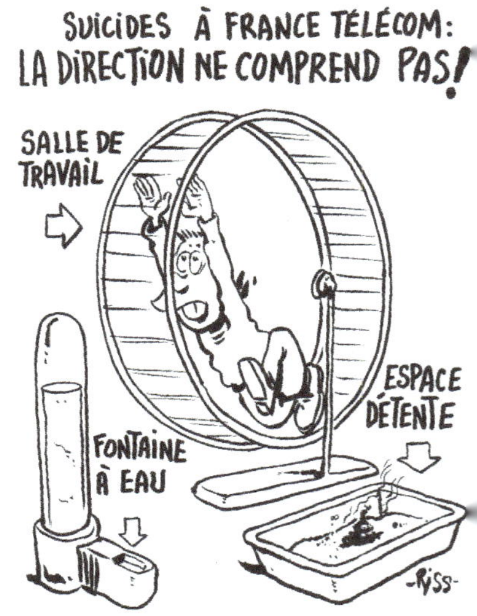
SUICIDES À FRANCE TÉLÉCOM: LA DIRECTION NE COMPREND PAS!
SALLE DE TRAVAIL
ESPACE DÉTENTE
FONTAINE À EAU
RISS

SOLIDARITÉ
UN LOTO POUR AIDER L'AFRIQUE
LUZ

> N° 902 - 30.09.2009 - Willem - 1939-1945 > N° 892 - 22.07.2009 - Charb - CMU > N° 891 - 15.07.2009 - Charb - Français touristes
> N° 901 - 23.09.2009 - Riss - Suicide France Télécom > N° 895 - 12.08.2009 - Luz - Loto Afrique

LA POLICE FAIT PEUR AUX FRANÇAIS
JE VAIS VOUS DEMANDER DE ME SUIVRE, POUR RÉPONDRE À QUELQUES QUESTIONS.
PASTIS
RISS

UN SUIVI MÉDICAL POUR LES DÉLINQUANTS SEXUELS
VOUS EN GARDEZ UN PEU POUR MON TUBE À ESSAI...
CHARB.

LIMITER LES SUICIDES EN PRISON
ALLEZ FAIRE VOTRE TRUC AILLEURS !

MAM POUR LA CASTRATION CHIMIQUE
POURQUOI «CHIMIQUE» ?
RISS

TVA À 5,5%
OUI, LES RESTAURATEURS JOUENT LE JEU !
J'AI ACHETÉ UNE PISCINE AVEC UNE TVA À 19,5%
CHARB.

> N° 900 - 16.09.2009 - Riss - Police > N° 908 - 10.11.2009 - Charb - Suivi médical > N° 897 - 26.08.2009 - Willem - Suicide prison
> N° 903 - 09.10.2009 - Riss - MAM > N° 893 - 29.07.2009 - Charb - TVA

TRAVAIL LE DIMANCHE...
ET MOI, JE ME BRANLE QUAND ?
RISS

IL Y A 20 ANS, LES ALLEMANDS DE L'EST DÉCOUVRAIENT...
LES SOLDES !
RISS

QUE FAIRE AVEC L'ARGENT DU TÉLÉTHON ?
ÉQUIPER NOS TROUPES EN AFGHANISTAN !
CHARB.

CHIRAC INQUIÉTÉ PAR LES AFFAIRES QUI FONT
PSCHIIIITT !
RISS

> N° 891 - 15.07.2009 - Riss - Dimanche > N° 908 - 10.11.2009 - Riss - Mur Berlin > N° 912 - 09.12.2009 - Charb - Téléthon > N° 907 - 04.11.2009 - Riss - Chirac affaires

JOHNNY VA MIEUX !
PITAL
OLÉ !
CATHERINE

JOHNNY A QUITTÉ L'HÔPITAL
HOSPITAL
CHARB.

DÉCÉS DE LA MORT
CHARB.

NON AU PIRATAGE !
cabu

CES CADEAUX INUTILES REVENDUS SUR LE NET
OH ! UN DROIT À POLLUER...
CHARB.

ENTREZ DANS LE MONDE ENCHANTÉ DU CRÉATIONNISME !
Et Dieu créa l'homme...
HONORÉ

> N° 895 - 12.08.2009 - Catherine - Johnny > N° 915 - 30.12.2009 - Charb - Johnny > N° 889 - 01.07.2009 - Charb - Jackson
> N° 873 - 11.03.2009 - Cabu - Piratage > N° 915 - 30.12.2009 - Charb - Cadeaux revendus > N° 882 - 13.05.2009 - Honore - Créationnisme

LES COCHONS ATTAQUENT L'OCCIDENT
RISS

EPIDÉMIE DE GRIPPE A
PAS DE PANIQUE, TOUT EST PRÊT !
CHARB

– Moi j'suis pour le principe de précaution...
H

FAUT-IL VRAIMENT VACCINER TOUT LE MONDE ?
ARRÊTE DE BOUGER, JE NE TROUVE PAS LA VEINE.
RISS

ALERTE À LA FIÈVRE PORCINE
PAS D'PANIQUE, TOUT EST GROUIK !
LUZ

GRIPPE AAAAA
RISS
LAVEZ-VOUS L'ANDOUILLETTE

> N° 880 - 29.04.2009 - Riss - Cochons > N° 896 - 19.08.2009 - Charb - Grippe A > N° 907 - 04.11.2009 - Honoré - Précaution
> N° 914 - 23.12.2009 - Riss - Vaccin > N° 880 - 29.04.2009 - Luz - Grippe > N° 892 - 22.07.2009 - Riss - Grippe

Ça a commencé au
FOUQUET'S
Ça finira comme FOUQUET
Cabu

IL A DONNÉ SA VIE POUR CONSTRUIRE L'EUROPE
VOTEZ !
CHARB.

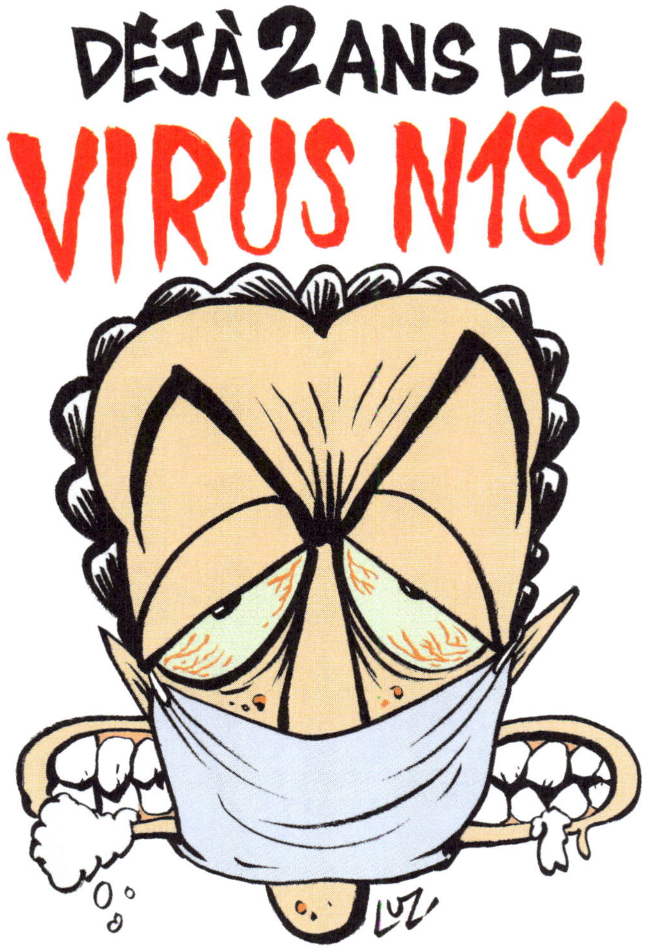
DÉJÀ 2 ANS DE
VIRUS N1S1
LUZ.

SARKOZY A 2 ANS
ET IL N'A PAS DE POLITIQUE DE RECHANGE !
CHARB.

> N° 881 · 06.05.2009 · Cabu · Sarkozy Fouquet's > N° 885 · 03.06.2009 · Charb · Hitler > N° 881 · 06.05.2009 · Luz · Sarkozy virus N1S1
> N° 881 · 06.05.2009 · Charb · Sarkozy 2 ans

LA DERNIÈRE TRIBU ÉTUDIÉE PAR CLAUDE LÉVI-STRAUSS
SARKOZIS
TOUTES CES ANNÉES DE RECHERCHE POUR ARRIVER À ÇA... PLUTÔT CREVER
HÉ, NOUS VENONS DE RECEVOIR LES DERNIERS SONDAGES!
MAIIIITRE, ACCEPTEZ CETTE OFFRANDE!...
"LE CRU ET LE CUIT"... ET LE CON!
POURQUOI VOUS RIGOLEZ, LES MECS?
ROUTINE QUAND TU NOUS TIENS
MERDE A CELUI QUI LE LIRA

ENCORE
PÉ UN
USSE !
YA KÉKUN KIMA
DI KALLON ZENFAN
DELA PA TRIHIHEU
LA NOUBA
C'EST PAR
LÀ
MERCI
Mme
BOUTIN
LÈCHMOILÉTUI
CARILL
PUBIEN
FRIFRELIN
FIFRELI
LÈCHMOILE BIEN
L'ÉTUIPÉNIEN
FRANCE
D'ABORD
NEUILLY M'A TUER
LUZ

Rafale
CARTE BANCAIRE ACCEPTÉE
BASE FRANÇAISE ABOU DHABI

MAIS QUE SE PASSE-T-IL DONC AVEC NOS
RAFALE ?
Rafale
RISS

CLEARSTREAM
LES OREILLES & LA QUEUE
cabu

PRÉPARATIFS POUR L'UNIVERSITÉ D'ÉTÉ DU PS
SALIVE
LUZ

> N° 885 - 03.06.2009 - Willem - Rafale > N° 902 - 30.09.2009 - Riss - Rafale > N° 901 - 23.09.2009 - Cabu - Clearstream
> N° 897 - 26.08.2009 - Luz - PS

OUBLIÉ
SUR LA PLAGE
ARRIÈRE DU
G8

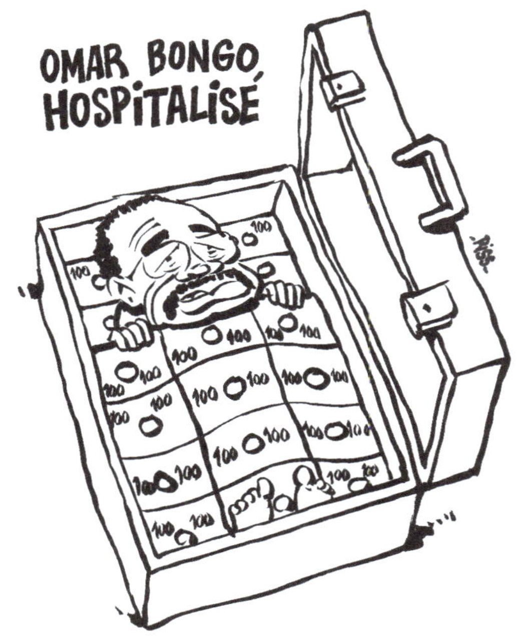
OMAR BONGO
HOSPITALISÉ

TOC TOC!
C'EST OUVERT!

LE JEU DES UNE ERREUR

SOUDAN: 20 COUPS DE FOUET
POUR 2 FEMMES VÊTUES DE
MANIÈRE INDÉCENTE

> N° 891 - 15.07.2009 - Catherine - G8 > N° 884 - 27.05.2009 - Riss - Omar Bongo >N° 865 - 14.01.2009 - Luz - Gaza
> N° 866 - 21.01.2009 - Charb - Obama Sarkozy > N° 906 - 28.10.2009 - Riss - Soudan

RISS
BAC 2009 EN IRAN: UN BON CRU!

LA RÉVOLUTION IRANIENNE FÊTE SES 30 ANS
PF
PF
TU VEUX QUE JE T'AIDE À SOUFFLER?

> N° 893 - 29.07.2009 - Riss - Iran victimes > N° 869 - 11.02.2009 - Jul - Iran

A VOTÉ.

BERLUSCONI PERD SON IMMUNITÉ...

AFGHANISTAN:
CHANGEMENT DE STRATÉGIE
C'EST LE CALENDRIER DE L'OTAN.
ON L'A DÉJÀ EU.

> N° 897 - 26.08.2009 - Willem - Afghanistan > N° 904 - 14.10.2009 - Luz - Berlusconi > N° 894 - 05.08.2009 - Charb - OTAN
> N° 875 - 25.03.2009 - Willem - Pape Afrique

POISSON OU POULET ?
-RISS-

# 2010

## CHARLIE HEBDO

La France est menacée par deux ennemis : le jeune de banlieue et le vieux travailleur. Sarkozy voulait "karchériser" les cités, il a finalement cassé la retraite. Ça rapporte plus. Les jeunes chômeurs et les vieux inactifs ont été les cibles du quinquennat Sarkozy. Entre les jeunes qui ne seront jamais utiles à rien et les vieux qui ne seront plus utiles à que dalle, il y a les privilégiés : ceux qui travaillent. Ils n'auront jamais de retraite ? Et alors, ils vivront plus longtemps. L'espérance de vie s'allonge, il est normal que le temps de cotisation s'allonge avec. C'est le seul minable argument que l'UMP a chanté en boucle pour justifier l'allongement du temps de travail. Vivre plus longtemps une vie de merde est une promesse dont le gouvernement Fillon s'est étonné qu'elle ne réjouisse pas les foules. Des millions, on a été dans les rues pour défendre le principe de la retraite à 60 ans. *Charlie* les a toutes faites, les manifs. Ce fut l'occasion de rencontres merveilleuses. Le journal, c'est dans la rue, sur le trottoir, qu'on devrait le faire ! En tout cas, c'est au milieu de ces millions de gueulards qu'on a repris des forces.

REPORTAGE : LES VERTS ENFIN UNIS À NANTES
CHARLIE HEBDO
LE PLUS GRAND DESSINATEUR DU SIÈCLE
MÊME EN VACANCES, BORLOO CRACHE DU CARBONE
LA NASA VEND MARS À LA DÉCOUPE
SPÉCIAL ÉTÉ
VIVEMENT LA MANIF POUR LES RETRAITÉS
ILS COURENT MOINS VITE QUE LES ROMS !
LUZ

Le travail, c'est la santé ? Mon cul ! La santé, c'est les manifs ! Tous ces gens qui ont marché des heures par tous les temps ont dû faire économiser de l'argent à la Sécu. La manif, elle est bonne pour les artères et pour le moral. La contre-réforme des retraites imposée par Sarkozy a tout de même été adoptée, oui, mais on sait qu'on est les plus nombreux. Un jour, le fait d'être les plus nombreux comptera peut-être dans une démocratie. Nous, on n'a pas perdu espoir. Bon, quand est-ce qu'on redescend faire du bruit ?

FAUT-IL INTERDIRE LA BURQA ?
RISS

LUZ

FEMME ADULTÈRE LAPIDÉE
ÇA COMMENCE COMME DU FEYDEAU...
CIEL, MON MARI !
...ÇA FINIT COMME DU PAGNOL !
TU LA TIRES OU TU LA POINTES ?
Jul

CONTRE LA SURPÊCHE : L'ESSOR DES FILETS À GROSSES MAILLES
ILS PARLENT DE NOUS !
Jul

200 000 AVORTEMENTS EN FRANCE
SUIVANTE...
RISS

> N° 917 - 13.01.2010 - Riss - Burqa > N° 916 - 06.10.2010 - Luz - Sac à sapin > N° 949 - 25.08.2010 - Jul - Femme lapidée
> N° 920 - 03.02.2010 - Jul - Burqa > N° 921 - 10.02.2010 - Riss - Avortements

BIO
CATHERINE

UN MONDE SANS PÉTROLE EST-IL POSSIBLE ?
LUZ

LES REQUINS DE LA SPÉCULATION SONT DE RETOUR
J'ai faim
Moi AUSSI
LUZ

TU VIENS DE VOIR "AVATAR" ?
NON, MON MARI !
RISS

> N° 926 - 17.03.2010 - Catherine - OGM > N° 923 - 24.02.2010 - Luz - Pétrole > N° 925 - 10.03.2010 - Luz - Requins > N° 924 - 03.03.2010 - Riss - Femmes battues

REPORTONS LA RETRAITE APRÈS LA MORT !
Bibiche, attention au coup de soleil !
HONORÉ

62 OU 63 ANS ?
JE NE SUIS PAS À UN AN PRÈS
Cabu

RETRAITE À LA CARTE !
Cabu

PORTUGAL
RETRAITE À TAUX PLEIN
RETRAITE À TAUX RÉDUIT
CHARB.

> N° 937 - 02.06.2010 - Honoré - Retraite > N° 936 - 26.05.2010 - Cabu - Retraite > N° 939 - 16.06.2010 - Cabu - 62 ans
> N° 937 - 02.06.2010 - Charb - Retraite Portugal

BIENTÔT LA 3 D DANS NOS SALONS
ON NE SE VOIT PAS
DÉJÀ QU'ON NE SE PARLAIT PLUS
TIGNOUS

1905 SÉPARATION DE L'ÉGLISE & DE L'ÉTAT
2010 SÉPARATION DE L'ÉGLISE ET DE MON CUL
DEUX GRANDES DATES POUR LA LAÏCITÉ
cabu

SI VOUS SUPPRIMEZ LES GARDEN-PARTIES ...
...FAUT ROUVRIR LES BORDELS !
cabu

MA RETRAITE SUR TA RETRAITE, LOURD COMME UN CHEVAL MORT
cabu

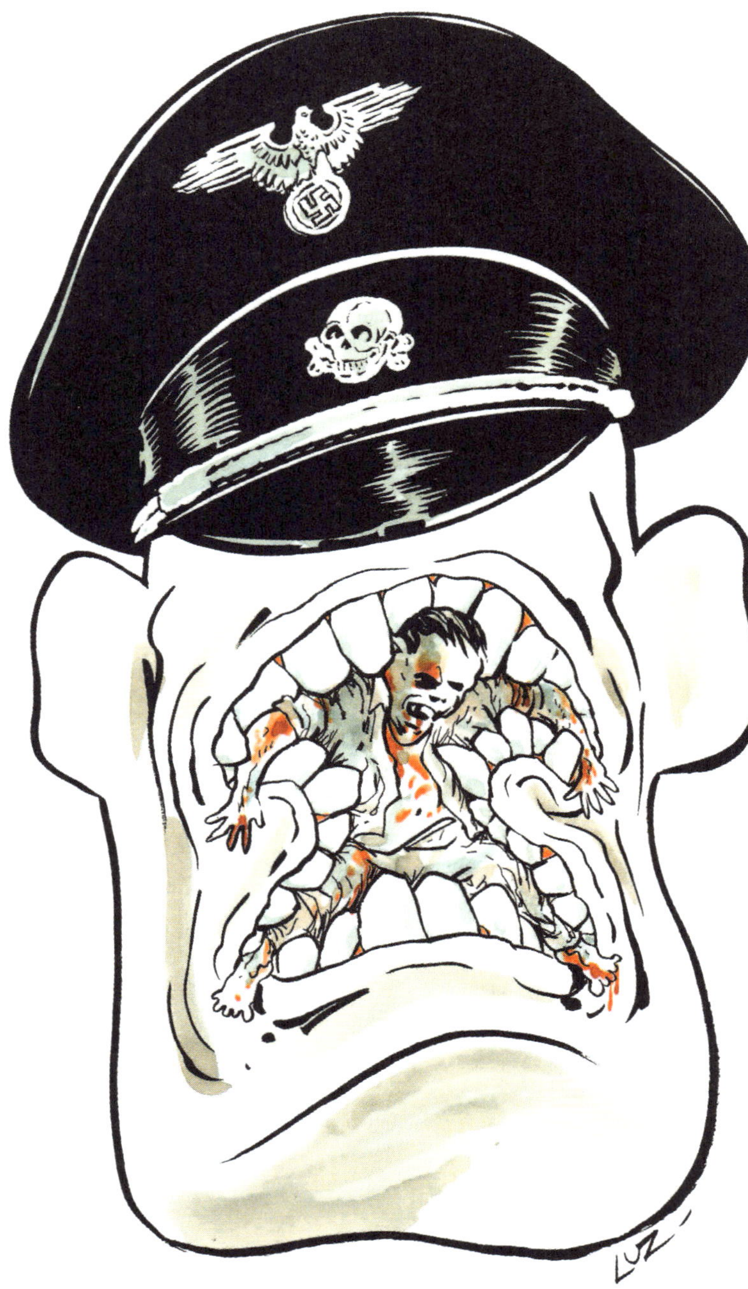
LUZ

2010

> N° 918 - 20.01.2010 - Tignous - Ciné 3D > N° 929 - 07.04.2010 - Cabu - Eglise pédophile > N° 943 - 13.07.2010 - Cabu - Garden-party
> N° 950 - 01.09.2010 - Cabu - Retraite > N° 942 - 07.07.2010 - Luz - Jean Moulin

LES PRÉFETS NOTÉS AU MÉRITE :
18
19
2
POLICE
Jul

FESTIVAL D'AVIGNON
TU VAS HUER QUELLE PIÈCE, TOI, CETTE ANNÉE ?
CH'AIS PAS ENCORE
CHARB.

LA RIGUEUR
ON S'Y FAIT ON S'Y FAIT...
RISS

QUE FAIRE DES SURPLUS DE VACCINS ?
VACCINS
CHARB.

LE FOOT, C'EST DE LA MÉRDE !
CHARB.

"Le Parisien", 21/11/10
Le pape autorise le préservatif
VIAGRA
LUZ
— MAINTENANT, PLUS QU'À TROUVER À QUOI ÇA SERT...

LA VOITURE ÉLECTRIQUE, C'EST PARTI!

110 000 HOMMES VICTIMES DE VIOLENCE CONJUGALE
NOOON! PAS LA TÉLÉCOMMANDE!

Désormais on peut prendre le volant en niqab

SI LES JUGES ÉTAIENT ÉLUS...
ARRRH! ARRRH!

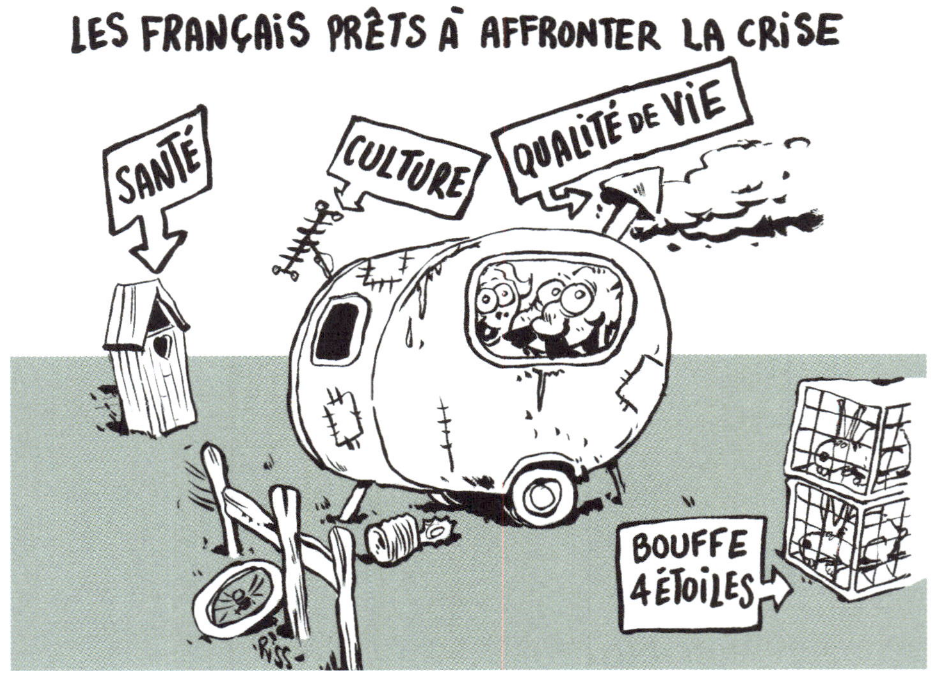
LES FRANÇAIS PRÊTS À AFFRONTER LA CRISE
SANTÉ
CULTURE
QUALITÉ DE VIE
BOUFFE 4 ÉTOILES

1 FRANÇAIS SUR 5 SOUFFRE DU SENTIMENT D'INSÉCURITÉ
LA FRANCE, ÇA DEVIENT CHICAGO!

 > N° 954 - 29.09.2010 - Cabu - Voiture électrique > N° 950 - 01.09.2010 - Charb - Violence conjugale > N° 966 - 22.12.2010 - Honoré - Niqab au volant > N° 953 - 22.09.2010 - Charb - Juges élus > N° 963 - 01.12.2010 - Riss - Crise > N° 963 - 01.12.2010 - Charb - Insécurité

SOLDES
JE L'AI EU À -50 % !
HAN TROP JALOUSE !
CATHERINE

SARKOZY N'ESPIONNE PAS LES JOURNALISTES
J'ÉDUQUE LEURS PATRONS
CHARB.

L'HÔPITAL DE DEMAIN.
ON CONTINUE À MANQUER DE LITS !
TIGNOUS

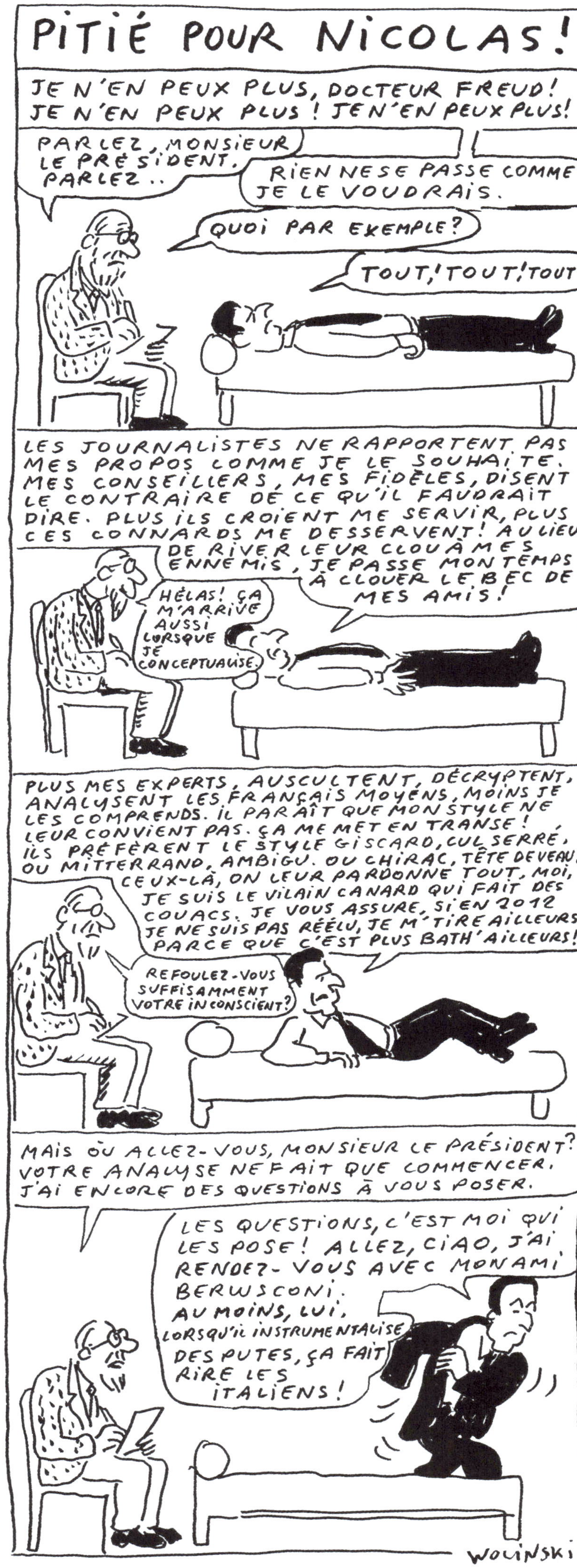

PITIÉ POUR NICOLAS !
JE N'EN PEUX PLUS, DOCTEUR FREUD ! JE N'EN PEUX PLUS ! JE N'EN PEUX PLUS !
PARLEZ, MONSIEUR LE PRÉSIDENT, PARLEZ..
RIEN NE SE PASSE COMME JE LE VOUDRAIS.
QUOI PAR EXEMPLE ?
TOUT ! TOUT ! TOUT !
LES JOURNALISTES NE RAPPORTENT PAS MES PROPOS COMME JE LE SOUHAITE. MES CONSEILLERS, MES FIDÈLES, DISENT LE CONTRAIRE DE CE QU'IL FAUDRAIT DIRE. PLUS ILS CROIENT ME SERVIR, PLUS CES CONNARDS ME DESSERVENT ! AU LIEU DE RIVER LEUR CLOU À MES ENNEMIS, JE PASSE MON TEMPS À CLOUER LE BEC DE MES AMIS !
HÉLAS ! ÇA M'ARRIVE AUSSI LORSQUE JE CONCEPTUALISE.
PLUS MES EXPERTS AUSCULTENT, DÉCRYPTENT, ANALYSENT LES FRANÇAIS MOYENS, MOINS JE LES COMPRENDS. IL PARAÎT QUE MON STYLE NE LEUR CONVIENT PAS. ÇA ME MET EN TRANSE ! ILS PRÉFÈRENT LE STYLE GISCARD, CUL SERRÉ, OU MITTERRAND, AMBIGU. OU CHIRAC, TÊTE DE VEAU. CEUX-LÀ, ON LEUR PARDONNE TOUT. MOI, JE SUIS LE VILAIN CANARD QUI FAIT DES COUACS. JE VOUS ASSURE, SI EN 2012 JE NE SUIS PAS RÉÉLU, JE M'TIRE AILLEURS PARCE QUE C'EST PLUS BATH' AILLEURS !
REFOULEZ-VOUS SUFFISAMMENT VOTRE INCONSCIENT ?
MAIS OÙ ALLEZ-VOUS, MONSIEUR LE PRÉSIDENT ? VOTRE ANALYSE NE FAIT QUE COMMENCER. J'AI ENCORE DES QUESTIONS À VOUS POSER.
LES QUESTIONS, C'EST MOI QUI LES POSE ! ALLEZ, CIAO, J'AI RENDEZ-VOUS AVEC MON AMI BERLUSCONI. AU MOINS, LUI, LORSQU'IL INSTRUMENTALISE DES PUTES, ÇA FAIT RIRE LES ITALIENS !
WOLINSKI

2010

> N° 957 - 19.10.2010 - Luz - Louis XIV > N° 916 - 06.10.2010 - Catherine - Soldes > N° 960 - 10.11.2010 - Charb - Sarkozy journalistes
> N° 935 - 19.05.2010 - Tignous - Hôpital > N° 930 - 14.04.2010 - Wolinski - Nicolas

FIN DE LA TAXE CARBONE
OUF!
CHARB.

charkochy cha chuffit!

EMPLOIS FICTIFS DE LA MAIRIE DE PARIS
LE VIEIL ESCROC N'IRA PAS EN PRISON
J'Y SUIS DÉJÀ...
JACQUES, C'EST L'HEURE DE LA PROMENADE!
CHARB.

DEVENEZ SÉDUISANT
UMP
UMP
FN
LUZ

COMMENT SURFER SUR LES IDÉES DU F.N.
RISS.

L'HOMME DE L'ANNÉE
MARINE LE PEN
cabu

> N° 928 - 31.03.2010 - Charb - Sarkozy taxe carbone > N° 947 - 11.08.2010 - Honoré > N° 950 - 01.09.2010 - Charb - Chirac
> N° 947 - 11.08.2010 - Luz - Séduisant > N° 947 - 11.08.2010 - Riss - Ski nautique > N° 963 - 01.12.2010 - Cabu - Marine Le Pen

FAUT-IL CHANGER LA DAME-PIPI DE MATIGNON ?
cabu

POUR MANGER ET RESTER PROPRE MERCI

L'EUROPE
FONDÉE PAR DES BARBARES...
...DÉTRUITE PAR DES SAUVAGES
LA GRÈCE? VENDEZ!
LE PORTUGAL? VENDEZ!
L'ESPAGNE? VENDEZ!
RISS

2010

AFGHANISTAN:
LA CIA INFILTRÉE PAR UN TERRORISTE
BIJOUR!
SALUT!
SALUT!
SALUT!
CHARB.

FAMINE AU NIGER
POISSON OU POULET ?
RISS

WALL ST
– Pas de prisonniers !
HONORÉ

ADOPTEZ UN ORPHELIN D'HAÏTI
FRAGILE
ON VOUS LE RETOURNE, IL A UNE MAIN ÉCRASÉE...
Cabu

CARLA VA-T-ELLE SÉDUIRE L'INDE ?
CATHERINE

LES AMÉRICAINS N'IRONT PLUS SUR LA LUNE
JE VAIS OÙ, ALORS ?
NASe
M'ACHETER DES CLOPES ...
CHARB.

HAÏTI : LES MORTS OBLIGÉS DE VIVRE AVEC LES VIVANTS
RISS

2010

> N° 959 - 03.11.2010 - Willem - Draquila > N° 919 - 27.01.2010 - Cabu - Haïti > N° 964 - 08.12.2010 - Catherine - Carla Indes
> N° 921 - 10.02.2010 - Charb - USA Lune > N° 918 - 20.01.2010 - Riss - Morts Haïti

100 COUPS DE FOUET, SI VOUS N'ÊTES PAS MORTS DE RIRE !
LUZ

# 2011

## CHARLIE HEBDO

Au moment de faire le bilan de sa vie, Strauss-Kahn se demandera peut-être à quoi il a servi. Ni à sauver les finances de la France lorsqu'il était ministre du Budget, ni à sauver le monde lorsqu'il était patron du FMI, ni à sauver l'image de la France dans le monde lorsqu'il a taché la moquette d'une suite du Sofitel de New York alors qu'il visait la glotte de la femme de chambre. Dominique Strauss-Kahn n'a vécu que pour permettre à la presse française de se renflouer. 2011 fut une belle année pour les journaux. Grâce à DSK, le prix du Ticket-Restaurant a été réévalué à la hausse dans les rédactions. Et si Strauss-Kahn pousse un peu plus loin son introspection, il réalisera qu'il a aussi sauvé la gauche en ne se présentant pas à la présidentielle de 2012.

CHARLIE HEBDO
DSK PRÉSIDENT !

Mais revenons à la presse, qui a fait du gras en vendant la chronique lamentable et fascinante d'un obsédé de la bite (à propos duquel la justice dira peut-être un jour s'il est un violeur). Dès que l'affaire a été rendue publique, des journalistes, de plus en plus nombreux au fur et à mesure que des détails de la vie sexuelle du directeur du FMI étaient révélés, se vantaient de très bien connaître l'intimité de DSK. Tous, ils savaient que DSK était un malade du cul. Tous, ils l'avaient vu à l'œuvre ou bien connaissaient quelqu'un qui… Et les anecdotes, simplement drôles ou bien carrément répugnantes, pleuvaient. Et, dans les coulisses des émissions de radio ou des plateaux de télé, elles continuent encore aujourd'hui de goutter.

Pourquoi tous ces grands professionnels n'ont-ils rien dit avant ? Pourquoi n'ont-ils pas dénoncé les nombreux harcèlements et les trafics de chair humaine ? Parce que ça relevait de la vie privée de DSK ? Non. Ils n'ont rien dit parce qu'ils tenaient les Kleenex dans les partouzes. Ce sont eux qui essuyaient le membre du grand homme lorsqu'il avait servi. Les journalistes ne dénoncent jamais leurs complices. Ils ont une éthique. Ils ne dénoncent jamais leurs complices, mais quand ils sont à terre ils sautent tous ensemble dessus à pieds joints.

P.-S. En 2011, *Charlie* a été incendié. Sans doute pour avoir publié le visage de Mahomet en "une" de *Charia Hebdo*. Inutile de vous dire qu'on a plus rigolé avec l'affaire DSK.

CRISE
INVESTISSEZ DANS LA PIERRE!
CHARB.

iPhone 1
iPhone2
iPhone3
iPhone 4
iPhone5
RISS

7 MILLIARDS D'ÊTRES HUMAINS
DANS QUELQUES JOURS, VOUS SEREZ MOINS NOMBREUX
TIGNOUS

i-PHONE : UNE APPLICATION "JUIF/PAS JUIF"
ACH! PAS DE RÉSEAU!
Jul.

OUI À L'EUTHANASIE!
CHARLES AZNAVOUR
JOHNNY HALLYDAY
EDDY MITCHELL
224 ANS À EUX TROIS!
Cabu

AAAH, LA MODE FRANÇAISE...
CHARB.

> N° 1001 - 24.08.2011 - Tignous - 7 milliards > N° 1000 - 17.08.2011 - Charb - La pierre > N° 1005 - 21.09.2011 - Jul - Iphone
> N° 1004 - 14.09.2011 - Cabu - Johnny Aznavour > N° 1010 - 26.10.2011 - Charb - Mode qatar > N° 1008 - 12.10.2011 - Riss - Steve Jobs

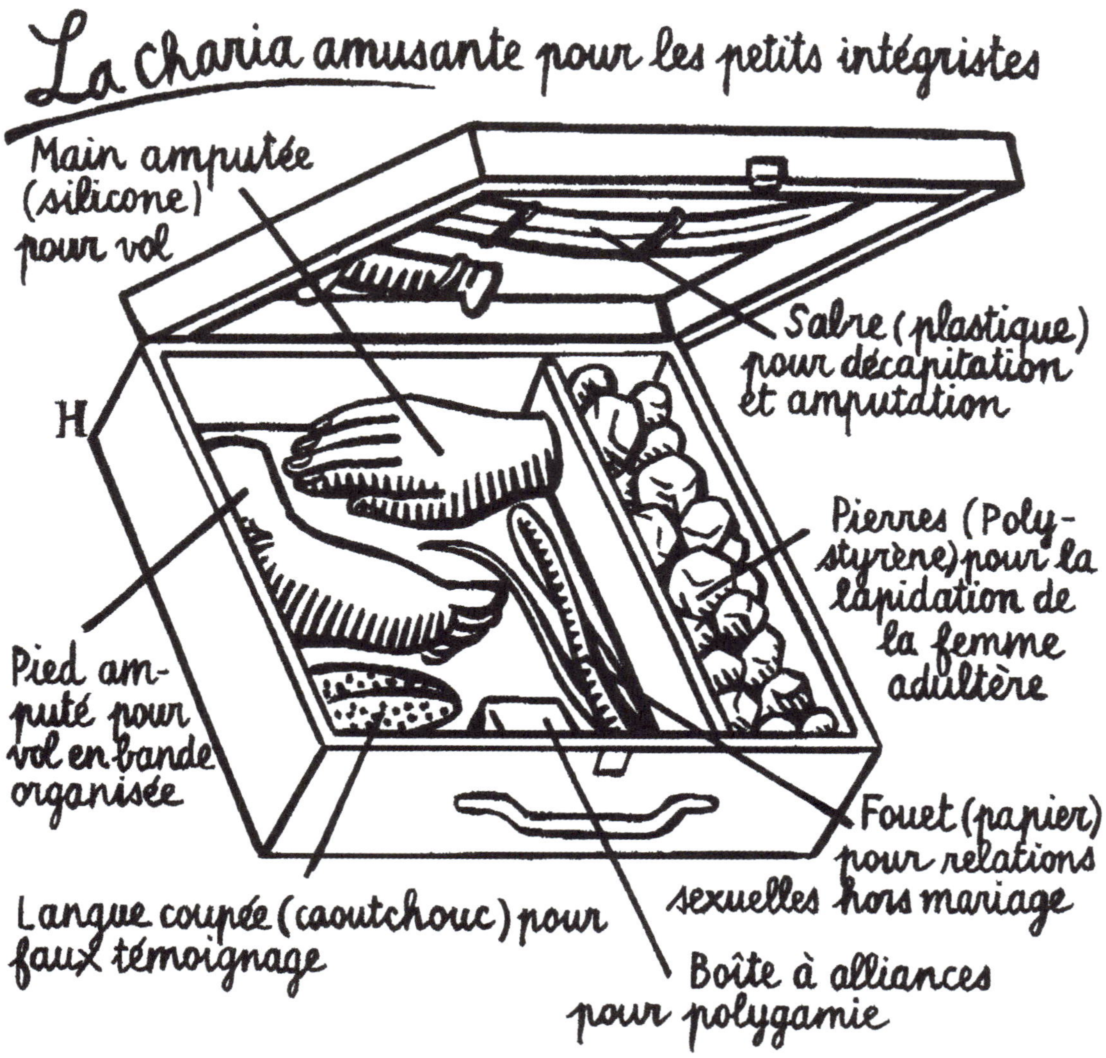
La charia amusante pour les petits intégristes
Main amputée (silicone) pour vol
Salre (plastique) pour décapitation et amputation
H
Pierres (Polystyrène) pour la lapidation de la femme adultère
Pied amputé pour vol en bande organisée
Fouet (papier) pour relations sexuelles hors mariage
Langue coupée (caoutchouc) pour faux témoignage
Boîte à alliances pour polygamie

"OUI, L'ISLAM EST COMPATIBLE AVEC L'HUMOUR" MAHOMET
CHARB.

CHARIA EN LIBYE
IL FAIT PLUS BEAU QU'À LILLE ET ON EST MOINS EMMERDÉ QU'À NEW YORK
LUZ

LES FRÈRES MUSULMANS S'HABILLENT CHEZ Smalto
...LES SŒURS MUSULMANES CHEZ PROPSAC.
RISS

FIN DU PRINTEMPS ARABE
ON ENTRE DANS L'HIVER!
TIGNOUS

> N° 1011 - 02.11.2011 - Honoré - Charia > N° 1010 - 26.10.2011 - Charb - Islam humour > N° 1010 - 26.10.2011 - Luz - DSK
> N° 973 - 09.02.2011 - Riss - Smalto > N° 1011 - 02.11.2011 - Tignous - Hiver arabe

Charïa
madame
BIEN CHOISIR SON PSY
J'ai un problème avec mon surmoi.
Pas "mon surmoi", "ma charia".
mode spécial femmes battues
Vous avez été rouée de coups, vous boitez. Vous voulez passer inaperçue?
Adoptez le style "racaille"
Votre boitement "stylé" et votre boitement réel ne feront qu'un.
burqa rentrée dans une chaussette
hymen rentré dans un pli de culotte
Des ongles parfaits...
séchage optimal
en un coup de lapidation!
MADAME, APPRENEZ À ÉCRIRE!
kilo
Kilo
k
k
kilo kilo kilo
1 kilo en trop = 1 kilo dans la gueule
Nous avons testé pour vous l'institut MUSTAPHA ABDELJALIL
★★★
On aime!
Cet automne, la mode est aux imprimés
modèle «70 vierges»
Désormais, Monsieur, vous avez le choix entre...
2 FEMMES
sinon plus!
JEU CONCOURS
BY AIR MAIL PAR AVION
Découpez-ou faites découper-votre hymen, et envoyez-le dans une enveloppe, à: «CHARIA MADAME, jeu concours, Tripoli, Libye»
S'il est de première fraîcheur, gagnez un séjour en thalasso dans la mer Morte!
Dans le cas d'un hymen déjà usité, un séjour dans la mer, où la morte, c'est vous.
C'est quoi ce look?
Safia Kadhafi n'a pas suivi nos conseils beauté du mois dernier: pour son brushing "Elena Ceausescu" outrageant, elle mérite 100 coups de peigne.
4/20
EN ATTENDANT LE PERMIS DE CONDUIRE...
tricotez la housse de la Smart de monsieur
PATRON INCLUS DANS CE NUMÉRO
J'AI DÉCIDÉ DE ME FAIRE DU BIEN
cette fois, j'ose, je vais au SPA*
Nos meilleures adresses
* avec la permission de mon mari
CUISINE
FICHES
Comment accommoder vos restes
DVD
"Les Aristocharias" LE film à voir en famille
Comment réussir son mariage forcé
VOTRE HOROSCOPE
Tout savoir sur HIER, car DEMAIN pour vous n'existe pas
ÉPILATION
Ticket de métro ou croissant musulman?
CATHERINE

SPÉCIAL violences faites aux hommes
mesdames, il n'y a pas que vous sur terre
CHARLIE monsieur
le dicton du jour:
"Homme au volant, la raquette dans sa tronche au tournant"
ANATOMIE DE L'HOMME LYNCHÉ
Deux Splendides JF
7/7 Paris 2e Mt Bonne Nouv.
Massage naturiste sensuel et relaxant SM possible
FEMME SEXOLOGUE Détente absolue/Ts Pbs sexuels résolus 14e - 06.65.69.00.
IRINA pratique le massage naturiste chez elle
MASSAGE naturiste sexuel
Téléphone Rose
BODY Massage
Hôtesse indépendante 20€ CB sécurisé
VANINA en toute discrétion
Ecrire au journal réf 2449
Trop de gentlemen taisent leurs souffrances lors de dîners mondains
Tu enlèveras les ongles de la moquette, connard
Homme-lime à ongles
Homme-accoudoir. Il fait aussi cendrier.
La violence au salon, plus jamais ça!
Contactez le Baron de Rothschild
LES HOMMES BATTUS CÉLÈBRES: Louis Aragon
La femme est l'avenir de l'homme ouch
faux-cul!
ASSEZ le genre de dessin d'humour que nous ne supportons plus:
DESCENDS VIDER LA BOÎTE A ORDURES ET REMONTE DU CHARBON, TU FERAS TES CUIVRES APRÈS...
le coin du voyeur
Renaud, battu par sa femme.
closerie des lilas
et pourtant je t'aime!
je retourne chez ma mère
culture Seul l'homme de Vitruve sait éviter les claques.
Han!
©léonard de vinci
HOROSCOPE
Le signe du mois: BALANCE
TERRAILLON
LES HOMMES BATTUS CÉLÈBRES: Sacha Guitry
Je ne suis pas contre les femmes, je suis tout contre... mouf ...ouf
crève, collabo!
LES HOMMES BATTUS CÉLÈBRES: Jean Cocteau
Qu'y a-t-il de pire qu'une femme? Deux femmes. OUCH!
2 femmes = 4 talons!
PETITES ANNONCES
Vous avez été lynché, humilié, vous cherchez du réconfort?
Massages, pommades, bains de glands.
Sur rendez-vous.
claire chazal INSTITUT
notre feuilleton
Marie Cantat, ivre, s'approcha de Bertrand Trintignant, qui vomissait son Baileys sur le tapis. Elle leva sa main baguée, quand soudain...
à suivre
Acheter vous une femme sans l'essayer?
Si vous ne la testez pas AVANT, elle vous piquera votre BAGNOLE!
le coin du pédophile
Un enfant si je veux, quand je veux!
CATHERINE

QUI A INCENDIÉ "CHARLIE HEBDO"?
C'EST LUZ QUI A VOULU FAIRE LE MALIN.
FAUT BIEN QU'ON S'AMUSE.
C'EST VAL, PARCE QUE "CHARLIE HEBDO" N'EST PAS PLUS MAUVAIS QUE LORSQU'IL LE DIRIGEAIT.
C'EST SINÉ PARCE QU'IL N'AIME PERSONNE.
SALES CONS!
C'EST TINTIN ET MILOU.
MON FILM MANQUAIT DE FLAMMES
OUAH!
C'EST HOLLANDE. PARCE QUE BERNARD MARIS VEUT L'ANGULER
QUELLE HORREUR!
IDIOTE! ANGULER ÇA VEUT DIRE: « DONNER DES ANGLES »
C'EST NICOLAS DEMORAND, POUR NOUS FAIRE VENIR À LIBÉ!
MERCI DE VOTRE ACCUEIL, NICOLAS DEMORAND!
...ET VOUS AVEZ NOTRE SALLE DE GYM À VOTRE DISPOSITION
C'EST DSK.
J'AI VOULU MONTRER QUE JE N'ÉTAIS PAS LE SEUL À AVOIR LE FEU AU CUL!
PAUVRE MEC!
C'EST GUÉANT.
IL FAUT NETTOYER LE 20e ÇA PUE DANS CE QUARTIER!
POLICE
C'EST FRÉDÉRIC MITTERRAND.
JE LEUR AI OFFERT MA VILLA DE BIZERTE.
C'EST CHEVÈNEMENT.
J'AI DÉCIDÉ DE FAIRE BOUGER LES LIGNES!
WOLINSKI

CHARLIE HEBDO
CHARIA HEBDO
MAHOMET RÉDACTEUR EN CHEF
100 COUPS DE FOUET, SI VOUS N'ÊTES PAS MORTS DE RIRE!
LUZ

PÈLERINAGE À LA MECQUE
J'AI FAIT LE TOUR DU KIOSQUE...
...IMPOSSIBLE DE TROUVER "CHARLIE"
LUZ

> N° 1012 - 09.11.2011 - Wolinski - Incendie > N° 1011 - 02.11.2011 - Luz - Charia Hebdo > N° 1012 - 09.11.2011 - Luz - Mecque

ET LE CUL DE MAHOMET, ON A LE DROIT?
CHARB.

FAUT-IL AUTORISER LES BURQAS BLINDÉES...
RISS
... DANS LES ÉCOLES JUIVES?

SOS FEMMES BATTUES
JE VEUX MES 500 SIGNATURES!
Cabu

LA CRISE PROFITE AUX FASCISMES EUROPÉENS
AVANT
VENDEZ!
APRÈS
LYNCHEZ!
Jul.

INTRIGANT, CE SOURIRE ...
CATHERINE

> N° 1012 - 09.11.2011 - Charb - Cul > N° 1013 - 16.11.2011 - Riss - Burqas > N° 1014 - 23.11.2011 - Cabu - Femmes battues
> N° 973 - 09.02.2011 - Catherine - Sourire > N° 1014 - 23.11.2011 - Jul - Europe fascisme

PROTHÈSES TOXIQUES
IL VA FALLOIR RETIRER VOS IMPLANTS...
L'ORÉAL
Carla
SAINDOUX
CATHERINE

CALMEZ-VOUS ! IL A JUSTE ESSAYÉ DE VOUS EMBRASSER, ET ALORS ?
LUZ.

L'AFFAIRE DSK BIENTÔT AU CINÉMA
AVEC DEPARDIEU
DANS LE RÔLE DE LA FEMME DE MÉNAGE
ET JAMEL DEBBOUZE
DANS LE RÔLE DE DSK
cabu

DSK VA SAUVER LA GRÈCE !
QU'ELLE PASSE DANS MA CHAMBRE...

MOI JE REVENDS MES CADEAUX SUR E BAY
MOI JE REVENDS TES IMPLANTS D'OCCASE !
cabu

> N° 1019 - 28.12.2011 - Catherine - Implants > N° 1014 - 23.11.2011 - Luz - Harcèlement > N° 1001 - 24.08.2011 - Cabu - Affaire DSK
> N° 1005 - 21.09.2011 - Charb - DSK > N° 1019 - 28.12.2011 - Cabu - Implants

PROSTITUTION
PÉNALISER LES CLIENTS ?
COMME SI LES CLIENTS N'ÉTAIENT PAS DÉJÀ PÉNALISÉS
NAN, JE PRENDS PAS LA CARTE BLEUE !
J'EMBRASSE PAS !
PAS PAR L'ENTRÉE DE SERVICE !
OH ! TU TE PRENDS POUR DSK ?! TU VAS NETTOYER LA MOQUETTE !
POURQUOI TU M'HUMILIES ?
JE VENDS MON CUL, PAS DES RÉPONSES À TES QUESTIONS DE MERDE
CHARB.

Morceaux choisis ( de 2010)
HONORÉ
Axiomes, saillies, préceptes et points de vue
«J'attribue le sauvetage des Juifs de France à l'indulgence que leur a value l'action du gouvernement français de Vichy» J.M Le Pen
Le Vel d'Hiv, une promenade !
«Est-ce que j'ai une tête à protéger les fraudeurs du fisc?» Woerth
Avec sa tête de rien, il est arrivé à tout...
«Le football français affronte un désastre moral. J'ai vu les yeux de chacun d'entre eux.» Bachelot
Elle leur a arraché les yeux, ou quoi ?
«Nicolas Sarkozy n'a jamais été mon mentor.» Fillon
Il aurait pu dire coach ou parrain !
«Je suis la cerise sur le gâteau, mais j'essaie d'être une belle cerise» Carla
Et pour les Français des queues de cerises !
«Je suis croyant. Point barre.» Sarkozy
Il devrait terminer toutes ses interventions comme ça !
«S'il s'agit de parler d'occupation... on pourrait en parler pour le coup. C'est une occupation de pans de territoire.» M. Le Pen
Le FN qui condamne l'occupation !
«Quand la neige tombe il faut attendre qu'elle soit tombée pour la ramasser.» N. Kosciusko-Morizet
Trop forte, la NKM !
Attendons avec impatience le cru 2011 qui ne va pas manquer de nous étonner

2011

ROYAL CRAQUE
LA FRATERNITÉ JE L'EMMERDE!!
CATHERINE

CHIRAC SE SOUVIENT DE TOUT!
HIER, J'AI FAIT CACA
CHARB.

LE CENTRISME EN ACTION!
JE RENONCE!
CHARB.

SARKOZY SALUE LE SUCCESSEUR DE KADHAFI
C'EST PAS MA MAIN, C'EST MA BITE
CHARB.

L'ESPOIR EST NÉ!
CHARB.

> N° 1008 - 12.10.2011 - Catherine - Royal > N° 1003 - 07.09.2011 - Charb - Procès Chirac > N° 1007 - 05.10.2011 - Charb - Borloo
> N° 1001 - 24.08.2011 - Charb - Sarkozy Kadhafi > N° 1009 - 19.10.2011 - Charb - Hollande

LES SOLDATS AMÉRICAINS DISENT AU REVOIR AUX IRAKIENS
US ARMY
ON S'RAPPELLE?
RISS

ISRAËL-PALESTINE
CHARB.

ABBAS VEUT UN PAYS
UN PAYS? PFF! C'EST QUE DES EMMERDES...
CHARB.

LIBYE, JE VOUS AI COMPRIS
LUZ

LES GRECS SONT CONFIANTS
TOUT ÇA DEVRAIT BIENTÔT S'ARRÊTER...
CHARB.

> N° 1018 - 21.12.2011 - Riss - Soldats > N° 1006 - 28.09.2011 - Charb - Sarkozy M Abbas > N° 1005 - 21.09.2011 - Luz - Libye
> N° 1001 - 24.08.2011 - Charb - Israël Palestine > N° 1010 - 26.10.2011 - Charb - Grèce

SACRÉS JAPONAIS!
MAIS COMMENT FONT-ILS POUR MANGER AVEC DES BAGUETTES?
RISS

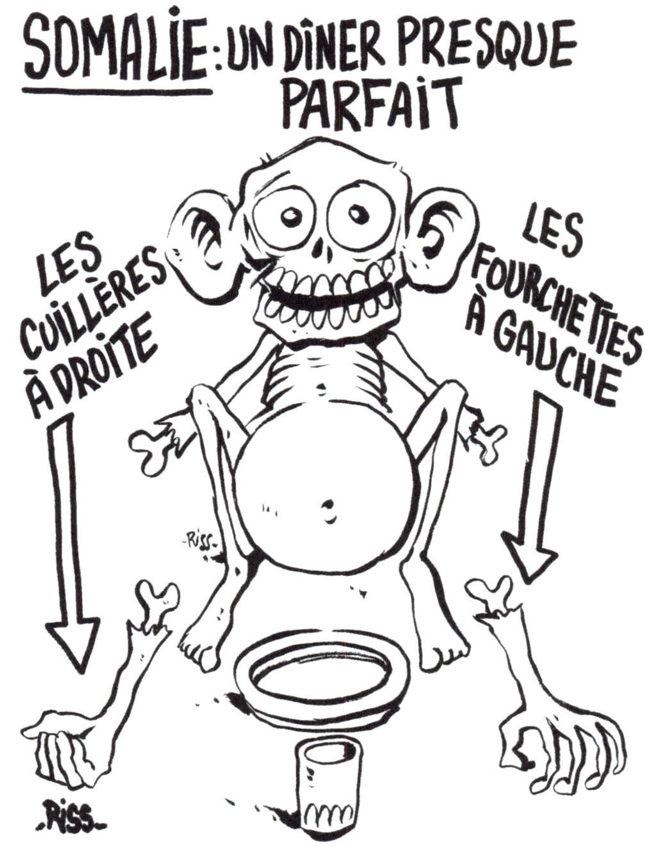
SOMALIE : UN DÎNER PRESQUE PARFAIT
LES CUILLÈRES À DROITE
LES FOURCHETTES À GAUCHE
RISS

IRAN
PENDUE OU LAPIDÉE DANS L'ANNÉE!
CHAMPAGNE BRUT
cabu

ALLÔ? OBAMA ...
ÉGYPTE DÉMOCRA
...POUR RENDRE LE POUVOIR AUX CIVILS...COMBIEN?
cabu

> N° 978 - 16.03.2011 - Riss - Japon > N° 1000 - 17.08.2011 - Riss - Somalie > N° 1019 - 28.12.2011 - Cabu - Iran
> N° 974 - 16.02.2011 - Cabu - Obama

CONCOURS DE PETS FLAMBÉS AU MAGHREB
TUNISIE : 2 ALGÉRIE : 1
RISS

L'UNION POUR LA MÉDITERRANÉE A DU PLOMB DANS L'AILE
TUNISIE
ÉGYPTE
LIBYE
ALGÉRIE
MAROC
ÉGYPTE
LIBYE
ALGÉRIE
TUNISIE
RISS

LES TUNISIENS DÉBARQUENT EN ITALIE
Nichons à l'horizon !
Ça passe
CATHERINE

MOHAMMED VI PROMET DES RÉFORMES
DÉSORMAIS, J'ACHÈTERAI MES FAUTEUILS CHEZ IKÉA :
CHARB.

> N° 970 - 19.01.2011 - Riss - Maghreb > N° 976 - 02.03.2011 - Riss - Méditerranée > N° 974 - 16.02.2011 - Catherine - Tunisie > N° 978 - 16.03.2011 - Charb - Mohammed VI

SURPRISE!

# 2012

## CHARLIE HEBDO

En 1981, c'est de la joie qu'ont exprimée les électeurs de gauche à l'élection de Mitterrand. En 1988, ce n'était déjà plus de la joie, mais du soulagement. Non pas que Mitterrand en reprenne pour sept ans, mais que la droite ne revienne pas au pouvoir. En 2012, vous y étiez comme moi. Ce n'était pas une joie de même nature.

CHARLIE HEBDO
PREMIÈRE PHOTO OFFICIELLE

On se souvient comment le Parti socialiste de Mitterrand a renoncé à changer le monde. Par fainéantise ou par intérêt, les socialistes ont décidé qu'on ne pouvait rien faire d'autre que de se plier à la "réalité" économique. La réalité n'est pas autre chose que ce qu'on fait, et le PS a arrêté de faire. Alors, quand c'est Hollande qui a été élu, c'est un sourire las que le peuple de gauche s'est collé sous le nez. Nous n'avons pas de gros espoirs que le monde change dans le bon sens, mais, au moins, on en a fini avec l'hystérie sarkozyste. La quinquennale crise de nerfs a cessé. Lexomil, président ! Ouf ! Oui, ouf !

"Mais, maintenant que Sarkozy n'est plus là, vous allez vous embêter, vous, les dessinateurs et les rédacteurs de *Charlie* !" Depuis l'élection de Hollande, on a entendu cette phrase des milliards de fois… Eh bien, non, on ne s'ennuie pas. Sarkozy n'a pas emporté dans sa chute tous les casse-couilles de la Terre. Il les occultait. On ne voyait plus que lui, à tel point qu'on a pu penser qu'il était le seul problème sur cette planète. Le champ de notre vision s'est élargi depuis son départ.

La seule chose qu'on regrette violemment, c'est le choix de Jean-Marc Ayrault comme Premier ministre. Vous avez vu sa gueule ? À part Cabu, qui pourra le dessiner correctement ?

P.-S. Malgré les procès, les menaces de mort, les attentats, les crises économiques, *Charlie* a atteint l'âge respectable de vingt ans. L'espérance de vie d'un journal satirique ne dépend pas de ceux qui veulent sa mort, mais de ceux qui veulent qu'il vive. Merci de votre soutien tout au long de ces années, et, si vous le voulez, on en reprend pour vingt ans.

JUIFS ORTHODOXES FAISANT UN ENFANT
C'EST PRÊT !
SEX

DES JURYS POPULAIRES EN CORRECTIONNELLE
AVANCE PAS SINON JE TIRE !

HAUSSE DU CHÔMAGE
HEUREUSEMENT, LE DJIHAD EMBAUCHE !
RAID
CHARB.

CATHERINE

Ouverture de la chasse aux islamistes.

ISLAMISME
LA FRANCE A PEUR !
CHARB.

> N° 1023 - 25.01.2012 - Riss - Orthodoxes > N° 1020 - 04.01.2012 - Riss - Jurys > N° 1032 - 28.03.2012 - Charb - Chomage Jihad
> N° 1041 - 30.05.2012 - Catherine - Marylin > N° 1033 - 04.04.2012 - Foolz - Chasse > N° 1034 - 11.04.2012 - Charb - Islamisme

Bienvenue au
Musée de la Journée de la femme
Lejaby
CGT
La maternité
La carrière
Miss
Femme en période de soldes
Femme de footballeur
Liliane Bettencourt
La femme dans les transports : le ticket de métro
L'appareil génital
Vous êtes ici
La ménopause
Le cycle menstruel
Les humeurs
Le vernis à ongles
La femme dans l'art
Anne Sinclair et Picasso
Aiguilles à tricoter
Bonne visite
Moby Dick
Les blogs de filles
Pénélope Bagieu
Joggeuse d'Île-de-France
Dame pipi
L'appareil urinaire de la femme
Florence Arthaud
Jeannie Longo
Femme lapidée
Femme battue
Aïe saaalope aïe prends ça ouch
Je retourne chez ma mère aaargh
Inafissatou Diallo
Dior
Chose
Zahia
Fête des mères
Collier de nouilles
Maman
Prothèse PIP
Prothèses PIP siamoises
Icône
Xanax
Lexo
Épouse d'icône
Jean Dujardin
N'oubliez pas le guide !
Tampons (derniers spécimens)
Feuille de paie de femme
Tribus des têtes réduites
Carla Bruni
NKM
Rachida Dati
Nadine Morano
Catherine

SI JE SUIS BATTU J'IRAI DANS LE PRIVÉ
CE N'EST PAS DÉJÀ LE CAS ?
BOLLORÉ
VEOLIA
RAY BAN
DASSAULT
TF1
JC DECAUX
EMPLACEMENT À LOUER
LAGARDÈRE
DIOR
ROLEX
LUZ

2012
LA RENCONTRE D'UN HOMME ET D'UN PEUPLE
Cabu

♫ ...QU'UN SANG IMPUR ABREUVE NOS SILLONS
CHÔMEURS ET IMMIGRÉS, VOUS ÊTES PRÉVENUS !
Cabu

LE PEN
LA CANDIDATE QUI VOUS RESSEMBLE
CHARB.

SARKOZY
C'EST MOI QUI AI PIQUÉ VOTRE POGNON... QUI D'AUTRE POURRAIT VOUS LE RENDRE ?
CHARB.

LE PALOMA
CIVILISATION SUPÉRIEURE
CIVILISATION INFÉRIEURE
RISS.

> N° 1024 - 01.02.2012 - Luz - Sarkozy privé > N° 1022 - 18.01.2012 - Cabu - 2012 > N° 1026 - 15.02.2012 - Cabu - Sarkozy chômeurs > N° 1020 - 04.01.2012 - Charb - Le Pen 2012 > N° 1020 - 04.01.2012 - Charb - Sarkozy 2012 > N° 1025 - 08.02.2012 - Riss - Paloma

HONORÉ
LA FRANCE NÔTRE
Pour une nouvelle croisière sur le yacht de Bolloré
PALOMA
SOUTHAMPTO

PAS DE CORPS INTERMÉDIAIRES
JOURNALISTES
PARLEMENT
SYNDICATS
cabu

IL PEUT TOUT FAIRE FOIRER:
L'ÉLECTEUR!!
CHARB.

L'ÉPURATION CRÉERAIT 20000 EMPLOIS
cabu

TROUVEZ-VOUS LA CAMPAGNE ENNUYEUSE, M. DSK?
VOUS VOYEZ BIEN QUE JE SUIS EN CONFÉRENCE!
cabu

> N° 1027 - 22.02.2012 - Honoré - Bolloré > N° 1027 - 22.02.2012 - Cabu - Corps intermédiaires > N° 1029 - 07.03.2012 - Cabu - Epuration
> N° 1035 - 18.04.2012 - Charb - Electeur > N° 1033 - 04.04.2012 - Cabu - DSK

Si DSK AVAIT ÉTÉ ÉLU PRÉSIDENT...
...voici la passation de pouvoir à laquelle vous avez échappé...
10H Le Président ranime la flamme
11H Le Président passe en revue les Corps Constitués...
11H30 Le Président descend les Champs-Elysées en Jacuzzi...
RF
CHANGEMENT DE PROPRIÉTAIRE
PROCHAINEMENT OUVERTURE D'UN SOFITEL
12H Le Président arrive à l'Élysée pour la passation de pouvoir...
12H30 Premier geste du Président : un hommage à un grand prédécesseur...
ROCCO SIFFREDI
MINISTRE DE LA CULTURE
CATHERINE MILLET
DIR'COM
TRISTANE BANON
AU PERCHOIR
15H Dédé-la-Saumure, le porte-parole du Président, sur le perron de l'Élysée...
AUX HÉROÏNES
MERCI
16H Le Président se rend au "ONE TWO TWO" et honore l'inventeur du Viagra...
CASA NOVA
SADE
EMILE LOUIS
17H Le Président inaugure trois statues de trois grands séducteurs...
19H Le Président rejoint la première dame de France : Nafissatou Diallo.
cabu

UNION NATIONALE
CHARB

HOLLANDE
ET SES 3 MÉMÈRES
MELENCHON
Cabu
QUI SERA LA 1re DAME DE FRANCE ?

MARINE LE PEN PEUT CRÉER LA SURPRISE !
SURPRISE!
LUZ

2012

> N° 1032 - 28.03.2012 - Charb - Union nationale > N° 1035 - 18.04.2012 - Cabu - Dames Hollande > N° 1035 - 18.04.2012 - Luz - Le Pen Surprise

SARKOZY PEUT-IL ENCORE GAGNER ?
2806
RISS

TOUS LES POUVOIRS
...PAS TOUT, À FAIT !
Cabu

IL A FAIT FLAMBY DANS SON SLIP
CATHERINE

PRÉSIDENT NORMAL, MINISTRES NORMAUX...
ÇA Y EST, ON SE FAIT CHIER !!
C'EST NORMAL
CHARB.

> N° 1036 - 25.04.2012 - Riss - Hollande > N° 1042 - 06.05.2012 - Cabu - Hollande > N° 1038 - 09.05.2012 - Catherine - Flamby
> N° 1040 - 23.05.2012 - Charb - Hollande

LES RWANDAIS SOLIDAIRES DES FRANÇAIS
NOUS AUSSI QUAND ON A PERDU NOTRE TRIPLE A, ÇA NOUS A FAIT ÇA.
-RISS-

ENCORE DES SOLDATS FRANÇAIS TUÉS EN AFGHANISTAN
TALIBAN DÉGUISÉ EN SOLDAT AFGHAN
CHÔMEUR DÉGUISÉ EN SOLDAT FRANÇAIS
-RISS-

BACHAR EL ASSAD: "THE ARTIST"
MIEUX QU'UN FILM MUET...
...UN PAYS MUET!
Jul.

VATICAN
CES MAISONS DE RETRAITE OÙ L'ON MALTRAITE LES VIEUX
cabu

2012

> N° 1022 - 18.01.2012 - Riss - Rwanda > N° 1023 - 25.01.2012 - Riss - Soldats > N° 1027 - 22.02.2012 - Jul - Syrie
> N° 1041 - 30.05.2012 - Cabu - Vatican

L'éditeur remercie les auteurs qui font chaque semaine, depuis vingt ans, le journal qu'ils ne trouvent pas en kiosques.
Une pensée pour les morts, et pour ceux qui ne sont pas encore nés : longue vie à *Charlie* !

Direction éditoriale : Riss
Textes : Charb
Maquette : Éditions Stéphane Bachès
Correction : Frédéric Grasser et Luce Lapin
Chef de fabrication : Philippe Alfonsi

Déjà paru en 2011, chez le même éditeur :
*Les 1000 Unes de Charlie Hebdo*